"十二五"国家重点图书出版规划项目

中国社会科学院创新工程学术出版资助项目

总主编：金 碚

经济管理学科前沿研究报告系列丛书

THE FRONTIER REPORT ON
THE DISCIPLINE OF
ENTERPRISE INFORMATION MANAGEMENT

康 鹏 王伟光 主编

企业信息管理学学科前沿研究报告

经济管理出版社

ECONOMY & MANAGEMENT PUBLISHING HOUSE

图书在版编目（CIP）数据

企业信息管理学学科前沿研究报告 2013/康鹏，王伟光主编. —北京：经济管理出版社，2017.5
ISBN 978-7-5096-5079-0

Ⅰ. ①企…　Ⅱ. ①康…　②王…　Ⅲ. ①企业管理—信息管理—研究报告—2013　Ⅳ. ①F272.7

中国版本图书馆 CIP 数据核字（2017）第 081701 号

组稿编辑：张　艳
责任编辑：胡　茜
责任印制：司东翔
责任校对：赵天宇

出版发行：经济管理出版社
　　　　　（北京市海淀区北蜂窝 8 号中雅大厦 A 座 11 层　100038）
网　　　址：www. E-mp. com. cn
电　　　话：(010) 51915602
印　　　刷：三河市延风印装有限公司
经　　　销：新华书店
开　　　本：787mm×1092mm/16
印　　　张：19.25
字　　　数：457 千字
版　　　次：2017 年 6 月第 1 版　　2017 年 6 月第 1 次印刷
书　　　号：ISBN 978-7-5096-5079-0
定　　　价：69.00 元

序　言

为了落实中国社会科学院哲学社会科学创新工程的实施，加快建设哲学社会科学创新体系，实现中国社会科学院成为马克思主义的坚强阵地、党中央国务院的思想库和智囊团、哲学社会科学的最高殿堂的定位要求，提升中国社会科学院在国际、国内哲学社会科学领域的话语权和影响力，加快中国社会科学院哲学社会科学学科建设，推进哲学社会科学的繁荣发展具有重大意义。

旨在准确把握经济和管理学科前沿发展状况，评估各学科发展近况，及时跟踪国内外学科发展的最新动态，准确把握学科前沿，引领学科发展方向，积极推进学科建设，特组织中国社会科学院和全国重点大学的专家学者研究撰写《经济管理学科前沿研究报告》。本系列报告的研究和出版得到了国家新闻出版广电总局的支持和肯定，特将本系列报告丛书列为"十二五"国家重点图书出版项目。

《经济管理学科前沿研究报告》包括经济学和管理学两大学科。经济学包括能源经济学、旅游经济学、服务经济学、农业经济学、国际经济合作、世界经济、资源与环境经济学、区域经济学、财政学、金融学、产业经济学、国际贸易学、劳动经济学、数量经济学、统计学。管理学包括工商管理学科、公共管理学科、管理科学与工程三个学科。工商管理学科包括管理学、创新管理、战略管理、技术管理与技术创新、公司治理、会计与审计、财务管理、市场营销、人力资源管理、组织行为学、企业信息管理、物流供应链管理、创业与中小企业管理等学科及研究方向；公共管理学科包括公共行政学、公共政策学、政府绩效管理学、公共部门战略管理学、城市管理学、危机管理学、公共部门经济学、电子政务学、社会保障学、政治学、公共政策与政府管理等学科及研究方向；管理科学与工程包括工程管理、电子商务、管理心理与行为、管理系统工程、信息系统与管理、数据科学、智能制造与运营等学科及研究方向。

《经济管理学科前沿研究报告》依托中国社会科学院独特的学术地位和超前的研究优势，撰写出具有一流水准的哲学社会科学前沿报告，致力于体现以下特点：

（1）前沿性。本系列报告能体现国内外学科发展的最新前沿动态，包括各学术领域内的最新理论观点和方法、热点问题及重大理论创新。

（2）系统性。本系列报告囊括学科发展的所有范畴和领域。一方面，学科覆盖具有全面性，包括本年度不同学科的科研成果、理论发展、科研队伍的建设，以及某学科发展过程中具有的优势和存在的问题；另一方面，就各学科而言，还将涉及该学科下的各个二级学科，既包括学科的传统范畴，也包括新兴领域。

（3）权威性。本系列报告由各个学科内长期从事理论研究的专家、学者主编和组织本领域内一流的专家、学者进行撰写，无疑将是各学科内的权威学术研究。

（4）文献性。本系列报告不仅系统总结和评价了每年各个学科的发展历程，还提炼了各学科学术发展进程中的重大问题、重大事件及重要学术成果，因此具有工具书式的资料性，为哲学社会科学研究的进一步发展奠定了新的基础。

《经济管理学科前沿研究报告》全面体现了经济、管理学科及研究方向本年度国内外的发展状况、最新动态、重要理论观点、前沿问题、热点问题等。该系列报告包括经济学、管理学一级学科和二级学科以及一些重要的研究方向，其中经济学科及研究方向15个，管理学科及研究方向45个。该系列丛书按年度撰写出版60部学科前沿报告，成为系统研究的年度连续出版物。这项工作虽然是学术研究的一项基础工作，但意义十分重大。要想做好这项工作，需要大量的组织、协调、研究工作，更需要专家学者付出大量的时间和艰苦的努力，在此，特向参与本研究的院内外专家、学者和参与出版工作的同仁表示由衷的敬意和感谢。相信在大家的齐心努力下，会进一步推动中国对经济学和管理学学科建设的研究，同时，也希望本系列报告的连续出版能提升我国经济和管理学科的研究水平。

金碚

2014 年 5 月

前　言

　　信息管理是人类利用信息及相关技术手段，进行科学的计划、组织、控制和协调，以实现信息资源的合理开发与有效利用的过程；是组织有效地开发和利用信息资源，以现代信息技术为手段，对信息资源进行计划、组织、领导和控制的社会活动。信息管理是组织现代化管理的重要组成部分，围绕信息资源的识别、挖掘、分析、利用等活动，为企业、科研机构、大学、政府发展提供核心支持，是组织实现创新发展的重要驱动力。信息管理的有效开展，可为组织发现潜在发展机会，提高工作效率，节省组织人力物力，实现人机对话，使组织内外部的利益共同体更加紧密地联系在一起。

　　信息管理研究主要分布在计算机信息系统科学、计算机跨学科应用科学、管理学、图书情报科学、运筹管理科学、计算机软件工程科学等学科领域。很多学者从理论和实证两个角度，围绕技术、管理、应用问题，研究信息管理问题。在技术层面，信息管理研究围绕信息分析、信息挖掘、信息可视化、信息系统开发、电子商务技术等方面展开；在管理层面，以组织生产信息管理、库存信息管理、财务信息管理、供应链管理、人力资源管理、用户信息管理、电子商务管理等为主要内容。同时，在计算机和网络技术发展的推动下，信息管理取得了快速发展，并在医学、生物、环境研究等新兴具体领域得到广泛应用，包括医疗信息管理、地理信息管理、个人信息管理、工程安全信息管理等行业应用。近年来，信息管理研究的重点与热点包括大数据分析、数据挖掘与商务智能、信息可视化、信息系统、知识管理、信息资源检索与管理、信息安全、组织信息战略及个人信息管理、信息网络等。

　　经过多年的信息化建设，我国在信息管理方面取得了可喜的成绩。组织对于信息资源的重视程度不断提高，信息技术投入意愿显著增强。很多企业、政府、大学、科研机构等购置了信息管理的硬件和软件，构建 ERP 管理、电子商务等信息管理平台。我国互联网络基础设施得到完善，相关服务商快速发展，全社会从整体上已经具备了信息化管理的网络基础。社会多年来培养了大量计算机和信息管理人才，组织信息技术人员比例较以前有较大提高，整体信息管理水平有显著提高。

　　2015 年 3 月 6 日，李克强总理在政府工作报告中首次提及"互联网+"。他指出，"互联网+"代表一种新的经济形态，即充分发挥互联网在生产要素配置中的优化和集成作用，将互联网的创新成果深度融合于经济社会各领域之中，提升实体经济的创新力和生产力，形成更广泛的以互联网为基础设施和实现工具的经济发展新形态。"互联网+"行动计划将重点促进新一代信息技术与其他领域的融合，打造新的区域增长点。在这一背景下，总结国内外信息管理研究成果，充分利用"互联网+"的发展机遇，加强信息管理研究，拉动企业等组织发展，推动区域发展具有十分重要的意义。

本报告具体分工如下：前言，王伟光、康鹏；综述，康鹏；本学科本年度国内学者具有代表性的文章，李壮壮；本学科本年度国内学者具有代表性的图书，由雷；本学科本年度国外学者具有代表性的文章，马胜利；本学科本年度国外学者具有代表性的图书，康鹏；年度大事记，董革冰；英文文献索引，马胜利；中文文献索引，孙丹华。最后，由王伟光、康鹏统稿。康鹏负责日常联络和执行。本报告在编写过程中，参考了国内外大量参考文献，并精选了部分优秀成果，在此向这些学者表示敬意和谢意。限于能力和篇幅，在我们对这些成果进行"信息加工和整理、整合"过程中，无法将全部研究精华吸收进来，还望相关学者和读者见谅。本报告的编写工作得到了经济管理出版社杨世伟总编辑、陈力主任和张艳主任的大力支持，在此表示谢意。

目 录

第一章 企业信息管理学学科 2013 年研究综述

2013 年，国内外信息管理学科的学者和研究人员在总结前人研究的基础上，开展了一系列的学术研究，发表了很多包括期刊文章和图书在内的研究成果。对这些国内外信息管理的研究文献进行回顾与总结，发现其未来发展动态与前沿热点问题，将有助于我国未来信息管理学科的发展与创新性研究的开展。

第一节 数据获取

本综述所使用的中文文章来源于中国知网，中国知网涵盖中国学术期刊网络出版总库、中国重要会议论文全文数据库、国际会议论文全文数据库、中国学术辑刊全文数据库、TAYLOR 期刊数据库、WILEY 期刊数据库、哈佛商业评论数据库、剑桥大学出版社期刊数据库、FRONTIERS 期刊数据库等。数据的检索策略是篇名=信息管理或关键词=信息管理，入库时间=2013，由此获得文献 2643 篇（检索日期为 2015 年 12 月 10 日）。

以上这些中文期刊文章的关键词统计如表 1-1 所示。

表 1-1 中文期刊文章关键词前十位

排序	关键词	文献数
1	信息管理	469
2	信息管理系统	163
3	数据库	96
4	管理	93
5	应用	86
6	信息化	79
7	管理系统	73
8	计算机	62
9	信息系统	58
10	设计	50

所使用的中文图书来源有：

（1）亚马逊中文网站（www.amazon.cn）。亚马逊中国是全球最大的电子商务公司亚马逊在中国的网站。亚马逊中国经营图书、音像、软件、图书、影视等，至今已经成为中国网上零售的领先者。在亚马逊中文网站，按关键词=信息管理，时间=2013，共检索出图书1983本。

（2）当当网（http：//book.dangdang.com/）。当当网是北京当当网信息技术有限公司营运的一家中文购物网站，以销售图书、音像制品为主，兼具发展小家电、玩具、网络游戏点卡等其他多种商品的销售。当当网目前是全球最大的中文网上图书、音像商城，面向全世界中文读者提供30多万种中文图书和音像商品。

（3）京东商城网（http：//book.360buy.com/）。京东商城是中国最大的综合网络零售商，是中国电子商务领域最受消费者欢迎和最具影响力的电子商务网站之一，在线销售家电、数码通信、电脑、家居百货、服装服饰、母婴、图书、食品、在线旅游等12大类数万个品牌百万种优质商品。

所使用的英文期刊文章来源有如下几个：

（1）Elsevier SD（ScienceDirect）。荷兰爱思唯尔（Elsevier）出版集团是全球最大的科技与医学文献出版发行商之一，已有180多年的历史。ScienceDirect系统是Elsevier公司的核心产品，自1999年开始向读者提供电子出版物全文的在线服务，包括Elsevier出版集团所属的2200多种同行评议期刊和2000多种系列丛书、手册及参考书等，涉及四大学科领域——物理学与工程、生命科学、健康科学、社会科学与人文科学，数据库收录全文文章总数已超过856万篇。数据的检索策略是TITLE –ABSTR –KEY =information management，入库时间=2013。由此共获得英文期刊文章2884篇（检索日期为2015年12月10日）。

以上这些英文期刊文章的主题统计如下：

表1–2　英文期刊文章主题前十位

排序	主题	文献数
1	patient	246
2	system	66
3	model	55
4	soil	49
5	project	47
6	health	46
7	water	45
8	China	41
9	organization	35
10	risk	34

（2）SpringerLink（现刊+回溯）数据库。德国施普林格（Springer-Verlag）是世界上著名的科技出版集团，Springer 出版社于 1842 年在德国柏林创立，已有 160 多年的历史，2004 年 Springer 与 Kluwer 合并。SpringerLink 于 1996 年正式推出，是全球首个电子期刊全文数据库，2006 年 6 月 SpringerLink 升级进入第三代界面，成为全球第一个提供多语种、跨产品的出版服务平台，涵盖 Springer 出版的所有在线资源，包括电子图书、电子期刊、电子丛书、大型电子工具书和实验室指南等，其中全文电子期刊 1300 多种，现刊数据库可以访问 1997 年至今的期刊文章。

所使用的英文图书来源主要是亚马逊网站（www.amazon.com）。美国亚马逊公司旗下的亚马逊书店是世界上销售量最大的书店，亚马逊书店的商业活动主要表现为营销活动和服务活动。图书的检索策略是 Keywords=information management，出版时间=2013。由此共获得图书数为 10307 个（检索日期为 2015 年 12 月 10 日）。此外，还包括 Elsevier SD 数据库及 SpringerLink（现刊+回溯）数据库。

第二节　发展状况和最新动态

通过对以上文献数据的分析，信息管理文献主要分布在计算机信息系统科学、计算机跨学科应用科学、管理学、图书情报科学、运筹管理科学、计算机软件工程科学等学科。这些研究从技术层面和管理层面对信息管理问题进行分析。2013 年，围绕大数据、云计算、物联网、智能决策、智慧组织等问题，学术界和产业界开展多种学术和实践活动。信息管理方法与技术与多学科交叉广泛应用于地理、医学、生物、农业、环境等方面，为这些方面的学术研究和实践活动提供了有力的支持。

ICIIM 是主要的创新和信息管理年会，旨在展示当前进行的研究。ICIIM 于 2013 年 1 月 19~20 日在新加坡举行。会议的宗旨是科学家、学者、工程师和学生从世界各地的大学和行业目前正在进行的研究活动中，研究大学和行业之间的关系。这次会议为与会代表提供了面对面交流新思想和应用经验、建立业务联系和寻找未来全球伙伴合作关系的机会。

为开展数据科学与大数据的科学理论研究，建立以数据科学研究为中心的大数据环境下的应用，开展多种知识管理与数据分析应用平台，解决如何有效地组织和管理多种分散、复杂的信息源；在保护安全性、隐私性和提供可靠性的前提下，应用数据挖掘和知识，对多数据源进行多侧面的分析；动态地从数据中提取知识，为智能型的网络在金融应用中服务，特别是为金融监管部门提供智能型的金融风险预警、预测、监控和决策支持示范系统。2013 年 5 月 29~31 日在北京香山饭店召开了以"数据科学与大数据的科学原理及发展前景"为主题的学术讨论会，会议邀请多学科跨领域的专家学者，围绕数据科学与大数据研究的若干科学问题、大数据中的关键技术和数据产业与国家经济发展等中心议题进行深入讨论。

互联网、物联网、移动计算、云计算等信息技术的广泛普及应用，使得人类社会运行的过程得以数字化并被记录下来，为分析研究人类社会各种规律提供了可能。对此过程形成的前所未有的大规模的海量数据（简称大数据）的研究具有重要价值。中国计算机学会青年计算机科技论坛"大数据——社会网络分析与应用"报告会对以下问题进行探讨：大数据的特点及带来的技术挑战，大数据计算架构、存储和处理的需求与实践；在大数据驱动下基于人类出行建模解决城市交通拥堵问题；后基因组时代海量生物数据分析获取对人类有用的遗传信息、进化信息，破译基因组所蕴含的功能信息，解密生命，造福于人类社会。

为了更好地把握云计算发展趋势，交流云计算发展成果，促进云计算的应用，在国家发展和改革委员会、工业和信息化部、北京市政府、中国科学技术协会的指导下，中国电子学会于2013年6月5~7日在北京举办"第五届中国云计算大会"。此次会议继承了前四届大会的成功经验，以全新的国际视野，洞悉全球云计算发展趋势；并从应用出发，探讨云计算与大数据、云计算与移动互联网、云安全及云计算行业应用等焦点话题。本次大会还特别设立云计算服务展示区域，交流国际云计算最新研究成果，展示国内云计算试点城市发展成就，分享云计算发展经验，促进全球云计算创新合作。

近年来，物联网被正式列为国家五大新兴战略性产业之一，得到了有关部门的大力支持，多地出台了发展农业物联网的指导意见，农业企业与农业园区物联网技术应用方兴未艾，呈现出较强的发展势头：在农业领域应用涵盖了农业生产经营管理、农业生态环境监测、冷链物流运输、农产品质量安全监管和农业电子商务等领域，并探索性地完成了众多示范应用，在智能农业的应用方面积累了一定的经验。但农业物联网技术应用总体还处于初步应用阶段，大部分企业盼望物联网技术的应用能给企业发展带来机遇。从2009年农业部人力资源开发中心、中国农学会主办年度论坛以来，通过交流、培训、参观学习，推动了参会企业、农业园区物联网的建设，促进了部分信息企业、物联网公司的发展。

智慧城市以信息技术为支撑，通过健全、透明、充分的信息获取，通畅、广泛、安全的信息共享和有效、规范、科学的信息利用，提高城市运行和管理效率，改善城市公共服务水平，增强处理突发事件的能力，让城市成为和谐社会的中枢。具体而言，家居、能源、金融、医疗、交通、物流、商贸等诸多领域，均可利用智慧产业技术，让城市生活变得智能、便捷、高效。中国计算机学会青年计算机科技论坛"智慧城市 智慧生活"论坛邀请智能家居行业的代表企业——辽宁万泰科技发展股份有限公司，智慧城市管理领域的代表企业——沈阳昂立信息技术有限公司以及智慧地球、智慧城市的首提倡者——IBM公司的代表，讲述各自企业关于智慧城市的理念以及应用实施案例，看一看智慧城市如何让我们的生活更智慧、更精彩。

第三节　重要理论观点和研究热点

2013 年，信息管理学科的研究热点和重点包括大数据分析与数据挖掘、信息可视化、知识管理、信息资源检索与管理、信息系统构建等。国内外学者在发表的期刊文章和出版的图书中围绕以下方面进行了深入的研究：

（一）大数据分析与数据挖掘

Dr. Arvind Sathi（2013）以从业者的观点研究大数据分析，分析大数据背后的驱动因素。提出一组应用案例，确定多种解决组件，介绍不同的实现方法。围绕这一新兴问题讲解和深入回答多个关键问题，包括大数据是什么和它是如何被使用的，大数据分析的战略计划如何生成，大数据如何改变分析架构等。

Jo-Ting Wei 等（2013）应用 RFM（近因、频率和货币）模型，采用数据挖掘技术结合自组织映射（SOM）和 k-means 方法，为中国台湾一家美发沙龙进行客户细分和发展营销策略。客户数据挖掘技术帮助识别四种类型的客户，包括忠实客户、潜在客户、新客户和流失的客户，为这四种类型的客户开发不同的营销策略。

John W. Foreman（2013）提出，媒体往往把数据科学描述成魔法。这是一个勇敢的新世界，看似毫无意义的数据可以转化为有价值的洞察力，驱动智能业务决策。但是究竟该如何利用数据科学？你必须雇用一个黑魔法师，也就是"数据科学家"，从而从你的数据中提取出黄金。

Foster Provost 和 Tom Fawcett（2013）介绍了数据科学的基本原则，并引领大家进行"数据分析思考"，从收集的数据中提取有用的知识和商业价值。帮助大家理解今天使用的许多数据挖掘技术，学习如何改善商业利益相关者和数据科学家之间的沟通，学会如何智能地参与公司的数据科学项目。发现如何进行数据分析思考和充分理解数据科学方法以支持业务决策。

俞立平（2013）从大数据的发展现状分析入手，讨论大数据对传统经济学的挑战，首次提出大数据经济学的概念，认为大数据经济学包括大数据计量经济学、大数据统计学和大数据领域经济学，并分析大数据经济学与信息经济学、信息技术等相关学科的关系，最后对大数据经济学发展前景进行了展望，认为大数据经济学不仅将理论科学、实验科学、复杂现象模拟统一在一起，而且将自然科学和社会科学统一在一起，将理论研究与实践应用实时地统一在一起，大数据经济学具有"智能经济学"的特点。

（二）信息可视化

Chad A. Steed（2013）认为，传统的气候分析技术对于处理今天的复杂数据是不够的。他们描述和展示可视化分析系统，利用探索性数据分析环境（EDEN）与特定的应用程序来分析复杂的地球系统模拟数据集。EDEN 代表的交互式可视化分析工具的类型十分必要，可将数据转化为洞察力，从而提高对于地球系统过程的理解。除了概览 EDEN 外，他们介绍与使用点集合体和全球社区土地模型版本 4（CLM4）模拟相关的研究。

Isabel Meirelles（2013）认为，可视化过程不是发生在真空中，它基于设计、认知、感知和人机交互的原则和方法，结合个人知识和创造性的经验，介绍一系列当前可视化案例研究。讨论可视化设计原则和方法，提供有价值的关键和分析工具，进一步提高设计过程。通过真实、有效的可视化案例讨论可视化的历史、理论和最佳实践。

Stephen Few（2013）作为数据可视化领域专家，指出了在仪表板设计方面的一些常见问题，并详细地描述这方面的最佳实践和大量的例子。他认为，如果设计得当，仪表板具有视觉感知的力量，能够有效、清晰地沟通密集信息集。解决仪表板独特挑战的视觉设计技能不是直觉的，而是可以通过学习获取的。他分析如何设计仪表板，以大脑科学为基础，解释这样做背后的原因。

（三）知识管理

Sedera Darshana 和 Dey Sharmistha（2013）认为，组织在激烈竞争的市场环境中，用户知识开发战略势在必行。他们概念化、实施并验证用户知识在当代信息系统中是形式化的多维索引。这样一来，被验证和被广泛接受的索引将促进关于用户能力和信息系统有效性研究的发展。同时，为组织提供一个基准来跟踪用户知识。验证涉及三个独立的研究，包括探索性和验证阶段，使用来自 244 名受访者的数据。

Al-Karaghouli 等（2013）调查两个西伦敦医院的供应链采购过程中不同知识的差距和不同主体之间的误解。案例研究表明，在需求阶段和整个供应链管理中，沟通对于双方不同知识的共享和转移是重要问题。其设计框架促进隐性医学知识和隐性技术知识的共享，被视为匹配需求和规范的连续过程。

Stathis Araposthathis 和 Graham Dutfield（2013）从多样化的视角深入分析知识管理实践和知识产权制度的新模式，介绍一系列不同的技术科学思想和文化。将过去的实践和制度与现代新兴形式联系在一起，覆盖 19 世纪中叶至今。提供原始的观点，解释在知识生产过程中，专利制度作为现代性的一种社会政治现象如何发展，以及分析个人、机构和技术科学与文化交互的方式。

郝占刚（2013）提出，产品研发本质上是不同知识相互作用的结果。因此，产品研发的关键在于如何有效利用知识。首先，提出了基于知识来源的产品开发过程模型，对产品研发过程模型各阶段所涉及的知识进行了分析；其次，提出了基于数据挖掘构建产品研发显性知识地图的步骤；最后，以汽车研发为例，构建了汽车产品研发显性知识地图。

倪国栋（2013）认为，知识管理对于组织绩效具有重要的促进作用，而完善的知识管理体系有利于组织提高知识管理水平，因此，各类工程管理组织均有必要建立适合自己的知识管理体系。以代建单位为例来研究知识管理体系的构建问题，提出从知识管理的活动系统、组织系统和信息系统三个方面构建代建单位知识管理体系的思路，并讨论了具体的构建方法。

（四）信息资源检索与管理

Frank Lambert（2013）对两个市政府网站3年内提交的调查进行分析，研究以往 Web 日志分析没有发现或解决的信息搜索模式。调查结果显示，尽管存在细微差别，两个市政府网站的信息需求存在很大的相似之处，人口变量和物理距离并没有影响这些相似之处。市政府网站可以提供所有类型的信息，采用他们提出的方法，市政府可以更好地管理他们的在线信息资源。

Tong 等（2013）认为，在线反馈系统（ofs）越来越多地出现在购物网站上，他们允许消费者发布评级信息和进行消费产品评论。他们使用动机理论，从目标实现的角度，构建包括影响消费者在线反馈意图的激励和抑制因子的模型。实验涉及 168 名大学生。结果表明，消费者产品评论意图受帮助其他消费者的感知满意度、影响销售的感知满意度、提高自我形象的感知概率和感知的执行成本的影响。此外，当消费者增强自我形象的感知概率相对较高或当感知认知成本相对较低时，经济奖励机制的存在也具有影响。

崔金栋等（2013）对微博的信息组织架构、传播模式和影响力形成机理进行了研究，利用微本体技术改善微博信息资源的组织方式，寻找利于微博管理的最合适的信息架构，分析微博产生裂变式传播能量和海量信息的动因，提出基于微本体建模的微博信息管理体系。

丁韧（2013）以我国高校学生为例，选择 141 位来自武汉大学的本科生和研究生作为调查对象，探讨当前我国高校学生的网络信息搜索水平、行为特征和行为影响因素，构建出高校学生的网络信息搜索行为模型。

何钧（2013）结合网络环境下信息资源的分布特点以及信息时代的学习特点，以全新的视角分析各类信息检索方法与技巧、学术论文撰写、信息综合运用和国外图书馆利用等方面的内容。系统地说明现代信息检索的基础知识、基本技能，各类信息检索工具的编排、组织规则和使用方法，电子文献信息检索技术，国内外著名题录或文摘数据库、引文数据库、全文数据库的特点以及使用方法，学术论文的撰写方法等。

（五）信息系统构建

Seidel（2013）探讨全球操作软件解决方案提供商如何实现环境可持续业务实践，以应对新兴的环境问题。通过解释性案例研究，设计一个理论框架，针对环境可持续性转型问题，确定了信息系统的四个重要功能可供性，创建可操作的环境。其中：①组织可以参与意义建构过程，理解新兴环保要求；②个人可以实现环境可持续性的工作实践，包括更好地理解信息系统的组织变化和可持续性转型要求的信息系统功能可供性类型。

Ortiz de Guinea（2013）将信息系统使用模式概念化，像个人的情绪、认知和行为，使用信息技术来完成工作任务。通过结合两个新的观点——对象范式和自动性应对理论，推理根据不同的信息技术预期事件，随着时间的推移，不同的模式是如何出现和消失的，以及这些模式如何影响短期绩效。他们进行了定性和定量两项研究，组合不同的方法（如开放式的问题、生理数据、视频、协议分析）研究预期事件和矛盾事件的影响。这两项研究的协同性质表明自动和调整两种使用模式的存在。大多数交互是自动的调整模式，由矛盾事件引发，都会随着时间过渡到自动模式。此外，自动模式会提高短期业绩，而调整模式则不会。

Gregory（2013）认为，尽管人们了解如何在信息系统开发项目中选择不同的控制类型，对于信息系统开发外包项目的控制动力学研究存在空白。他们开发了一个控制平衡的实质性扎根理论，解决这个理论缺口。基于金融服务业信息系统开发的纵向案例研究，根据所得数据，引入三维控制配置类别。他们提出，对于控制配置决策，控制类型只有一个纬度。需要确定的另两个维度是控制程度（紧与松）和控制风格（单边和双边）。此外，信息技术开发外包项目的生命周期中的控制执行是与用户—销售商相互理解交织在一起的，彼此相互影响。基于这些发现，开发一个综合过程模型，解释外包项目经理如何定期调整控制配置，允许信息系统开发外包项目和关系的发展，激发不同的三维控制配置的迭代使用。

侯洪凤等（2013）为构建应急管理信息系统指标体系，从实际应用角度出发，借鉴关键成功因素法，着重于从系统建设、系统技术水平、应急信息服务水平、系统应用等方面开展系统评价研究，建立指标体系。使用模糊综合评价模型，对应急管理信息系统实例进行评价，验证评价指标体系的科学性和合理性。

刘伟等（2013）认为，信息系统的复杂度测量是进行信息系统成本核算和信息系统报价等的前提。为了更加全面、动态地测量信息系统复杂度，首先，提出了数据复杂性的概念，将数据复杂性分为数据结构、数据量和数据操作三个维度，构建了基于数据复杂性的信息系统复杂度的测量模型；其次，建立了数据复杂性三个子维度的信息熵模型，同时利用复杂性空间理论对数据复杂性进行了整体测量；最后，对两家中型制造企业的物资和经营销售管理信息系统进行了实证研究，验证了该测量模型和计算方法的有效性。

第二章　企业信息管理学学科 2013 年期刊论文精选

第一节

中文期刊论文精选

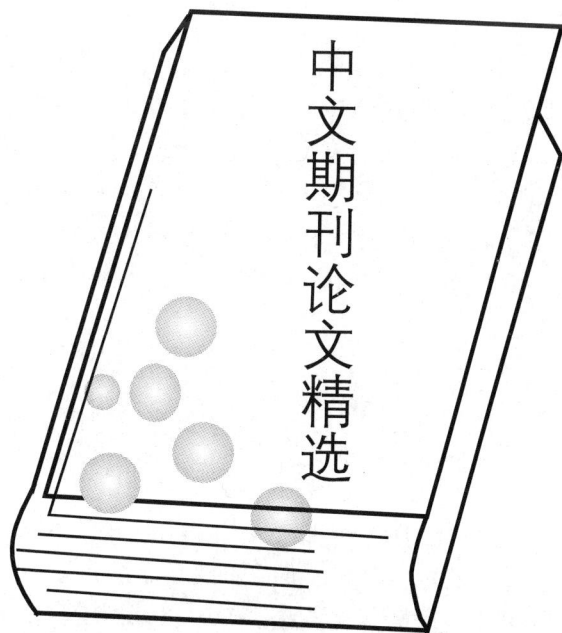

　　2013 年，我国学者从各个角度对信息管理领域进行了研究和探讨，主要涉及大数据分析、数据挖掘、信息可视化、信息评价、信息系统、信息技术、信息技术与区域经济增长以及信息资源管理等。根据中国知网检索结果，选取了具有较好学术价值的 15 篇文献。

基于熵和证据理论的 NPD 项目复杂性模糊评价 *

李仕峰　　杨乃定　　刘效广

【摘　要】基于文献综述和专家调查，构建了 NPD 项目复杂性评价指标体系，并运用"结构熵权法"确定了各指标权重。基于证据"可信度"和"确定性"，定义了证据"有效性"，结合证据冲突全局分配的思想，改进了证据合成方法；运用改进的证据合成方法综合专家评价信息，构造了"模糊评价矩阵"。依据模糊评价原理对 NPD 项目复杂性进行评价，并结合算例分析说明了该方法的可行性和实用性。

【关键词】结构熵权；证据理论；NPD 项目复杂性；模糊评价模型

0　引言

新产品研发是企业在快速变化的市场环境中赢得竞争优势的保障，也是企业不断发展的驱动器 [1]。然而，新产品研发是一项非常复杂的系统工程 [2]；并且，随着科技和社会的发展与进步，其复杂性也在不断增长 [3]。许多学者研究指出，复杂性增长已经成为造成新产品研发超期、超支等风险，乃至最终失败的重要原因之一，并且发现传统的管理方法难以对其进行有效的控制和管理 [3-6]。因此，如何对新产品研发项目的复杂性进行科学合理的评价，对于有效监控项目复杂性的变化，定量研究复杂性与其他关键变量（譬如绩效、风险等）之间的关系，进而完善现有的管理理论和方法，具有非常重要的意义。

关于项目复杂性评价方法大致可分为如下几类。第一类，基于算法信息复杂性的测度

* 基金项目：国家自然科学基金资助项目（70972126）；高等学校博士学科点专项科研基金资助项目（201061021110042）。

作者：李仕峰、杨乃定、刘效广。李仕峰（1987—），男，安徽芜湖人。西北工业大学管理学院硕士研究生。研究方向为管理系统工程。

本文引自《管理工程学报》2013 年第 1 期。

方法来评价项目管理中如资源配置和进度安排等特定问题的复杂性[7,8]，该方法能够准确客观地测度项目管理中某些特定问题的复杂性程度，然而并不能全面地反映项目的整体复杂性。第二类，通过对项目模型复杂性的测度来衡量项目的复杂性[5,9-11]，该方法实质上是对项目模型复杂性的评价，而非对项目本身复杂性的评价，此外，如何将项目模型化目前仍缺乏统一可行的方法。鉴于前两类方法明显的不足，目前研究主要通过识别项目复杂性因素，构建评价指标体系来对项目复杂性进行全面综合的评价，如 Jongbae Kim 和 David Wilemon[3] 通过定性分析 NPD 项目复杂性的来源因素，构建了包含组织、技术、市场等几大维度的评价指标体系，结合平衡记分卡的方法对 NPD 项目复杂性进行了评价。Haas[12] 从团队管理、成本与进度的控制以及项目对环境和政策的敏感性等几个方面构建了指标体系并结合专家打分对项目复杂性进行评价。Ludovic Alexandre Vidal 等[13] 将项目复杂性划分为组织复杂性和技术复杂性两大维度，运用专家调查法构建了评价指标体系，并运用 AHP 法对项目复杂性进行了测评。此类方法能够综合全面地测度和评价项目复杂性，同时进一步揭示了项目复杂性的来源，有利于项目复杂性的管理和控制。然而，该类研究仍然存在一些不足：由于项目复杂性概念难以统一界定，不同角度的理解差异较大[14]，以至于现有的评价指标体系普适性较差；鉴于项目临时性、一次性、动态变化性等特点，大样本的客观数据难以有效获取，因此若采用"客观赋权法"来确定指标权重，其可行性与实用性不强，而传统"主观赋权法"所计算的权重结果受决策者主观偏好影响较大，可靠性差；项目复杂性评价过程中，由于评价标准难以统一，专家基于经验和偏好所给出的评价信息具有较强的模糊性和高度的不确定性。

　　基于已有研究，本文进一步研究如下。在文献综述的基础上构建了 NPD 项目复杂性评价初始指标体系，通过充分征询专家的建议和意见，修改和完善了评价指标体系，提高了指标体系的普适性。运用"结构熵权法"确定评价指标权重，"结构熵权法"是一种定性分析与定量分析相结合的权重系数结构分析方法，充分结合了主观赋权法和客观赋权法的优势。鉴于证据理论处理不确定信息的有效性和实用性，引入并改进了证据合成方法，进而构建"模糊评价矩阵"，改进的证据合成方法收敛性和鲁棒性得到提高，有助于增强评价结果的可识别性与可靠性。依据模糊评价原理对 NPD 项目复杂性进行评价，并结合算例分析说明了该方法的可行性和实用性，同时，体现了"结构熵权法"和证据理论在专家群评价中的应用前景。

1 NPD 项目复杂性评价指标体系

　　基于对新产品研发项目特征的系统分析，结合已有研究中关于项目复杂性的各种认识[4,15-18]、现有的评价指标体系[3,12,13] 及专家调查的结果，构建并完善了 NPD 项目复杂性评价指标体系。具体工作过程为：首先，基于对 NPD 项目特征的系统分析，结合对已有研究的综述，提取了 NPD 项目复杂性来源的可能性因素，形成初始指标集合；其次，运用 Delphi 专家调查的方法，经过反复的信息交换、统计处理和综合归纳，修改并构建出 NPD 项目复杂性评价指标体系。

依据上述过程，本文构建出包括组织管理复杂性、技术研发复杂性、市场营销复杂性三个部分，共涉及 16 个指标的评价指标体系。具体指标及说明如表 1 所示。

表 1　NPD 研发项目复杂性评价指标体系

准则	指标	解释说明
组织管理复杂性	组织文化	组织成员教育背景、工作经历、风俗习惯等差异性越大，组织制度人性化程度越高，组织文化导致的组织管理复杂性越大
	战略定位	项目的执行过程和结果对组织发展影响的不确定性越大，战略定位导致的组织管理复杂性越大
	组织结构	组织设计柔性化程度越强，组织结构导致的组织管理复杂性越大
	成员关系	组织成员间隐性关系越难辨别，成员关系导致的组织管理复杂性越大
	信息沟通	组织成员间信息沟通障碍越大、组织信息更新速度越慢，信息沟通导致的组织管理复杂性越大
	资源配置	项目所需资源种类越多、资源约束条件越强，资源配置导致的组织管理复杂性越大
技术研发复杂性	产品设计	目标产品技术含量越高、新颖性（不确定性）越强、期望功能越复杂，产品设计导致的技术研发复杂性越大
	技术标准	行业技术标准划分越细、要求越高，技术标准导致的技术研发复杂性越大
	工具运用	产品研发过程中，所需工具和设备越难获得、操作难度越大，工具运用导致的技术研发复杂性越大
	融合创新	产品开发过程中，涉及的技术方法越多、对已有技术、零部件或产品的兼容性要求越高，融合创新导致的技术研发复杂性越大
	知识转化	产品开发过程中，所依据的知识原理难度越大、新颖性越强、转换为技术方法的难度越大，知识转化导致的技术研发复杂性越大
	定制生产	目标产品可规模化、批量化生产程度越低，定制生产导致的技术研发复杂性越大
市场营销复杂性	目标市场	目标市场竞争越大、市场需求越难预测、政策法律约束越强，目标市场导致的市场营销复杂性越大
	竞争对手	竞争对手行为越难预测，竞争对手导致的市场营销复杂性越大
	产品渠道	新产品由生产者向消费者转移中间成本越高，产品渠道导致的市场营销复杂性越大
	突发事件	新产品研发或上市期间，突发事件发生并对企业造成负面影响的可能性和程度越大，突发事件导致的市场营销复杂性越大

2　NPD 项目复杂性模糊评价

模糊综合评价方法是由 L. Azdah 提出的，对具有多种属性的事物，或者在考虑多种因素的影响下，运用模糊数学工具对事物进行全面综合性评价的评价方法；运用该方法的关键在于确定指标体系各级指标的权重和构造"模糊评价矩阵"[19]。下文将分别介绍 NPD 项目复杂性模糊评价中指标权重和"模糊评价矩阵"的确定方法。

2.1 基于结构熵权的指标权重确定

"结构熵权法"是程启月[20]依据熵理论，提出的一种确定评价指标体系权重的新方法。该方法是一种定性与定量分析相结合的权重系数结构分析方法，充分结合和发挥了主观赋权法和客观赋权法的优势。

该权重确定方法的基本思路是将 Delphi 专家调查法与模糊分析法相结合，通过多轮反复 Delphi 专家调查形成反映指标重要性的"典型排序"表；运用熵理论对指标"典型排序"结构的不确定性进行定量分析，即"盲度分析"，对可能产生潜在的偏差进行数据统计处理；最后经过"归一化权"计算出相应各指标的指标权重。

运用"结构熵权法"确定 NPD 项目复杂性评价指标的权重，既可以避免搜集大样本客观数据的困难，又可以降低指标权重确定过程中存在的主观性问题，进而，可以提高 NPD 项目复杂性评价指标权重确定工作的效率和权重计算结果的可靠性。

2.2 基于证据理论的模糊评价矩阵构造

2.2.1 改进证据合成方法

证据理论[21, 22]是由 Dempster 于 1967 年首次提出，由他的学生 Shafer 于 1976 年进一步发展起来的一种不精确推理理论，也称为 Dempster/Shafer 证据理论（D–S 证据理论）。证据理论为不确定信息的表达和合成提供了强有力的方法[23]，对于处理专家群评价中评价信息的合成问题具有良好的应用前景[24]。

然而，该方法在应用中仍存在一些问题和不足，李文立等[25]对其不足及近年来的改进研究进行了详尽的论述，此处不再赘述。本文在已有研究的基础上，基于证据可信度和证据确定性的概念，提出了证据有效性的定义和度量方法，结合证据冲突全局分配的思想[26]，对证据合成理论进行改进，进一步提高了该方法的收敛性和鲁棒性，具体如下。

依据 Jousselme 等[27]提出的证据距离、相似度和证据被支持程度的定义及度量方法，可以界定证据可信度的定义。

定义 1 设 m_1, m_2, $\cdots$, m_n 为同一识别框架 Θ 下的 n 个证据，证据 $m_i (i = 1, 2, \cdots, n)$ 的相对可信度为：

$$Crd(m_i) = \frac{Sup(m_i)}{\max\limits_{1 \leqslant j \leqslant n} \left[Sup(m_j) \right]} \tag{1}$$

式（1）中，$Sup(m_i)$ 为证据 m_i 被支持程度。

依据信息熵理论[28]，可以对证据的确定性程度进行界定和度量。

定义 2 假设 m (A)(A⊆Θ) 为识别框架 Θ 下的某证据 m 的基本可信度分配函数，$|\Theta| = N$，

$2^{\Theta} = \{A_1, A_2, \cdots, A_{2^N}\}$，则证据 m 所提供信息的相对确定性为：

$$Cer(m) = 1 - \frac{H(m)}{|H(m)|} \tag{2}$$

式（2）中，$H(m)$ 为度量证据 m 所包含信息不确定性程度的信息熵；$|H(m)|$ 为信息完全不确定时的信息熵。公式分别为：

$$H(m) = -\rho \sum_{i=1}^{2^N} m(A_i) \ln [m(A_i)] \tag{3}$$

$$|H(m)| = -\rho \sum_{i=1}^{2^N} \left(\frac{1}{2^N} \ln \frac{1}{2^N} \right)_i = -\rho \ln \frac{1}{2^N} \tag{4}$$

式（3）、式（4）中，$\rho > 0$ 为熵值系数。

一般认为，证据合成结果若能发挥较好的效用，应该至少满足两方面的条件：一是合成的结果可信度高，足以值得决策者相信；二是合成结果的确定性强，能够支持决策者明确识别目标或判别命题。这就要求参与合成的证据既要来源可靠，又要内容确定有序。因此，本文基于证据相对可信度和相对确定性的概念，提出了证据效用和相对有效性的定义，并给出了相应的计算公式。

定义 3　设 m_1，m_2，$\cdots$，m_n 为同一识别框架 Θ 下的 n 个证据，$Crd(m_i)$ 和 $Cer(m_i)$ 证据分别为证据 m_i（$i=1$，2，$\cdots$，n）的相对可信度和相对确定性，则证据 m_i 的效用 $Uti(m_i)$ 和相对有效性 $Eff(m_i)$ 分别为：

$$Uti(m_i) = Crd(m_i) e^{Cer(m_i) - 1} \tag{5}$$

$$Eff(m_i) = \frac{Uti(m_i)}{\max\limits_{1 \leqslant j \leqslant n} [Uti(m_j)]} \tag{6}$$

证据效用 $Uti(m_i)$ 的计算公式包含了以下含义：证据的效用值是由其可信度与确定性共同决定的；$0 \leqslant Uti(m_i) \leqslant 1$，$Uti(m_i) = 0$ 表示证据完全无效，$Uti(m_i) = 1$ 表示证据绝对有效；$Crd(m_i) = 0 \Rightarrow Uti(m_i) = 0$ 时，表示证据完全不可信时，证据则完全无效；$Cer(m_i) = 0$ 时，$Uti(m_i) \neq 0$，意味着"不确定总比不知道要有用"。因此，效用 $Uti(m_i)$ 的计算公式是合理有效的。

利用证据相对有效性，对原始证据模型进行修正：

$$m_i'(A) = \begin{cases} Eff(m_i) \cdot m_i(A), & A \neq \Theta \\ 1 - \sum_{B \subset \Theta} Eff(m_i) \cdot m_i(B), & A = \Theta \end{cases} \tag{7}$$

利用证据效用值，确定证据冲突分配权重为 $w(A, m)$ [25]：

$$w(A, m) = \sum_{i=1}^{n} \frac{Uti(m_i)}{\sum\limits_{j=1}^{n} Uti(m_j)} \cdot m_i(A) \tag{8}$$

综上所述，对证据合成规则进行修改：

定义 4　设 m_1，m_2，$\cdots$，m_n 为同一识别框架 Θ 下的 n 个证据，证据合成规则为：

$$m(A) = \begin{cases} 0, & A = \Phi \\ \sum_{\cap A_i = A} \prod_{1 \leqslant j \leqslant n} m_j'(A_i) + K_w'(A, m), & A \neq \Phi \end{cases} \tag{9}$$

式（9）中，A，$A_i(i = 1, 2, \cdots, 2^{|\Theta|}) \subset \Theta$；$K'$为修正后证据模型的总冲突。

$$K' = \sum_{\cap A_i = \Phi} \prod_{1 \leqslant j \leqslant n} m_j'(A_i) \tag{10}$$

不难证明，

$$\sum_{A \subseteq \Theta} m(A) = 1 \tag{11}$$

本文依据证据有效性来区分证据重要程度，修改原始证据模型，相比于仅以证据可信度来区分证据重要程度[23,25,30]，更为充分合理；同时，根据证据冲突全局分配的思想[26]对证据合成规则进行修改，可进一步提高合成方法的鲁棒性。笔者通过构造对比验算算例，运用 Matlab 7.0 编程计算，进一步验证了：本文改进的证据合成方法相比于 Dempster、Yager[29]、刘海燕等[30]、蒋雯等[23]、李文立等[25] 提出或改进的证据合成方法具有更好的收敛性和鲁棒性。鉴于篇幅限制，对比验算过程不再展开。

2.2.2 模糊评价矩阵的构造

证据合成理论可以有效地处理不确定信息的合成问题[23]，并且适用于群评估中专家意见的综合[24]；同时，改进后的证据合成方法具有更好的收敛性和鲁棒性，即能够进一步提高评价结果的聚焦程度和更好地处理异常评价信息，进而增强评价结果的可识别性和可靠性。因此，本文将运用改进的证据合成方法来构造"模糊评价矩阵"。

假设 $k(k \geqslant 2)$ 位专家对指标 u 进行评价，评语集为 $V = \{v_j(j = 1, 2, \cdots, n)\}$。令专家 $l(l = 1, 2, \cdots, k)$ 的评价结果为 $p_l = (v_1 : p_l(v_1); v_2 : p_l(v_2); \cdots; v_n : p_l(v_n))(\sum_{j=1}^{n} p_l(v_j) = 1)$，其中 $p_l(v_j)$ 表示专家 l 认为对于 u 的评语为 v_j 的可能性程度。将该问题转化为证据模型，可表述为 $m_1, m_2, \cdots, m_k$ 为同一识别框架 Θ 下的 k 个证据，$2^\Theta = \{A(v_j) | j = 1, 2, \cdots, n\}$，并且 $m_l(v_j) = p_l(v_j)$。如此按照 2.2.1 中改进的证据合成方法对 k 个证据进行合成得到 $m(A(v_j))(j = 1, 2, \cdots, n)$，则可将向量 $m(A(v_1)), m(A(v_2)), \cdots, m(A(v_n))$ 定义为指标 u 隶属于评语集 $V = \{v_j(j = 1, 2, \cdots, n)\}$ 的隶属度向量。因此，若设待评对象 U 有 m 种属性，记 $U = \{u_1, u_2, \cdots, u_m\}$，评语集为 $V = \{v_1, v_2, \cdots, v_n\}$，则其对应的"模糊评价矩阵"可记为 $R = [m^i(A(v_j))]_{m \times n}(i = 1, 2, \cdots, m; j = 1, 2, \cdots, n)$。

3 算例分析

以某高新企业一拟立项的新产品研发项目为评价对象，说明算法的有效性和实用性。设评价对象为 p，且 p 属于 P 类项目。

对应第 1 节将新产品研发项目复杂性评价指标体系记为 $C = \{C_1, C_2, C_3\} = \{\{c_{11}, c_{12}, \cdots, c_{16}\}, \{c_{21}, c_{22}, \cdots, c_{26}\}, \{c_{31}, c_{32}, c_{33}, c_{34}\}\}$，令评语集为 $V = \{v_1 : 非常小; v_2 : 小; v_3 : 中等; v_4 : 大; v_5 : 非常大\}$。根据模糊评价原理，按照以下步骤对项目 p 的复杂性进

行评价：

第一步：确定指标权重。

通过 Delphi 专家访谈，构建出评价指标"典型排序表"，运用"结构熵权法"计算出评价指标体系中各级指标权重，分别记为向量 w、向量 w_1、向量 w_2 和向量 w_3。

邀请到 9 位熟悉 P 类项目的专家，确定评价指标权重。将 9 位专家随机分为 3 组（每组 3 人），各组专家相互独立地进行若干轮讨论后，给出各级指标排序的判断表，形成各级指标的"典型排序矩阵"，"典型排序矩阵"及相应的计算结果如表 2 所示。

表 2　P 类项目评价指标"典型排序矩阵"及计算结果

指标	组 1	组 2	组 3	认知度	权重
C_1	2	2	2	0.666	0.297
C_2	1	1	1	1	0.446
C_3	2	3	2	0.574	0.257
c_{11}	3	2	3	0.680	0.148
c_{12}	3	4	4	0.449	0.098
c_{13}	2	2	3	0.773	0.169
c_{14}	2	3	2	0.773	0.169
c_{15}	1	1	2	0.910	0.199
c_{16}	1	1	1	1	0.217
c_{21}	1	2	1	0.909	0.198
c_{22}	2	3	3	0.772	0.168
c_{23}	3	3	4	0.645	0.140
c_{24}	1	1	1	1	0.217
c_{25}	2	2	2	0.863	0.188
c_{26}	4	4	5	0.410	0.089
c_{31}	1	1	2	0.932	0.312
c_{32}	1	2	1	0.866	0.289
c_{33}	2	2	3	0.728	0.243
c_{34}	3	3	4	0.466	0.156

由算法和计算过程的有效性，可以得到 P 类项目复杂性评价指标体系一级指标集的权重向量 w =（0.297，0.446，0.257），二级指标集的权重向量 w_1 =（0.148，0.098，0.169，0.169，0.199，0.217），w_2 =（0.198，0.168，0.140，0.217，0.188，0.089），w_3 =（0.312，0.289，0.243，0.156）是有效的。

第二步：构造"模糊评价矩阵"。

依据 2.2 节介绍的方法，综合专家组关于各二级指标的评价信息，构造"模糊评价矩阵"，记为矩阵 R_1、R_2、R_3。

邀请到 3 位熟悉项目 P 的专家对其复杂性进行评价，专家根据对 P 相关资料的调查分析，结合自己的知识、经验以及个人偏好，给出二级指标在评价等级上的置信度，评价信息如表 3 所示。

表 3　关于项目 P 的评价信息

指标	专家 1	专家 2	专家 3
c_{11}	v_2 (0.4) v_3 (0.6)	v_2 (0.7) v_3 (0.3)	v_2 (0.5) v_3 (0.5)
c_{12}	v_1 (0.9) v_2 (0.1)	v_1 (0.2) v_2 (0.8)	v_1 (0.8) v_2 (0.2)
c_{13}	v_2 (0.4) v_3 (0.6)	v_2 (0.5) v_3 (0.5)	v_2 (0.3) v_3 (0.7)
c_{14}	v_1 (0.3) v_2 (0.6) v_3 (0.1)	v_1 (0.2) v_2 (0.6) v_3 (0.2)	v_1 (0.4) v_2 (0.6) v_3 (0)
c_{15}	v_2 (0.2) v_3 (0.5) v_4 (0.3)	v_2 (0.2) v_3 (0.4) v_4 (0.4)	v_2 (0.2) v_3 (0.7) v_4 (0.1)
c_{16}	v_3 (0.4) v_4 (0.5) v_5 (0.1)	v_3 (0.3) v_4 (0.5) v_5 (0.2)	v_3 (0.4) v_4 (0.6) v_5 (0)
c_{21}	v_3 (0.2) v_4 (0.7) v_5 (0.1)	v_3 (0) v_4 (0.8) v_5 (0.2)	v_3 (0.1) v_4 (0.6) v_5 (0.3)
c_{22}	v_3 (0.4) v_4 (0.5) v_5 (0.1)	v_3 (0.3) v_4 (0.6) v_5 (0.1)	v_3 (0.3) v_4 (0.7) v_5 (0)
c_{23}	v_3 (0.1) v_4 (0.8) v_5 (0.1)	v_3 (0.2) v_4 (0.7) v_5 (0.1)	v_3 (0.3) v_4 (0.2) v_5 (0.5)
c_{24}	v_4 (0.6) v_5 (0.4)	v_4 (0.4) v_5 (0.6)	v_4 (0.5) v_5 (0.5)
c_{25}	v_3 (0.2) v_4 (0.8)	v_3 (0.3) v_4 (0.7)	v_3 (0.5) v_4 (0.5)
c_{26}	v_2 (0.7) v_3 (0.3)	v_2 (0.5) v_3 (0.5)	v_2 (0.4) v_3 (0.6)
c_{31}	v_3 (0.3) v_4 (0.7)	v_3 (0.4), v_4 (0.6)	v_3 (0.2), v_4 (0.8)
c_{32}	v_3 (0.2) v_4 (0.7) v_5 (0.1)	v_3 (0.2) v_4 (0.6) v_5 (0.2)	v_3 (0.3) v_4 (0.6) v_5 (0.1)
c_{33}	v_2 (0.3) v_3 (0.5) v_4 (0.2)	v_2 (0.2) v_3 (0.6) v_4 (0.2)	v_2 (0.2) v_3 (0.7) v_4 (0.1)
c_{34}	v_1 (0.4) v_2 (0.6)	v_1 (0.5) v_2 (0.5)	v_1 (0.6) v_2 (0.4)

运用 MATLAB 7.0 编程，合成三位专家关于各二级指标的评价信息，构建出相应的"模糊评价矩阵"为：

$$R_1 = \begin{bmatrix} 0 & 0.5530 & 0.4470 & 0 & 0 \\ 0.8348 & 0.1652 & 0 & 0 & 0 \\ 0 & 0.3438 & 0.6562 & 0 & 0 \\ 0.2664 & 0.6724 & 0.0612 & 0 & 0 \\ 0 & 0.1729 & 0.6081 & 0.2190 & 0 \\ 0 & 0 & 0.3506 & 0.5895 & 0.0599 \end{bmatrix}$$

$$R_2 = \begin{bmatrix} 0 & 0 & 0.0471 & 0.8174 & 0.1355 \\ 0 & 0 & 0.2795 & 0.6824 & 0.0380 \\ 0 & 0 & 0.1306 & 0.7395 & 0.1300 \\ 0 & 0 & 0 & 0.5000 & 0.5000 \\ 0 & 0 & 0.2296 & 0.7704 & 0 \\ 0 & 0.5530 & 0.4470 & 0 & 0 \end{bmatrix}$$

$$R_3 = \begin{bmatrix} 0 & 0 & 0.2024 & 0.7976 & 0 \\ 0 & 0 & 0.1810 & 0.7238 & 0.0952 \\ 0 & 0.1850 & 0.6908 & 0.1242 & 0 \\ 0.5000 & 0.5000 & 0 & 0 & 0 \end{bmatrix}$$

结合原始评价信息和相应的合成结果，不难看出，改进的证据合成方法在综合专家评价信息时具有良好的聚焦性；同时，观察 c_{12} 和 c_{23} 的评价信息及其对应的合成结果，可以发现，当存在异常评价信息时，运用改进的证据合成方法依然可以得到有效的合成结果。因此，不难理解，运用改进的证据合成方法综合专家评价信息，构造的"模糊评价矩阵"是可靠有效的，进而有助于提高评价结果的可识别性和可靠性。

第三步：计算模糊评价向量及结果识别。

计算出一级指标的模糊综合评价向量 $B_i(i = 1, 2, 3)$：

$$B_i = w_i R_i \tag{12}$$

基于 B_i 构建出一级指标对应的模糊评价矩阵 $R = [B_1^T, B_2^T, B_3^T]^T$，计算出新产品研发项目整体复杂性的模糊综合评价向量 B：

$$B = wR \tag{13}$$

依据公式（12）、公式（13）计算可得，$B_1 = (0.1268, 0.33042, 0.3845, 0.1715, 0.0130)$、$B_2 = (0, 0.0492, 0.1575, 0.6334, 0.1599)$、$B_3 = (0.0780, 0.1230, 0.2833, 0.4882, 0.0275)$、$B = (0.0577, 0.1439, 0.2573, 0.4589, 0.0822)$。

由于本文中评价等级是有序划分的，因此可采用置信度识别准则[31, 32]对评价向量 $B_i(i = 1, 2, 3)$ 和 B 进行识别。识别结果为：该项目整体复杂性处于一般和大之间，偏于大；组织管理的复杂性为一般，略偏向小；技术研发复杂性为大；市场营销的复杂性处于一般和大之间，偏向大。结合评价过程分析，笔者认为在该项目的执行过程中首先要做好市场分析、目标产品定位设计的工作以期将项目复杂性控制在一定程度之内，具体展开项目时要把握好技术融合创新、资源配置等关键工作，以避免项目复杂性的扩大。

算例分析说明了本文所提出的新产品研发项目复杂性模糊评价模型是可行有效的。同时显示了"结构熵权法"在确定此类问题评价指标权重中的适用性，验证了改进的证据合成方法在"模糊评价矩阵"构造中的有效性和可靠性。

4　结论

新产品研发项目复杂性评价是一项涉及面广、不确定性因素众多的系统工程，评价的最大难度是建立和完善评价指标体系以及对评价过程中不确定性信息的处理。本文在已有研究的基础上，结合 Delphi 专家调查，从组织管理、技术研发和市场营销三大方面建立并完善了评价体系；引入"结构熵权法"确定指标权重，降低了工作的难度，提高了工作效率和权重结果的可靠性。鉴于证据理论处理不确定信息的有效性，引入并改进了证据合成方法，加强了其收敛性和鲁棒性；用其构造"模糊评价矩阵"，提高了对不确定评价信息的利用效果，增强了评价结果的可识别性和可靠性。用 Matlab 7.0 编制程序对算例进行分析，得到了满意结果；算例表明，"结构熵权法"和证据理论在新产品研发项目复杂性评价中具有较好的有效性和实用性。

需要指出的是，本文提出的基于结构熵权和证据合成理论的模糊评价方法，不仅适用于 NPD 项目复杂性的评价问题，还可以容易地扩张运用到其他类似的群评价或群决策问题中，如项目评价、方案选择等问题。

参考文献

［1］余芳珍，陈劲，沈海华. 新产品开发模糊前端创意管理模型框架及实证分析——基于全面创新管理的全要素角度［J］. 管理学报，2006，3（5）：573-579.

［2］Wang J., Lin Yi. An overlapping process model to asses schedule risk for new product development［J］. Computers & Industrial Engineering, 2009, 57（2）：460-474.

［3］Kim J., Wilemon D. Sources and assessment of complexity in NPD projects［J］. R&D Management, 2003, 33（1）：15-30.

［4］Baccarini D. The concept of project complexity –a review［J］. International Journal of Project Management, 1996, 14（4）：201-204.

［5］Schlick C. M., Beutner E, Duckwitz S, Lcht T. A complexity measure for new product development projects［C］. Proceedings of IEEE International Conference on Engineering Management, 2007：143-150.

［6］景劲松. 复杂产品系统创新项目风险识别、评估、动态模拟与调控研究［D］. 浙江大学博士学位论文，2005.

［7］Kolgomorov A. Three approaches to the quantitative definition of information［J］. Internat. J. Comput., 1968, 5（2）：157-168.

［8］Akileswaran V., Hazen G. B., Morin T L. Complexity of the project sequencing problem［J］. Operations Research, 1983, 31（4）：772-778.

［9］Kaimann R. A. Coefficient of network complexity［J］. Management Science, 1974, 21（2）：172-177.

［10］Temperley HNV. Graph Theory and Applications［M］. England：Ellis Horwood Ltd, 1981.

［11］Passed K. M., Hegab M Y. Developing a complexity measure for schedules［J］. Journal of Construction Engineering and Management, 2006, 132（6）：554-562.

［12］Haas K. B. Managing complex projects：A new model［J］. Management Concepts, Vienna, VA, 2009, 40（3）：83.

［13］Vidal L. A., Marle F., Bocquet J C. Measuring project complexity using the Analytic Hierarchy Process［J］. Project Management, 2010, 7（5）：1016-1026.

［14］Morel B., Ramanujam R. Through the looking glass of complexity：The dynamics of organizations as adaptive and evolving systems［J］. Organization Science, 1999, 10（3）：278-293.

［15］Larson E. W., Gobeli D. H. Significance of project management structure on project success［J］. IEEE Transactions on Engineering Management, 1989, 36：119-125.

［16］Thomas B. C., Mark B. V. Project complexity and efforts to reduce product development cycle time［J］. Journal of Business Research, 1999, 45（2）：187-198.

［17］Tatikonda M. V., Rosenthal S R. Technology novelty, project complexity and product development project execution success：A Deeper Look at Task Uncertainty in Product Innovation［J］. IEEE Transaction on Engineering Management, 2000, 47（1）：74-87.

[18] Sbragia, A. M. Governance, the State and the Market: What Is Going On? [J]. Governance, 2000, 13 (2): 243–250.

[19] 宾光富, 李学军, DHILLON Balbir-S, 楚万文. 基于模糊层次分析法的设备状态系统量化评价新方法 [J]. 系统工程理论与实践, 2010, 30 (4): 744–750.

[20] 程启月. 评测指标权重确定的结构熵权法 [J]. 系统工程理论与实践, 2010, 30 (7): 1225–1228.

[21] Dempster A. P. Upper and lower probalilities induced by a multivalued mapping [J]. Annuals of Mathematics Statistics, 1967, 38 (4): 325–339.

[22] Shafer G. A Mathematical Theory of Evidence [M]. Princeton: Princeton University Press, 1967.

[23] 蒋雯, 张安, 邓勇. 基于新的证据冲突表示的信息融合方法研究 [J]. 西北工业大学学报, 2010, 28 (1): 28–32.

[24] 杨春, 李怀祖. 一个证据推理模型及其在专家意见综合中的应用 [J]. 系统工程理论与实践, 2001, 4: 43–48.

[25] 李文立, 郭凯红. D-S 证据合成规则及冲突问题 [J]. 系统工程理论与实践, 2010, 30 (8): 1422–1431.

[26] Lefevre E., Colot O, Vannoonrenberghe P. Belief functions combination and conflict management [J]. Information Fusion, 2002, 3 (2): 149–162.

[27] Jousselme A. L., Dominic G, Bosse E. A new distance between two bodies of evidence[J]. Decision Support Systems, 2004, 38 (3): 489–493.

[28] 王彬. 熵与信息 [M]. 西安: 西北工业大学出版社, 1994.

[29] Yager R. R. Comparing approximate reasoning and probabilistic reasoning using the Dempster-Shafer framework [J]. International Journal of Approximate Reasoning, 2009, 50 (5): 812–821.

[30] 刘海燕, 赵宗贵, 刘熹. D-S 证据理论中冲突证据的合成方法 [J]. 电子科技大学学报, 2008, 37 (5): 701–704.

[31] 曹庆奎, 任向阳, 刘琛, 刘历波. 基于粗集—未确知测度模型的企业技术创新能力评价研究 [J]. 系统工程理论与实践, 2006, 4: 67–71.

[32] 贾正源, 赵亮. 基于熵权未确知测度模型的电能质量综合评价 [J]. 电力系统保护与控制, 2010, 38 (15): 33–37.

Complexity Fuzzy Evaluation of NPD Projects Based on Entropy and Evidence Theory

Li Shifeng, Yang Naiding, Liu Xiaoguang

Abstract: Implementation of NPD (New Product Development) projects has become an important measure for enterprises to constantly gain new competitive advantages. However, some studies discover that the degree of complexity in NPD project is a direct source of NPD project risks. Moreover, traditional project management seems to be not an effective measure to deal with the growing complexity of NPD projects. Hence, identifying existing NPD project complexity sources and assessing the complexity of NPD project have become crucial issues for monitoring variations of complexity, quantifying the relationship between complexity and other variables (such as performances, risks, etc.), and improving existing NPD project management theories and methods. An effective evaluation of NPD project complexity depends on establishing a perfect evaluation index system as well as dealing with fuzzy or uncertain information in the evaluation process.

The first part of this study constructs a complexity evaluation index system for NPD projects. We identifysources of NPD project complexity and construct an initial index system according to a system analysis of NPD projects and a comprehensive literature review. The initial index system is revised and improved via the Delphi method.

The second part of this study proposes a fuzzy assessment methodbased on structural entropy weight and D–S evidence theory. We analyze the validity and advantage of applying the structural entropy weight method to ascertaining the complexity index weight of NPD projects. Based on the "reliability" and "certainty" of evidence, our research defines the "effectiveness" of evidence, and proposes a new approach of distinguishing the importance among different evidence. Moreover, we integrate D–S evidence with the "Conflict global distribution" idea. Moreover, this paper presents a method of using the improved D–S evidence theory to construct a "fuzzy evaluation matrix".

The final part of this studyevaluates the complexity of one NPD project by demonstrating the application process of our proposed method. The calculation results reflect the effectiveness and feasibility of the proposed method.

In conclusion, this paper establishes an index system for NPD project complexity evaluation with good explanation ability mainly through qualitative analysis. It is still necessary to further make quantitative evaluation in order to verify the rationality and validity of the index system in the near future. The proposed evaluation method can effectively calculate the index weight and process uncertain information. The proposed model can not only assess NPD project complexity, but also solve problems related to multi–attribute group evaluation and multi–attribute group decision making.

Key words: Structure Entropy Weight; NPD Project Complexity; Evidence Theory; Fuzzy Evaluation

信息系统开发团队知识整合的影响因素分析 *
——基于相似吸引理论与社会融合的研究视角

叶 笛 林东清

【摘 要】知识整合能力是当代企业在激烈竞争环境中立足并保持竞争优势所必须拥有的重要能力。本研究关注于信息系统开发（ISD）项目中知识整合的影响因素。尽管目前大部分研究表明信息系统开发（ISD）项目团队的多样性可显著地降低知识资源风险，但成员组成的多样性也可能会导致冲突的产生并降低团队绩效。本研究认为有别于多样性，团队成员间的相似性也会影响成员的互动，它们是实现知识整合有效性的基础。本研究基于相似—吸引理论探讨相似和吸引对于知识整合的效应，本文提出影响 ISD 团队中知识整合的三个相似因素（人口统计学、认知和目标相似性），并以社会融合作为中间变量连接相似吸引理论与知识整合，本研究采用 74 个 ISD 项目团队中的 264 个参与者的实地调研资料来进行实证检验，实证结果显示人口统计学相似性和目标相似性会影响成员间的人际吸引，激发成员间的社会融合并最终促进团队成员间的知识整合。研究结果表明 ISD 项目经理可通过关注团队成员的组成来有意识地提升团队的知识整合，因为相似性和吸引可潜在地影响 ISD 项目团队中的知识整合。

【关键词】信息系统开发；知识整合；社会融合；相似吸引理论

信息系统开发项目是知识密集型的工作，知识资源风险是信息系统开发过程中最关键的问题[1]。知识资源风险包括缺乏充分的各种知识以及无法整合多样化的知识。在信息系统开发项目中，为了应对无法充分掌握各种知识的风险，团队必须利用具有不同背景的团队成员一起合作完成项目。以往研究中，项目团队成员组成问题主要关注于理解团队成员的多样性如何影响团队合作的过程和结果，以往研究表明团队组成的多样性可以产生多样化的观点和视角，可增加知识储存量来应对 ISD 项目的高度复杂性和不确定性。然而各种知识的积累并不一定能保证产生足够可持续竞争优势能力[2]。尽管团队成员多样性有利于

---

* 作者：叶笛（1986—），女，福建泉州人，讲师，博士研究生，研究方向为技术经济及管理、企业网络。林东清（1959—），男，台湾基隆人，教授、博士生导师，研究方向为资讯管理、知识管理。

本文引自《科学学研究》2013 年第 5 期。

信息系统开发项目并且对其来说是必要的，但其也会导致冲突而破坏团队绩效[3][4]。

除了提升多样性之外，提高团队的知识整合能力是 ISD 项目降低知识资源风险的另一种方法。企业整合各种不同的专业知识，对其管理在动态竞争环境中的能力是十分必要的[2]。信息系统开发团队同样需要集中不同专业领域的知识来解决其在开发高度复杂的信息系统时所遇到的不同问题。因此，整合分散在组织中的各种知识和能力成为 ISD 项目团队的一个最重要的技能[5-7]。以往研究探讨了项目团队中的知识整合，关注点包括了：团队特征效应[8]、知识属性[6] 和社会资本[7]。Kenney 和 Gudergan[8] 检验了团队结构对知识整合的影响，其研究发现尽管团队成员组成对知识整合有显著的影响，但团队结构的研究仍无法表明团队组成如何影响知识整合过程。一些研究者在讨论知识整合问题时指出知识属性的重要性[9][6]，如 Tiwana 和 Mclean[6] 研究了信息系统开发中专业知识多样性对创造性的影响。然而，这些研究忽略了社会情境因素对团队互动和项目结果的影响，基于社会资本（social capital）视角，Newell 等[7] 发现当 ISD 项目团队成为有凝聚力的社会单元时，项目团队可以有效整合知识，然而创造这种社会资本促进团队个体成员间的关系和产生共享价值的过程机理仍然无法明确。因此，需要有不同的研究视角来说明哪些因素会更好地促进团队凝聚力和工作绩效。本研究采用相似—吸引视角（similarity-attraction perspective）来探索知识整合，并论证团队成员间的相似性会影响成员互动的程度，Lankau[10] 和 Kang[11] 证实了相似—吸引理论是解释团队互动合适的基础理论，但并没有涉及检验团队成员的相似性或区别性是否会影响信息系统开发项目团队中的知识整合。因此，本研究希望能通过实证分析结果来理解具有相似特征的团队成员如何更有效地互动，研究问题包括：①哪些相似的因素会促进 ISD 团队成员的吸引力与凝聚力（社会融合）。②成员的吸引力与社会融合（social integration）是否会影响 ISD 团队知识的整合。

1　理论基础和模型提出

以往的 ISD 团队的研究关注于团队多样性并强调团队的异质性组成可以提升绩效和知识整合的创造性[9][6]。本研究提供了一个相反的视角显示了团队内部的相似性在某些情境下同样可以促进团队绩效，本文建立了一个扩展的理论模型，通过该模型的社会融合可以促进 ISD 团队成员整合专业知识并共同提升项目概念、设计和问题解决能力。本文重点关注相似性的三种形态（人口统计、认知和目标相似性），并将其作为人际吸引（interpersonal attraction）的前因变量，作为社会融合的基础。

1.1　知识整合

与数据和信息所不同，知识是系统性和结构化的直觉和经验[12]，只能通过人们的思维来被解释和创造并在个体之间转移。知识难以沟通的原因主要在于知识是直觉性的并存在于特殊的情境下[9]。学习和创造新知识是一个复杂过程，受外界刺激引起个体心理过程，然后转移并将外部化（externalization）的行为转为内在化（internalization）进入更高层次的心智功能。Nonaka[9]提出的SECI螺旋式的过程（socialization externalization combination internalization），强调了人际互动对于创造新知识的重要性，创造新知识需要整合know-how或组织中特定成员的实践性的技能（practical knowledge）。知识整合（knowledge integration）是知识管理中的一项重要活动，可以强化企业的内在文化，并提升工作绩效[13]。组织的首要任务是整合专业知识，并将其转化为组织的能力，知识整合已成为现代组织为保持持续竞争优势所需要的最重要的能力[2]。知识整合可定义为结合和系统化配置（systematic allocation）在不同专业领域的新的和现有的知识[14]。在团队层面，是协调地运用（collaboratively）专家个体所拥有的专业知识来完成任务[6]。知识整合包括三个关键因素：有效性（effective）、范围（scope）、灵活性（flexibility）[2]。整合的有效性是获取和利用组织内不同个体专业之间知识的能力程度。整合的范围是专业知识的宽度，其可以增加组织的能力。整合的范围越广则可获得越高的能力水平。整合的灵活度则是获得新知识和重新配置现有知识的能力。

近年来，研究者从不同的视角探讨了知识整合的机制，所提出的影响知识整合的因素包括组织结构、结合性的能力、关系资本和吸收能力[15][13][2][16][17][6]。Ferrari和Toledo[18]指出了知识整合包括了四个基本因素：原理、内容、过程和框架。过程方面，知识整合由团队间的协调和社会化的能力决定[13]。具有较高社会融合（social integration）的团队会产生更好的合作、频繁的沟通和团队的识别[19]。然而，很少有研究探讨知识整合是如何从社会融合中形成的。

1.2 社会融合

社会融合（social integration）指的是团队的吸引力，团队内其他成员的满意度和团队成员间的社会互动[19-21]。社会融合是多层面的、兼容性的现象，会导致个体心理上的对团队内其他成员的依赖，并决定团队成员如何紧密的合作[19]。团队多样性的研究认为社会融合会提升团队互动的有效性，并将其区分为行为与情感两个维度[19][21]。行为维度的因素包含感知合作行为和沟通，情感的维度包括凝聚力和团队的吸引力[22]。Tiwana和Mclean[6]检验了ISD团队中知识异质性对知识整合的重要作用，其研究发现专业知识整合需要来自团队内部关系资本（relational capital）的支持，紧密的关系能降低工作成本，因为强联结与较低的共享成本相关，并最终可促进复杂知识的整合[16]。

关系资本中的成员彼此互助心理（reciprocity），会有效提升成员的知识贡献与分享行为，亦即当团队成员具有互动意愿并接受对方的不同观点（想法和专业知识）时，ISD团队更容易进行知识整合。因此，在ISD团队中较高的社会融合能促进个体整合知识的意愿，本文提出以下假设：

假设1：社会融合与ISD团队成员间知识整合有正相关关系。

1.3 人际吸引

人际吸引（interpersonal attraction）指的是对他人情感性的评价[23]，它是个体的倾向或倾向用正面或负面来评价他人的方式[24]。O'Reilly 等[19] 的研究证据表明人际吸引会产生社会性整合的群体，大量研究也证实了成员互动对社会团队凝聚力的正向效应。社会性积极参与的作用能帮助人们建立自信、生理健康和团体承诺。由成员间频繁互动所形成的团队更容易进行社会融合。此外，已有研究表明人际吸引与团队凝聚力密切相关。Kreijns 等[25] 强调社会互动和个体的心理过程可通过友好同盟关系、印象形成和人际吸引产生一种社会空间并最终促进团队凝聚力的产生。

社会融合是更高一层次的凝聚力构念，因为社会融合包含了感知的和谐关系和成员情感吸引的两个组成方面[26]。因此，本文以社会融合这个概念当成中间变量来连接相似性吸引理论与知识整合而提出以下假设：

假设 2：ISD 团队成员间人际吸引与社会融合有正相关关系。

知识共享必须要通过频繁的沟通[27]，而成员间频繁的沟通则来自成员人际间的吸引[13][23]。知识整合取决于沟通的频率并获得来自组织其他成员的恰当响应[2]。知识共享可以通过促进新知识的获取来提升知识整合。知识量的多寡仅是影响知识整合的多项因素中的一个因素，必须要同时存在有效的知识共享才可以通过整合而产生更有价值的新知识，这对知识整合有效性是十分必要的。研究发现人际关系良好可以影响个体更积极地分享他们所拥有的专业知识，人际的吸引倾向可提升个体间的社会关系，进而促进他们积极地分享知识，因为连接他们的信任关系本来就是知识共享的基础。因此，本研究假设知识整合与 ISD 团队成员间的人际吸引相关，提出以下假设：

假设 3：ISD 团队成员间人际吸引与项目团队的知识整合有正相关关系。

1.4 相似吸引理论

Byrne[28] 发展了相似吸引理论（similarity-attraction theory）通过研究前人与态度相似性相关的理论，他提出一个人的态度和信念上与他人越相似则其被他人所吸引的可能性越大。随后的研究表明任何维度的相似性都可以增加吸引力。除了态度之外，在人口学特征（demographic）、个性（personality）和价值观（value system）上的相似性可以影响吸引力[29]。

除了个人层面，相似吸引理论也可被采用于团队层面，表现在群体内成员之间越相似，则成员越容易相互吸引[28][21]。Harrison 等[16] 改进了相似性的分类，开发了两因素的方法，将异质性编码为两个主要的形态："表层"（surface level）和"深层"（deam level）的多样性。将表层多样性定义为团队成员之间在人口统计学和生物学（biological）特征上的差异，而深层则被定义为成员态度、信念和价值观之间的差异性。近期的相似性研究大多采用该多样性的分类来对比人口统计学相似性之间的相似性和深层相似性[30]。Lankau 等[10] 检验了员工与主管的正式指导关系中表层相似性的重要作用和深层相似性，他们将表层相似性的测量扩展到性别、种族、教育、职位和背景。将深层属性扩展到包括个性、兴趣、工作价值、对组织事务的看法，问题解决的方法以及个人价值观。整合上述学者的意见，他们将人口统计学相似性（demographic similarity）视为一个表层相似性通过年龄、性别和背景等来测量。认知相似性（cognitive similarity）代表深层相似性，包括：价值观、认知能力、感情和个性。此外，目标相似性（Goal similarity）是团队项目开发成功的重要因素，尤其是 ISD 团队。因此，本研究采用三个维度的相似性（人口统计学、认知和目标）来探索知识整合的前因变量。

1.5　人口统计学相似性

人口统计学相似性（demographic similarity）是个体人口统计特征（年龄、性别、种族和教育背景）与社会单元内其他成员相似性的程度[29]。个体成员将他们各自的人口统计学属性与他人的特征进行对比，以此决定他们彼此之间是否相似或不相似[19]。大量学者研究了人口属性相似性对组织问题的效应[21][19][18]。他们发现性别、种族、年龄、职位、教育背景的相似性影响员工的态度、人员流动和与团队中其他成员之间的沟通。Wharton 和 Baron[15] 的研究结果表明人口统计学相似性可以提供个体某种优势，如与具有相似性的其他人的互动机会和亲密的工作关系等。

伙伴之间的相似性可能来自相似的人口统计学特征，人们倾向于接近他们具有相似的人口属性特征的人[23]。Graves 和 Powell[13] 的研究发现在面试环节，相对于异性应试者来说，招聘人员显著地偏好于同性别的应试者进行互动。性别相似性让这些招聘人员感觉他们和面试者有共同点，这可以增加他们的互动意愿。最后，Graves 和 Powell[13] 还发现性别相似性对人际吸引有特别强的影响。基于以上文献，本文提出以下假设：

假设 4：ISD 项目团队中人口统计学相似性与团队成员之间的人际吸引有正相关关系。

1.6　认知相似性

认知相似性（cognitive similarity）指的是与他人有相似的特征和相似的方法来组织和处理信息[11]。认知形态影响人们如何在所处的环境中寻找信息，如何组织和解释信息，以及如何使用这些解释来指导他们的行动。认知形态的相似性，包括态度、价值观和信念可以通过人际互动和言语或非言语的沟通过程来形成。各种形式的认知相似性可以影响人们彼此之间相互吸引的程度[28]。前人的研究发现，共享价值、常识、相似的理解和期望会加深成员彼此之间的吸引力。因此，本文认为认知相似性会影响 ISD 情境下的人际互动，提出以下假设：

假设 5：ISD 项目团队成员的认知相似性与 ISD 团队成员间的人际互动有正相关关系。

1.7　目标相似性

在组织情境下，目标的概念包括绩效标准、资源配额、工作定额、任务、目的、期限或预算等概念。准确、共享性的目标对于实现团队效率来说是至关重要的。Katzenbach 和

Smith[31] 强调必须提供团队成员有共识的前景方向来作为成员团队活动的基础。这种共识需要建立清楚共享的目标并建立所有成员和领导者之间的共享的观念导向。Jehn[3] 认为目标相似性（goal similarity）指的是个体所采取的行动目的的相似程度，通常，具有相同目标的人群更倾向于相互吸引和互动。Schmitt[17] 探索了企业内部主管和下属之间的吸引力，他们发现目标一致性与继续留在公司的意图之间有关联。因此，本文认为目标相似性是人际吸引合适的前因变量，本文提出以下假设：

假设 6： ISD 团队成员的目标相似性与 ISD 团队成员间的人际吸引有正相关关系。

综合以上假设，本文所提出的研究模型和研究假设如图 1 所示。

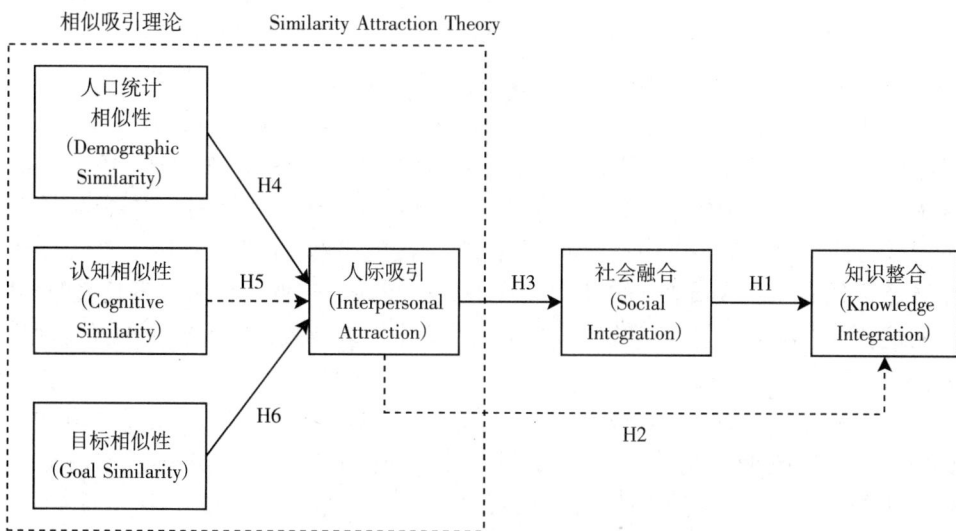

图 1　本文研究模型和研究假设

2　研 究 方 法

本文通过调查问卷收集资料并以此分析本文所提出的研究模型，采用偏最小二乘（PLS）法进行数据分析和假设检验。分析的单元为 ISD 团队。

2.1　量表开发

本文量表开发基于以往的文献回顾和专家意见，通过文献回顾对构念进行定义并总结以往研究中的现有测量方法。模型中构念采用或改编自现有已发表文献中的有效测量方法。问卷预测试由知识管理领域的一位专家、博士生和两位 IS 领域的教授对量表的逻辑一致性、易懂性、项目顺序和语境相关度等进行评价，此外，探索性研究阶段接触了超过

20 位 IS 开发经验的有关人士，通过他们获取对量表题项内容和测量方式结构的相关评价和建议，通过收集这些专家的评论意见来修改问卷。

采用 Bock 等[32] 的反向翻译（backward translation）方法来确保中文和英文原文版本测量工具之间的一致性。为了提高本研究的内容效度，本研究与 ISD 团队成员探讨了中文测量题项是否能符合本研究的原始目的。因为采用四种相似吸引变量（人口相似性、认知相似性、目标相似性和人际吸引）的目的是评价团队成员之间的感知关系，这些变量的测量必须由个体成员来回答。与此相反，因为团队领导者是团队绩效的评价人，通过他们对社会融合和知识整合项目做出评价。因此，本研究开发了两份问卷，一份针对团队成员来测量相似—吸引因素，另外一份针对项目经理来测量社会融合和知识整合。本研究采用 7 分的李克特（Likert scale）量表。以下部分具体阐述本研究所采用的测量量表。

（1）人口统计学相似性（DS）。本研究通过团队成员的五个特征来测量人口统计学相似性：年龄、职位、性别、教育水平和专业知识。这些变量具有不同的数据类型，因此人口统计学相似性的测量采用两种方法：Blau's 的异质性的指标[33] 和 Allison's 变异系数[34]，Blau's 指标可以计算一个团队小组的异质性，其分类变量包括：性别、教育水平、专业。采用的公式为：其中 P 是小组内特定人口统计学分类的比例，i 代表小组的数量。Allison's 变异系数指标代表团队成员在团队中的变异性或异质性。较低的分数代表较大的异质性，本文采用这两种方法来衡量人口统计学的相似性，是与现有相似性研究中的异质性指标相反的方法[19][35]。

（2）认知相似性（CS）。认知相似性指的是个体组织和处理信息的特征和方法与他人一致的程度。本文改编 Kang 等[11] 的测量题项，他们采用三种测试方法从 25 个候选的测量题项中萃取了 11 个测量，所有的题目都使用团队作为被试对象，而不是个体成员，因为题项将被采用来测量团队层面的感知一致性的程度。

（3）目标相似性（GS）。目标相似性指的是团队内部个人行动背后的目的相似性的程度，本文采用 Jehn[3] 的研究中的三个题项来测量目标相似性。

（4）人际吸引相似性（IA）。人际吸引（IA）指的是有效评价他人[23]。开发的人际关系评价量表包括了九个测量题项：四个针对情感吸引和五个针对行为吸引。基于本研究中构念的定义，情感性吸引题项适用于测量人际关系吸引。

（5）社会融合（SI）。社会融合（SI）指的是对团队的吸引力，对团队中其他成员的满意度和团队成员之间的社会互动。本研究改编 Shaw[20] 的 9 个题项，并补充参考 Smith[21] 等的题项。这些题项都是以团队水平来测量，因此本研究将其除以综合的社会融合指标以此来表示团队社会融合的程度。

（6）知识整合（KI）。知识整合是协调应用个人所拥有的专业领域知识来完成团队层面的任务，本研究改编 Tiwana 和 Mclean[6] 的四个测量题项，这些题项可测量知识整合，通过评价团队成员在团队层面整合他们个人知识的程度，与成员项目开发观念方面的隐性知识和专业领域知识相结合，从一个系统的观点来理解项目，结合他们所各自拥有的知识与项目层面知识[2][36][5]。测量题项如表 1 所示。

表 1　信度检验结果（N = 74）

构念	指标	因子	
		Loadings	ITC
人口统计相似性（DS） CR = 0.76 Alpha = 0.72 AVE = 0.44	年龄	0.57	0.58
	职位	0.60	0.73
	教育	0.82	0.66
	专业	0.63	0.53
认知相似性（CS） CR = 0.90 Alpha = 0.87 AVE = 0.53	团队成员在面对问题解决时，都具备了相似的技术、设备与任务资源	0.68	0.47
	团队成员有相似的任务管理过程性知识	0.67	0.52
	团队成员对不同任务彼此间关系的理解相似	0.58	0.56
	团队成员对团队项目的难点和挑战有相似的认识	0.65	0.49
	团队成员对于任务相关结果的预测相似	0.87	0.70
	团队成员对任务相关的错误和误差的惩罚和容忍的预期相似	0.83	0.65
	团队成员对任务相关的错误和误差的判断标准相似	0.81	0.58
	团队成员对信息的检索具有相似的来源和途径	0.69	0.70
目标相似性（GS） CR = 0.95 Alpha = 0.93 AVE = 0.87	团队成员具有相似的目标	0.93	0.80
	所有成员对于团队的主要目标有一致的看法	0.95	0.84
	我们认同对团队最关键的因素	0.91	0.69
人际吸引（IA） CR = 0.95 Alpha = 0.93 AVE = 0.82	我喜欢我们的团队成员	0.92	0.75
	我希望更了解我们的团队成员	0.94	0.77
	我乐于并期待未来与团队成员的互动	0.85	0.65
	我常常期待与我的工作伙伴见面	0.90	0.78
社会融合（SI） CR = 0.94 Alpha = 0.92 AVE = 0.71	我们的团队成员彼此之间在面对来自外界的指责时都很快地保护对方	0.88	0.83
	其他成员的成功能帮助我实现我自己的目标	0.87	0.81
	团队中每个人的投入可以整合贡献到团队最重要的决策之中	0.64	0.51
	团队成员之间相处很好	0.88	0.83
	团队成员彼此之间总是乐于合作并帮助对方	0.87	0.81
	团队成员很团结	0.88	0.83
知识整合（KI） CR = 0.95 Alpha = 0.93 AVE = 0.83	团队成员在项目层面综合并整合各自的经验知识	0.90	0.84
	跨不同组织领域的团队成员都能开创出一个共享的新的项目观念	0.91	0.82
	团队成员可以清晰地了解项目的各个不同部分是如何串联	0.90	0.83
	团队成员可恰当地将新的项目相关知识与他们已掌握的知识结合	0.93	0.87

2.2　调查方法控制

本研究的目的是检验 ISD 团队内成员相似性和知识整合之间的关系，研究单位（Unit of analysis）是 ISD 开发团队，通过中国台湾的信息经理人协会 IMA（Information Management Association）获取 ISD 项目中的团队成员资料，IMA 是中国台湾地区 IS 领域的最大非营利组织，其是致力于提升 IT 使用和信息系统（IS）业界人士之间的沟通的行业组织。组织现拥有超过 600 名来自不同组织和行业的成员包括：政府、软件公司和制造企业。几乎组织的每个成员都是其公司内部 IS 相关领域的高管，本研究通过电话与有意向参与本文研究的成员进行沟通。我们阐述了本研究的主要目的和具体的数据收集程序，并记录每个成员组织中所拥有的项目团队的数量，我们最终发放调查问卷给 194 个 ISD 项目团队，从其中 74 个 ISD 团队中回收了 264 份有效问卷，问卷回收率约为 38.1%，基于 Sivo 等[37]的研究建议，从样本数据中随机选取 20 个 ISD 团队与剩余的 54 个团队进行对比，对比团队成员的性别、年龄、职位、专业、教育、团队大小和项目周期，结果表明在显著性 0.05 的水平下，两者无显著差异，因此，本研究不存在无回应误差（non-response bias）。

本研究调查了这些被试的人口统计学信息，数据显示男性的比例占（53.79%）略大于女性（46.21%），大多数的被试者年龄处于 30~39 岁，大多数拥有 IT 相关的学士学位和 2~7 年的工作经验，表明他们是有 IS 知识经验的工作人员，89.4% 的 IS 项目持续不到 2 年，总体来看，样本符合要求，且调查对象具有一定的能力来评判影响知识整合的因素。

3 实证资料分析和结果讨论

本研究模型是多段式，采用结构方程模型（SEM）来同时检验多重的关系，现有的研究运用 SEM 主要有两种方法来评价效应：一种是基于成分的分析方法（如 PLS）；另一种是基于协方差共变（如 LISREL）[38]。本研究选择 PLS 方法来检验假设，原因在于：首先，PLS 可以分析多重题项的构念，并且其被广泛运用于知识管理研究领域[39][40]。其次，PLS 不需要数据的正态分布性假设的先验要求，并且其对样本大小没较高要求，而基于协方差共变的方法则有这方面要求[41][38]。最后，根据 Chin 等[42]的研究，PLS 适合检验复杂的关系，其较可避免因素的不确定性，该方法在探索复杂关系方面的有效性已被大量的其他研究所证明[43]。Smart PLS 2.0[46] 是一个基于结构方程模型（SEM）技术的分析软件，本研究采用其来分析研究模型，本研究首先评价测量模型（measurement model）的信度和效度，接着利用结构模型（structural model）来检验假设。

3.1 测量模型

（1）资料收集。本研究分析的单元是团队，通过收集个人的回答加总产生团队层面的分数。在加总之前，采用 James 等[44]开发的方法来评价员工内部一致性（inter-member agreement）（Rwg）。通常来说，当 Rwg 量表的中值大于 0.7 时分数加总是合适的[45]。数据分析结果显示认知相似性的员工内部一致性的中值为 0.957，目标相似性的 Rwg 值为 0.959，人际吸引的 Rwg 值为 0.943，三项都大于 0.7。因此，本研究认为个体层面的数据可以通过加总得到团队层面的数据。

（2）信度和效度。可以通过加总个体层面的数据来获得团队层面的数据，并检验团队层面的信度和效度。本文采用量表的信度、聚合效度和区别效度检验来评估测量模型，本文从数据集中删除了变数 SI5、SI7、SI8 和性别，因为这些变量的因子载荷（Factor loading）低于 0.5。如表 1 所示测量模型的最终信度。本研究中所有构念的 Cronbach's Alphas 的值大于 0.72，表 1 显示所有的 CR 值大于 0.76，因子载荷大于 0.57。因此，Cronbach's Alpha 的值，CR 和因子载荷都满足建议的临界值，表明量表满足信度检验的要求。聚合效度可通过平均方差萃取（AVE）来评价[43]。通常认为 AVE 值必须大于 0.5，表示大多数的变异可由构念来解释说明[43]。表 1 所示的 AVEs 表示本研究的模型检验满足该要求。AVE 的平方根大于构念之间的相关系数表明模型具有较好的区别效度[43][41]。表 2 所示的构念相关系数矩阵和 AVE 的平方根，所有对角在线的数值大于相对应行中相对的数值，因此表明模型具有较好的区别效度。因此，所有的构念满足信度、收敛效度和区别效度，结果表明测量模型是恰当的，可通过检验该结构模型来进行假设检验。

表 2　描述性统计和相关系数矩阵

变数	均值	标准偏差	相关系数矩阵					
			DS	CS	GS	IA	SI	KI
人口统计相似性	0.71	0.22	0.66					
认知相似性	5.06	0.65	0.03	0.73				
目标相似性	5.57	1.01	0.09	0.16	0.93			
人际吸引	4.81	0.98	0.32	0.24	0.57	0.91		
社会融合	5.47	0.95	0.06	0.22	0.65	0.46	0.84	
知识整合	5.46	0.93	0.17	0.19	0.57	0.49	0.78	0.91

注：** 相关系数矩阵的对角线代表 AVE 的平方根值。

3.2　结构模型

研究模型采用 Smart PLS 2.0 软件中 bootstrapping 方法并迭代 200 次进行检验，结构模型的解释力度可由因变量和自变量的 R-square 值检验表示，并评估路径系数（path coefficients）的 T 值，计算 P 值的显著性。因变量和自变量的构念之间关系的路径系数和 R-square 值由表 2 所示。

由表 2 所示，社会融合到知识整合的路径系数是显著的（β = 0.705，t = 8.969，p < 0.001），因此假设 1 得到支持，而人际吸引对社会融合有显著的关系（β = 0.461，t = 4.268，p < 0.001），表明假设 2 得到支持，然而人际吸引对知识整合没有显著关系，因此假设 3 没有得到支持。21.4% 的社会融合变异可由人际吸引来解释。人际吸引和社会融合可以解释 63.1% 的知识整合变异。结果表明人际吸引通过社会融合对知识整合有间接的影响效应。

表 2 所示的路径系数表明人口统计学相似性（β = 0.266，t = 3.723，p < 0.001）和目标相似性（β = 0.522，t = 5.217，p < 0.001）对人际吸引有显著的正向影响。认知相似性

与人际吸引没有显著的关系，因此，相似性假设 4 和假设 6 获得支持，而假设 5 没有得到支持。三个相似性变量（人口统计学相似性、认知相似性和目标相似性）一起解释了 41.9%的人际吸引变异。

研究显示，除了人口统计相似性外，目标相似性让团队成员共有分享一个相同的价值观、愿景与方向，因此，在此种情况下，成员较少会有利益上的冲突或矛盾发生，大家彼此互动融洽的程度，大大高于彼此间的认知相似性，因为认知相似、目标利益不同，仍然会产生利益的矛盾或冲突，这些都不利于团员人际间的融洽。综上，本研究模型分析结果如图 2 所示。

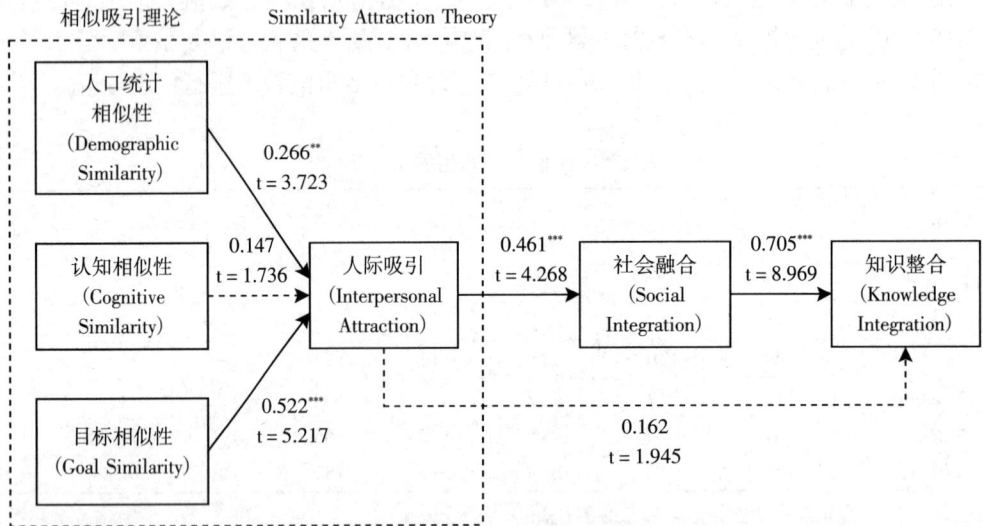

图 2　研究模型分析结果

4　建议与对策

本研究探讨了团队成员相似性对人际吸引的影响和其本质，以及最终对团队知识整合的影响，以往关注多样性的相关研究表明团队多样性是提升创意以及 ISD 项目绩效的主要方法。与多样性研究相反，本研究采用相似—吸引理论表明相似性可作为另一个重要的视角来理解团队组成对团队流程和团队绩效的影响，此外，本研究采用社会融合来连接相似性理论与知识整合间的关系，并获得良好的证实。

本研究的目的是深入探讨相似性之间的关系，ISD 项目团队成员间的人际吸引和团队整合，研究主要发现具有较高相似性的 ISD 团队成员之间更容易相互吸引对方。结果表明人口统计学和目标相似性对人际吸引具有强烈的影响，该发现符合相似—吸引理论的假说。另外，研究还发现人际吸引通过社会融合对知识整合有间接的影响。研究表明社会融合是相似性吸引理论与知识整合之间的一个重要的中介变量。

研究结论可为 ISD 项目经理提出以下建议：在其项目团队内部提升知识整合具有必要性，首先，管理者在组建 ISD 团队时必须谨慎考虑团队成员的特性，尽管组成人员的多样性可获得广泛的观点并有助于提升创意，但其同样会导致成员之间的冲突和误解，并对团队结果和绩效造成破坏。与多样性的团队相反，那些拥有相似背景和成员个人目标的团队更容易整合他们不同的专业经验和知识。其次，当仅仅将相似性专业知识集中在一个团队，却缺乏合适的整合过程和社会情境时，知识仍然无法有效整合运用。社会融合与知识整合高度相关，因此管理人员培养 ISD 团队内的凝聚力是至关重要的。管理者必须举办一些团队活动来增进团队成员之间正式与非正式的交流的频率。此外，建立合作的文化和工作场所互惠环境，并鼓励成员之间互帮互助也至为重要。

5 研究局限和未来研究方向

本研究的未来研究方向主要有以下几个方面：本研究只关注于相似性和人际吸引对知识整合的影响，然而，团队互动的其他因素包括沟通和协调，同样也可能影响项目团队的知识整合。本研究认为未来研究需要包括相关的构念来更深入地理解知识整合的机制。由于数据收集的时间和预算有限，本研究仅从开发者处（团队领导者和成员）收集资料。其他的利益相关者例如用户和外包供应方也可能会涉及 ISD 流程中并提供有价值的知识来解决商业和技术问题，未来研究中如果收集不仅来自开发者也来自其他的利益相关者的数据则能以更多的视角来更全面地理解 ISD 团队的知识整合的流程和结果。本研究采用的是横截面的资料，因此研究结果可能无法决定性地证实一些因素的长期影响，例如，本文检验了个体相似性对人际互动的影响，通过检验成员之间简单印象和相互间的感觉，然而，可能需要一定的时间来使团队成员形成完整的价值观、信念和理解上的认知的相似性。未来研究可在本研究的基础上构建纵向研究来进一步探索 ISD 项目团队的知识整合机理。

参考文献

[1] Gemino A., Reich B. H., Sauer C.. A temporal model of information technology project performance [J]. Journal of Management Information Systems, 2007, 24 (3): 9–44.

[2] Grant R. M.. Prospering in dynamically –competitive environments: Organizational capability as knowledge integration [J]. Organization Science, 1996, 7 (4): 375–387.

[3] Jehn K. A., Northcraft G. B., Neale M. A.. Why differences make a difference: A field study of diversity, conflict, and performance in workgroups [J]. Administrative Science Quarterly, 1999, 44 (4): 741–763.

[4] Liang T. P., Liu C. C., Lin T. M., Lin B.. Effect of team diversity on software project performance [J]. Industrial Management & Data Systems, 2007, 107 (5): 636–653.

［5］Walz D. B., Elam J. J., Curtis B.. Inside a software design team: Knowledge acquisition, sharing, and integration ［J］. Communications of the ACM, 1993, 36 (10): 63-77.

［6］Tiwana A., Mclean E. R.. Expertise integration and creativity in information systems development ［J］. Journal of Management Information Systems, 2003, 22 (1): 13-43.

［7］Newell S., Tansley C., Huang J.. Social capital and knowledge integration in an erp project team: The importance of bridging and bonding ［J］. British Journal of Management, 2004, 15 (1): 43-57.

［8］Kenney J. L., Gudergan S. P.. Knowledge integration in organizations: An empirical assessment ［J］. Journal of Knowledge Management, 2006, 10 (4): 43-58.

［9］Nonaka I.. A dynamic theory of organizational knowledge creation ［J］. Organization Science, 1994, 5 (1): 14-37.

［10］Lankau M. J., Riordan C. M., Thomas C. H.. The effects of similarity and liking in formal relationships between mentors and protégés ［J］. Journal of Vocational Behavior, 2005, 67 (2): 252-265.

［11］Kang H. R., Yang H. D., Rowley C.. Factors in team effectiveness: cognitive and demographic similarities of software development team members ［J］. Human Relations, 2006, 59 (12): 1681-1710.

［12］Davenport T. H.. Putting the enterprise into the enterprise system ［J］. Harvard Business Review, 1998, 76 (4): 121-131.

［13］De Boer M., Bosch F. A. J. V. D., Volberda H. W.. Managing organizational knowledge integration in the emerging multimedia complex ［J］. Journal of Management Studies, 1999, 36 (3): 379-398.

［14］Kogut B., Zander U.. Knowledge of the firm, combinative capabilities, and the replication of technology ［J］. Organization Science, 1992, 3 (3): 383-397.

［15］Cohen W. M., Levinthal D. A.. Absorptive capacity: A new perspective on learning and innovation ［J］. Administrative Science Quarterly, 1990, 35 (1): 128-152.

［16］Hansen M. T.. Knowledge networks: explaining effective knowledge sharing in multiunit companies ［J］. Organization Science, 2002, 13 (3): 232-248.

［17］Okhuysen G. A., Eisenhardt K. M.. Integrating knowledge in groups: how formal interventions enable flexibility ［J］. Organization Science, 2002, 13 (4): 370-386.

［18］Ferrari F. M., Toledo J. C.. Analyzing the knowledge management through the product development process ［J］. Journal of Knowledge Management, 2004, 8 (1): 117-129.

［19］O'Reilly C. A., Caldwell D. F., Barnett W. P.. Work group demography, social integration, and turnover ［J］. Administrative Science Quarterly, 1989, 34 (1): 21-37.

［20］Shaw M. E.. Group Dynamics: The Psychology of Small Group Behavior ［M］. New York: McGraw-Hill Companies, 1981.

［21］Smith K. G., Smith K. A., Olian J. D., et al. Top management team demography and process: The role of social integration and communication ［J］. Administrative Science Quarterly, 1994, 39 (3): 412-438.

［22］Van der Vegt G. S.. Effects of attitude dissimilarity and time on social integration: A longitudinal panel study ［J］. Journal of Occupational and Organizational Psychology, 2002, 75 (4): 439-452.

［23］Byrne D., Wong T. J.. Racial prejudice, interpersonal attraction, and assumed dissimilarity of attitudes ［J］. Journal of Abnormal and Social Psychology, 1962 (65): 246-253.

［24］Berscheid E., Walster E. H.. Interpersonal Attraction ［J］. Reading. MA: Addison-Wesley, 1978.

［25］Kreijns K., Kirschner P. A., Jochems W.. The sociability of computer-supported collaborative learning environments [J]. Journal of Education Technology, 2002, 5 (1): 8–22.

[26] Carmeli A., Schaubroeck J.. Top management team behavioral integration, decision quality, and organizational decline [J]. The Leadership Quarterly, 2006, 17 (5): 441–453.

[27] Makela K., Kalla H. K., Piekkari R.. Interpersonal similarity as a driver of knowledge sharing within multinational corporations [J]. International Business Review, 2007, 16 (1): 1–22.

[28] Byrne D.. The Attraction Paradigm [M]. New York: Academic Press, 1971.

[29] Riordan C.. Relational demography within groups: Past developments, contradictions, and new directions [J]. Research in Personnel and Human Resources Management, 2000 (19): 131–174.

[30] Mannix E., Neale M. A.. What differences make a difference? [J]. Psychological Science in the Public Interest, 2005, 6 (2): 31–55.

[31] Katzenbach J. R., Smith D. K.. The discipline of teams [J]. Harvard Business Review, 1993, (71): 111–146.

[32] Bock G. W., Zmud R. W., Kim Y. G., Lee J. N.. Behavioral intention formation in knowledge sharing: examining the roles of extrinsic motivators, social–psychological forces, and organizational Climate [J]. MIS Quarterly, 2005, 29 (1): 87–111.

[33] Blau P. M.. Inequality and Heterogeneity [M]. New York: Free Press, 1977.

[34] Allison P. D.. Measures of inequality [J]. American Sociological Review, 1978 (43): 865–880.

[35] Wiersema M. F., Bantel K. A.. Top management team demography and corporate strategic change [J]. Academy of Management Journal, 1992, 35 (1): 91–122.

[36] Okhuysen G. A., Eisenhardt K. M.. Integrating knowledge in groups: How formal interventions enable flexibility [J]. Organization Science, 2002, 13 (4): 370–386.

[37] Sivo S. A., Saunders C., Chang Q., Jiang J. J.. How low should you go? low response rates and the validity of inference in is questionnaire research [J]. Journal of the Association for Information Systems, 2006, 7 (6): 351–414.

[38] Qureshi I., Compeau D. R.. Assessing between–group differences in information systems research: A comparision of covariance–and component–based SEM [J]. MIS Quarterly, 2009, 33 (1): 197–214.

[39] Ma M., Agarwal R.. Through a glass darkly: Information technology design, identity verification, and knowledge contribution in online communities [J]. Information Systems Research, 2007, 18 (1): 42–67.

[40] Morris M. G., Venkatesh V.. Job characteristics and job satisfaction: Understanding the role of enterprise Resource [J]. MIS Quarterly, 2010, 34 (1): 143–161.

[41] Chin W. W.. Issues and opinion on structural equation modeling [J]. MIS Quarterly, 1998, 22 (1): VII–XVI.

[42] Chin W. W., Marcolin B. L., Newsted P. R.. A partial least squares latent variable modeling approach for measuring interaction effects: results from a monte carlo simulation study and an electronic–mail emotion/adoption study [J]. Information Systems Research, 2003, 14 (2): 189–217.

[43] Fornell C., Larcker D. F.. Structural equation models with unobservable variables and measurement error: algebra and statistics [J]. Journal of Marketing Research, 1981, 18 (3): 382–388.

[44] James L. R., Demaree R. G., Wolf G.. Estimating within–group interrater reliability with and without response bias [J]. Journal of Applied Psychology, 1984, 69 (1): 85–98.

[45] George J.. Personality, affect, and behavior in groups [J]. Journal of Applied Psychology, 1990, 75

（2）：107–116.

［46］ Ringle C. M., Wende S., Will A.. SmartPLS 2.0 （M3） Beta. ［EB/OL］. Hamburg：http：//www. smartpls.de.2005.

Research on the Factors Affecting ISD Knowledge Integration: From the Perspectives of Similarity–Attraction Theory and Social Integration

Ye Di, Lin Dongqing

Abstract：Recent studies have explored factors that may affect knowledge integration in information systems development （ISD） projects. Although diversity within an ISD team has been found to significantly reduce knowledge resource risks, it has also been found to lead to conflict which may harm team performance. This paper argue that similarity among team members –as opposed to diversity –affects member interaction which is the basis for effective knowledge integration. From the perspective of similarity –attraction theory, this study investigated the effects of similarity and attraction on knowledge integration. The research framework includes three similarity factors, interpersonal attraction, and social integration for knowledge integration in ISD teams. The results confirmed similarity will affect interpersonal attraction among members which inspires social integration, eventually facilitating knowledge integration.

Key words：Information System Development；Knowledge Integration；Social Integration；Similarity–attraction Theory

应急管理信息系统评价指标体系构建和评价方法研究 *

侯洪凤　史　原　李　逊

【摘　要】 为构建应急管理信息系统指标体系，从实际应用角度出发，借鉴关键成功因素法，着重于从系统建设、系统技术水平、应急信息服务水平、系统应用等方面开展系统评价研究，建立指标体系。使用模糊综合评价模型，对应急管理信息系统实例进行评价，验证评价指标体系的科学性和合理性。

【关键词】 应急管理信息系统；评价原则；评价指标体系；模糊综合评价

近年来，我国各类公共卫生事件、生产和安全方面的事故、自然灾害等突发事件不断增加，给政府的应急管理提出了严峻挑战。为有效提高政府的应急管理能力和处理效率，最大限度地减少突发事件带来的危害和损失，必须依赖应急管理信息系统的支持。先行国家的经验表明，我们不仅要关注应急管理信息系统在技术架构上是否先进成熟，更应关注其评价机制是否科学合理。据统计，目前为止，关于应急管理评价的研究很多，而对应急管理信息系统的评价研究甚少。因此，建立一个完整的应急管理信息系统评价指标体系及评价方法，并将其应用到后续的改进和调整中，从而实现应急管理系统管理机制的闭环过程，已经成为保障我国应急管理有效实施的客观要求。

笔者认为，应急管理信息系统（Emergency Management Information System，EMIS）有广义和狭义之分。广义上，应急管理信息系统是一个由政府和其他各类社会组织构成的一个应对突发事件的整合网络。它包括法律法规、体制机构（包括公共和私人部门）、机制与规则、能力和技术、环境和文化等 [1]。狭义上，应急管理信息系统是应急管理的重要组成部分，是为了配合应急管理的全过程，通过应用先进的信息技术、通信技术和网络技

* 基金项目：辽宁省教育厅科学技术研究项目"基于物联网的智能协同城市突发事件预警和处理系统及关键技术研究（L2012491）"资助课题，辽宁省教育厅科学技术研究项目"基于计算几何与图论的动态搜索算法研究（L2012487）"资助课题。

作者：侯洪凤、史原、李逊、大连科技学院。

本文引自《科技管理研究》2013 年第 6 期。

术，融合科学的管理决策方法而建立的综合信息系统，具备业务处理、动态决策、应急指挥、综合协调与总结评价等功能，包括决策支持、指挥协调、监督预警、资源调度、信息系统等主要组成部分[2]。本文所研究的是狭义上的应急管理信息系统。

应急管理过程涉及信息流、物流、资金流等的流动，信息流是物流和资金流的表现形式。信息为应急管理和科学决策提供必要的基础，关系到应急管理工作的成败。而应急管理信息系统是收集、处理和传播信息流的有效载体，因此，应急管理信息系统在应急管理中占核心地位，相当于"人脑"，起着信息汇聚点的作用，其评价也具有现实意义。

1 研究现状

目前针对应急管理评价的研究比较多，但是对于应急管理信息系统的评价还很少。许振宇等的《基于用户满意的应急管理信息系统评价研究》，从用户满意的视角，应用SERVQUAL评价模型等理论，从六个方面构建了基于用户满意的应急管理信息系统评价体系并采用综合指数法作出评价，虽然评价方法简单，但是只能给出应急管理信息系统的总体评价，不能确定哪个因子更为重要。喇娟娟等在《城市公共安全应急管理信息系统评价模型》中，以层析分析法和聚类分析法相结合构建评价模型。总之，应急管理信息系统的评价还没有形成完善的体系，对于评价指标的确定以及评价方法的研究还有很大的空间。本文结合先前学者的研究成果，在构建评价指标体系时借鉴关键成功因素法，"抓主要矛盾"，使目标的识别突出重点。同时考虑应急管理信息系统的不用于一般信息系统的特点，重点从系统建设评价、系统技术水平评价、应急信息服务水平建设、系统应用评价四个方面进行指标体系的构建。

2 建立评价指标的原则

2.1 系统工程的原则

应急管理信息系统评价涉及多学科领域知识、技术复杂、覆盖面广、评价指标多元化。所以应该从系统的整体出发，必须运用系统工程的方法，使得系统评价在评价目标的确立、指标层次的确定等工作都能得到一个通盘的考虑，使得系统评价有序进行，达到整体最优的效果[3]。

2.2 面向用户原则

应急管理信息系统是为用户（政府、职能部门、公众）开发的，最终要交用户使用。所以应该把用户满意度作为应急管理信息系统质量的根本性指标。

2.3 适用性和整体性原则

理想情况是应急管理信息系统的指标体系应该尽可能全面、详细地反映和衡量应急管理信息系统的实际水平，否则这种评价就有失公允，达不到预期效果。但是，建立应急管理信息系统指标体系的目的是用于实际的评价工作，设计指标时，必须考虑指标数据获取的难易程度以及后期通过评价方法对数据进行处理的可行性[4]。

2.4 层次性和独立性原则

人们在解决复杂问题的时候，由于人们认识事物本身的局限性，导致不能一次性考虑问题的全部细节，而采取将问题分解为多个层次的分层递阶方法。因此构建应急管理信息系统评价指标的时候，可以采用层次性原则，按照指标的层次高低以及价值大小不断细分构成相互联系的多层次多要素的系统。同时，指标间应该彼此相互独立，不存在任何相互包含关系，不相互重叠。如果评价指标重叠会增加权重，影响评价结果的科学性[5]。

3 评价指标体系的构建

随着我国信息化建设水平不断提高，系统的性能指标如可靠性、可维护性、可共享性、可扩展性等都已经成为信息系统建设满足的最低标准，是属于应急管理信息系统的基础建设。因此，本文在构建评价指标时，按照"抓主要矛盾"的原则，对系统性能指标不予考虑。另外，经济效益是一般信息系统评价首先要探究的问题，包括对成本和效益的比较研究。经济效益包括直接经济效益和间接经济效益两种，而经济效益主要体现在后者。间接经济效益是无法用具体数字计算出来的，只能做定性分析，难以操作，因此经济效益评价同样未列入指标体系中[6]。

本文在先前学者关于信息系统评价研究成果的基础上，兼顾"抓主要矛盾"和可操作性的原则，结合应急管理信息系统不同于一般信息系统的特点，重点从系统建设评价、系统技术水平评价、应急信息服务水平建设、系统应用评价四个方面进行指标体系的构建。

（1）系统建设评价。

1）目标前瞻性。社会在进步，经济在发展，突发事件也会出现变异和升级，系统建设需要具有发展的眼光，从长远出发来确定系统目标，避免系统建设的盲目性。

2）目标的实现程度。新系统建成后，应该对系统运行后的情况进行测试验收，对系统规划阶段的目标实现程度进行评价。

（2）系统技术评价。

1）先进性。应急管理信息系统要采用先进的信息技术，如 GIS、卫星现场图像实时传送技术、音视频技术、可视化技术、数据仓库和数据挖掘技术等，实现通信手段和信息资源的共享。

2）联动性。应急管理信息系统包括五大平台：网络通信平台、地理信息平台、应急联动平台、专题应急平台和决策支持平台。五大平台应该是整合的、联动的，而不是孤立的。

3）规范性。应急管理信息系统的建设对技术依存关系比较大，如果没有统一的技术标准，就很难实现应急管理信息系统的联动[7]。

（3）应急信息服务评价。

1）信息质量。在应急信息供给过程中，应保证信息的准确、可靠、完备、清晰。

2）时效性。应急管理信息系统以突发事件为主线，时间效益对系统来说尤为重要，通常以"秒"来计算。任何延迟的信息，都容易导致决策失误。

3）预警性。在突发事件发生之前，EMIS 应该能自动启动其他信息渠道，向公众及时发布可能诱发突发事件的信息。

4）辅助分析决策。在应急指挥过程中，能否从数据库或数据仓库中抽取数据，运用逻辑分析模型、统计模型或预案，以及案例库中的参考案例，生成信息帮助指挥员进行理性决策[8]。

（4）系统应用评价。

1）用户满意度。用户满意度指的是信息系统建设成功之后使用者的满意程度，包括可操作性、界面友好性、可理解性等。

2）系统应用效果。应急管理信息系统使得应急决策能力提高，提高突发决策的支持度等。

应急管理信息系统评价体系如图 1 所示。

4　评价方法

由于应急管理信息系统评价指标体系是一个多因素、多层次、多目标的复杂体系，本身就具有较强的模糊性，比较适合采用模糊综合评价法进行评价。

4.1　确定指标因素集和评价等级集

应急管理信息系统评价体系共有两级指标。一级指标评价因素集为 $U = (U_1, U_2, U_3, \cdots, U_n)$，n 是一级指标的个数。每个二级评价指标因素集为 $U_n = (U_{n1}, U_{n2}, \cdots,$

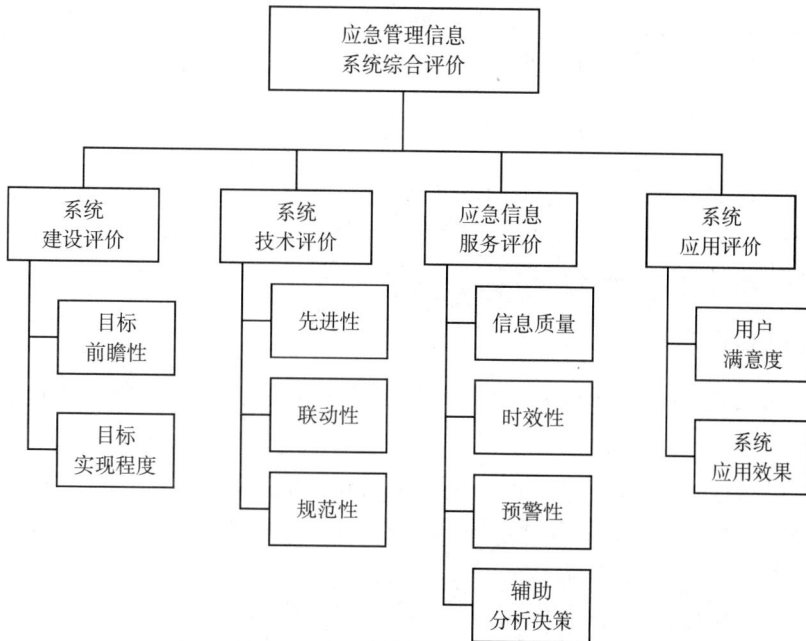

图 1　应急管理信息系统评价体系

U_{nk}），其中 k 为各二级指标的个数。评价等级的制定是为了实现定性指标的定量化，如果评价指标为 $V = (V_1, V_2, \cdots, V_s)$，s 为评价的种类数。如果按 10 分制打分，评价有"很好，好，一般，差"四种，则评价等级集 $V = (9, 7, 5, 3)$。

4.2　确定指标权重

我们采用层次分析法来确定各指标权重，层次分析法计算方法有最小二乘法、特征值法、根值法等，本模型采用特征值法。

（1）对 U 中各个因素 U_n 采用重要性标度（见表 1）进行两两比较，构造判断矩阵。

表 1　重要性标度

相对重要程度	含　义
1	同等重要
2	比较重要
3	重要
4	非常重要
1.5　2.5　3.5	相邻程度之间

（2）通过 Matlab 编程求判断矩阵的最大特征值 λmax 及对应的最大特征向量 w，并做归一化处理 w'。

（3）一致性检验。利用公式 $CI = \lambda_{max} - r/r - 1$ 其中 r 为判断矩阵的阶数和公示 CR = CI/

RI，RI 表示平均随机一致性指标，可查表得出。可求出 CR，若 CR < 0.1，说明矩阵具有良好的一致性，若 CR > 0.1，则需要修改，可采用人工修改和系统计算相结合的方法。

4.3 建立评价样本矩阵

选取专家对应急管理系统评价指标进行评价，在评价体系中有些指标如目标实现程度、时效性等可以定量计算，根据计算的数值确定属于哪一个评价等级。对于目标前瞻性、规范性等指标可以定性分析，确定评价等级。

4.4 模糊综合评价

（1）对二级指标 U_i 做综合评价 $B_i = A_i \cdot R_i$，其中 R_i 是关于 U_i 中诸元素的评价样本矩阵，A_i 是对应各因素的权重集。

（2）对一级指标 U 做综合评价 $B = A \cdot R = A \cdot (B_1，B_2，B_3，\cdots，B_n) T$，其中 R 为 R_i 构成的评价矩阵，A 为一级指标权重集。

5　算　例

为了说明评价模型的使用方法，下面采用实例进行验证：

（1）确定各指标权重。

组织相关领域的权威专家运用德尔菲法，根据表 1 给出的重要性标度，构造判断矩阵，求出最大特征值和对应的权重向量，并且进行一致性检验，结果如表 2 所示。

表 2　指标权重

权重向量	最大特征值	一致性检验
$A_1 = (0.333，0.667)$	$\lambda_{max} = 2$	CR = 0 < 0.1
$A_2 = (0.268，0.561，0.171)$	$\lambda_{max} = 3.061$	CR = 0.05 < 0.1
$A_3 = (0.399，0.274，0.194，0.133)$	$\lambda_{max} = 4.002$	CR = 0.008 < 0.1
$A_4 = (0.25，0.75)$	$\lambda_{max} = 2$	CR = 0 < 0.1
$A = (0.100，0.239，0.454，0.209)$	$\lambda_{max} = 4.071$	CR = 0.03 < 0.1

由表 2 可以看出，专家更关注应急管理信息系统提供应急信息水平的能力，其权重为 0.454。关注度最低的是系统建设水平，其权重为 0.100，原因在于信息系统水平建设不断提高，大部分系统的目标实现程度比较高，因此不作为应急管理信息系统评价的重要观测点。

（2）确定模糊矩阵。

选取 10 名具有评价人员对各指标进行评价。评价人员由系统开发人员及用户（政府人员、职能部门人员和公众）共同组成，对某应急管理系统进行评价得到原始数据，如表3所示。

表 3　系统评价数据

一级指标	二级指标	很好	好	一般	差
系统建设	目标前瞻性	1	5	3	1
	目标实现程度	7	2	1	0
系统技术	先进性	7	2	1	0
	联动性	3	4	3	0
	规范性	4	4	2	0
应急信息服务	信息质量	3	4	3	0
	时效性	2	4	4	0
	预警性	2	3	4	1
	辅助分析决策	1	3	4	2
系统应用	用户满意度	1	5	3	1
	系统应用效果	4	4	2	0

对二级指标做综合评价：

$$B_1 = A_1 \cdot R_1 = (0.333, 0.667) \times \begin{pmatrix} 0.1 & 0.5 & 0.3 & 0.1 \\ 0.7 & 0.2 & 0.1 & 0 \end{pmatrix} = (0.50, 0.30, 0.17, 0.03)$$

该结果表明在对系统建设进行评价时，有一半的用户认为应急管理信息系统建设很好，30%用户认为好，17%用户认为一般，3%认为较差。还可根据前面给出的评价等级集，将评估等级转换成一定的分数 F_1：

$$F_1 = B_1 \cdot V^T = (0.50, 0.30, 0.17, 0.03) \times (9 \quad 7 \quad 5 \quad 3)^T = 7.54$$

同理可得：

$$B_2 = (0.42, 0.35, 0.23, 0) \quad F_2 = 7.38$$

$$B_3 = (0.23, 0.37, 0.36, 0.04) \quad F_3 = 6.58$$

$$B_4 = (0.33, 0.43, 0.23, 0.01) \quad F_4 = 7.16$$

$$B = A \cdot R = (0.100, 0.239, 0.454, 0.209) \times \begin{pmatrix} 0.5 & 0.3 & 0.17 & 0.03 \\ 0.42 & 0.35 & 0.23 & 0 \\ 0.23 & 0.37 & 0.36 & 0.04 \\ 0.33 & 0.43 & 0.23 & 0.01 \end{pmatrix}$$

$$= (0.32, 0.37, 0.28, 0.03)$$

$$F = B \cdot V^T = (0.32, 0.37, 0.28, 0.03) \times (9 \quad 7 \quad 5 \quad 3)^T = 7$$

由计算结果可以看出，除应急信息服务以外，其他三项指标均为好。表现最好的是系统建设，评价结果充分说明我国重视系统建设及全国信息系统建设水平不断提高。应急信息服务的得分偏低，暴露了应急管理信息系统在真正把信息技术同管理过程结合起来，为应急管理提供信息方面存在问题，说明系统仍需在这方面进行改进。

6 结 论

本文采用理论研究和实证研究相结合的方法对应急管理信息系统评价问题进行了探讨，提出应急管理信息系统评价指标的选取原则，根据所述原则，在构建评价指标体系时借鉴关键成功因素法，"抓主要矛盾"，使目标的识别突出重点，重点从系统建设评价、系统技术水平评价、应急信息服务水平建设、系统应用评价四个方面进行指标体系的构建，使用模糊综合评价方法进行系统综合评价。结合实例验证了评价指标体系的科学性和合理性，通过评价发现了系统存在的问题，为下一步系统改进指明了方向。

参考文献

[1] 薛澜. 中国应急管理系统的演变 [J]. 行政管理改革，2010（8）：22-24.

[2] 陈安等. 现代应急管理理论与方法 [M]. 北京：科学出版社，2009.

[3] 许振宇，郭雪松. 基于用户满意的应急管理信息系统评价研究 [J]. 情报杂志，2011（3）：161-165.

[4] 姚远. 基于 AHP 的电子商务评价系统研究 [J]. 科技进步与对策，2009（10）：129-133.

[5] 王锐兰. 政府应急管理的绩效评价指标体系研究 [J]. 安徽大学学报：哲学社会科学版，2009（1）：35-39.

[6] 陈忠良，尚建嘎，高莹莹. 基础与公益性信息系统评价研究 [J]. 科技管理研究，2010，223-226.

[7] 岳大波，江东劝. 完善我国应急管理信息系统建设的对策 [J]. 商业时代，2007（1）：54-55.

[8] Li Minglu, Chen An. A Web Mining Based Measurement and Monitoring Model of Urban Mass Panic in Emergency Management [C]. Fifth International Conference on Fuzzy Systems and Knowledge Discovery, 2008：366-370.

Study on Construction of Evaluation Index and Research on Evaluation Method of Emergency Management Information System

Hou Hongfeng, Shi Yuan, Li Xun

Abstract：For the purpose of establishing the evaluation index system of emergency management information system, the paper focused on system evaluation of system construction, system technology and the level of emergency information of system application based on its application and critical success factors. Finally, by applying fuzzy comprehensive evaluation, it evaluated the case of the emergency management information system which verified that the instance of evaluation index system was scientific and rational.

Key words: Emergency Management Information System; Principle of Evaluation; Evaluation Index System; Fuzzy Comprehensive Evaluation

大数据与大数据经济学 *

俞立平

【摘　要】本文从大数据的发展现状分析入手，讨论了大数据对传统经济学的挑战，首次提出大数据经济学的概念。认为大数据经济学包括大数据计量经济学、大数据统计学和大数据领域经济学，并分析了大数据经济学与信息经济学、信息技术等相关学科的关系，最后对大数据经济学发展前景进行了展望，认为大数据经济学不仅将理论科学、实验科学、复杂现象模拟统一在一起，而且将自然科学和社会科学统一在一起，将理论研究与实践应用实时地统一在一起，大数据经济学具有"智能经济学"的特点。

【关键词】大数据；大数据经济学；大数据计量经济学；大数据统计学

一、引言

2012 年，Twitter 上每天发布超过 4 亿条微博，Facebook 上每天更新的照片超过 1000 万张，Farecast 公司用将近 10 万亿条价格记录来预测机票价格，准确率高达 75%，采用该系统购票，平均每张机票可节省 50 美元。Gartner 预测未来 5 年全球大数据将会增加 8 倍，其中 80% 是非结构化数据。2013 年世界上存储的数据将达到 1.2ZB（1ZB = 1024EB，1EB = 1024PB，1PB = 1024TB，1TB = 1024GB），如果将这些数据刻录到 CDR 只读光盘上，并堆起来，其高度将是地球到月球距离的 5 倍。2011 年，麦肯锡公司对全世界大数据的分布作了一个研究和统计，中国 2010 年新增的数据量约为 250PB，而欧洲约为 2000PB，美国约为 3500PB，大数据已经深深地充斥了人类经济社会的各个角落。

著名未来学家阿尔文·托夫勒（1980）[1] 很早就在其经典著作《第三次浪潮》中，将大数据热情地赞誉为"第三次浪潮的华彩乐章"，但是大数据成为高频词是最近一两年的

---

* 基金项目：技术创新金融研究（12FGL007）。
作者：俞立平（1967—）男，江苏姜堰人，博士，宁波大学商学院教授，研究方向为计量经济、科学计量。
本文引自《中国软科学》2013 年第 7 期。

事情。随着社交网络、物联网、云计算的兴起，数据规模越来越大，2011 年 5 月，全球知名咨询公司麦肯锡（Mckinsey and Company）发布了《大数据：创新、竞争和生产力的下一个前沿领域》[2] 报告，标志着"大数据"时代的到来，指出"数据已经渗透到每一个行业和业务职能领域，逐渐成为重要的生产因素；而人们对于海量数据的运用将预示着新一波生产率增长和消费者盈余浪潮的到来"。2012 年世界经济论坛发布了《大数据、大影响》[3] 的报告，从金融服务、健康、教育、农业、医疗等多个领域阐述了大数据给世界经济社会发展带来的机会。2012 年 3 月，奥巴马政府发布《大数据研究和发展倡议》[4]，投资 2.5 亿美元正式启动大数据发展计划，计划在科学研究、环境、生物医学等领域寻求突破。据 Gartner 公司 2012 年 8 月发布的技术发展生命周期[5] 趋势图（见图 1），大数据不到两年时间便成为新技术发展的热点。一时间大数据蜂拥而来，那么什么是大数据？大数据对传统经济学会带来哪些冲击？传统经济学应该如何面对大数据所带来的挑战？

图 1　Gartner 新技术生命周期

对于什么是大数据，目前业界并没有公认的说法。Dumbill（2012）[6] 采用 IBM 公司的观点，认为大数据具有"3V"特点，即规模性（Volume）、多样性（Variety）、实时性（Velocity）。以 IDC 为代表的业界认为大数据具备"4V"特点，即在 3V 的基础上增加价值性（Value）。NetApp 公司[7] 认为大数据应包括 A、B、C 三大要素，即分析（Analytic）、带宽（Bandwidth）和内容（Content）。所谓大分析（Big Analytics），是指通过对大数据进行实时分析后带来新的业务模式，帮助用户获得洞见，从而更好地进行客户服务；高带宽（Big Bandwidth）是指快速有效地消化和处理大数据；大内容（Big Content）一方面是指大数据包括结构化、半结构化数据与非机构化数据，另一方面则是指对数据的存储扩展要求极高，能轻松实现数据的恢复、备份、复制与安全管理。Gartner 认为，大数据需要新的处理模式才能具有更强的决策力、洞察发现力和流程优化能力，满足海量、高增长和多样化信息资产的需要。

大数据是工业传感器、互联网、移动数码等固定和移动设备产生的结构化数据、半结构化数据与非结构化数据的总和，大数据重在实时的处理与应用，以获得所需要的信息和知识，从而实现商业价值以及为公共管理服务。数据挖掘和人工智能等应用工具在大数据处理中发挥着重要作用，现代信息技术是大数据赖以存在和发展的重要支撑力量。

二、大数据给经济学带来的影响

Victor（2012）[8] 在其最新著作《大数据时代——生活、工作与思维的大变革》中指出，大数据时代，思维方式要发生三个变革：第一，要分析与事物相关的所有数据，而不是依靠分析少量数据样本；要总体，不要样本。第二，要乐于接受数据的纷繁复杂，而不再追求精确性。第三，不再探求难以捉摸的因果关系，应该更加注重相关关系。杨华磊（2013）[9] 分析了高频数据对传统经济学研究范式的冲击，出现了"非主流经济学就是致力研究异常现象的经济学"，当然高频数据与大数据不是一回事，两者之间存在交集。那么，大数据给经济学带来了哪些影响呢？

（一）大数据研究对象变成了总体

传统经济学研究中，由于搜集数据的条件所限，人们往往对数据进行抽样，用少量样本来进行研究，这一传统一直延续至今，并且成为经济学研究的主流做法，但是抽样的质量对研究结果影响很大，如公众对政府统计部门公布的物价指数和基尼系数引发的怀疑。在大数据时代，很多场合下已经无须进行针对样本的研究，直接将总体作为研究对象，从而在很大程度上改变了数据来源方式，对数据的处理也产生了深远的影响。

（二）大数据不需要基于假设检验的研究

传统的经济学研究，往往根据研究内容提出数个假设，然后再采用数学模型基于统计检验来验证假设。但在大数据时代，由于有足够的变量、足够的数据，可以采用人工智能来进行数据挖掘和知识发现，得到的结论是成百上千的和传统经济学研究需要验证假设的数量永远不是一个数量级。在大数据时代，如果继续采用传统的假设检验方法进行研究，永远是不充分的、不完备的、无法满足需要的。大数据时代重在对数据处理的多样化结果进行分析，可以是基于经济学的，也可以是基于应用的，从而辅助人们决策。

此外，变量的完备性要求使得传统的基于假设验证的研究有时变得十分尴尬。例如，研究研发投入对企业绩效的影响，需要考虑的不仅是研发投入，还要考虑企业资本结构、竞争水平、人员素质、行业特点、管理能力等诸多因素，研究者重点关注的是研发投入的弹性系数，却得到了其他所有数十个变量的弹性系数，从而使研究重心不容易掌握。

（三）大数据使得因果关系变得不太重要

传统经济学是一门解释科学，重在对经济现象进行解释，了解它们的因果关系，但在大数据时代，这样做是远远不够的，大数据甚至可以发现事物发展潜在的规律，以供经济学家解释，具有一定的"智能性"，某种程度上超越了经济学研究的因果关系。

大数据并没有改变因果关系，但是使传统经济学的因果关系变得不太重要。如经济学家在预测房价时，无非是根据住房价格变化的影响因素来进行分析，如经济发展水平、人均收入、土地价格、宏观房产政策、地点等因素。但谷歌预测房价时，根据住房搜索查询量变化进行预测，结果比不动产经济学家的预测更为准确及时。IBM 日本公司，通过检索关键词"新订单"、"雇员"、"生产"等来预测采购经理人指数，仅用 6 小时就得出结果，并且和专业的采购人指数分析师们计算的结果基本一致。大数据并没有改变因果关系，但使因果关系变得意义不大，很多时候因果关系成为"正确的废话"。

（四）传统的因果关系有时无法验证

弄清事物之间的内在联系和作用机制，一直是传统经济学研究的核心。但有时因果关系是没有办法验证的。如新产品上市，人们往往倾向于购买新产品，这样对旧产品的需求会下降，那么旧产品价格应该立即回落，这是其一。从另一个角度，如果大家都认识到这一点，就会贪便宜购买旧产品，短期内会造成旧产品供不应求，反而导致旧产品涨价。究竟是涨是跌，还要看这两种因素谁弱谁强，采用传统经济学研究方法是难以验证这两种效应的，只能验证两种效应作用的综合结果。

实际情况是，在大数据时代，西雅图 Decide. comg 公司分析了近 400 万种商品的超过 250 亿条价格信息，发现新产品上市时，短期内旧产品价格是上涨的，过一段时间才逐步回落。采用大数据，既可以知道多少人购买旧产品，也能知道多少人购买新产品，以及旧产品价格变化的规律。在这种情况下，我们知道所有的因果关系，却难以检验，并且没有意义，知道结果更重要。

（五）传统经济学研究具有滞后性

传统经济学对于新生事物是不敏感的，必须等事情发生并且成长到一定规模以后才能搜集到足够数据进行相关研究。在大数据时代，可以通过海量数据对经济行为进行分析，一旦有新情况、新动态立即予以关注，从而实现对新生事物的早期干预和分析，因此具有前瞻性。大数据本身就具有智能，可以辅助经济学发现知识。

（六）大数据对基于统计检验的计量经济学冲击很大

建立在回归和统计检验基础上的计量经济学以其严谨的逻辑成为经济学研究的重要方法论，迄今为止，诺贝尔经济学奖获得者有近半数是计量经济学家，但大数据动摇了这一根基，如采用普通回归研究自变量 X 于因变量 Y 的关系，对于 X 回归系数采用 t 检验，一般认为相伴概率小于 0.05（特殊情况可以放大到 0.1）就说明两变量相关。其实在这种情况下，犯两变量不相关错误的可能性是 5%，以 CNNIC 发布的《第 31 次中国互联网络发展状况统计报告》[10]为例，2012 年底我国网民数量达 5.64 亿人，假设我们研究网民平均受教育年限（X）与上网时长（Y）的关系，5% 就是 2820 万人，此时我们还能漠视这 5% 的错误吗？同样，如果 t 检验的相伴概率为 0.95，那么很明显说明平均受教育年限与上网时长不相关，但同样会犯错误，即有 5% 的可能性平均受教育年限（X）与上网时长（Y）是相关的，会涉及 2820 万网民，这同样是不能忽视的。

（七）大数据对经济学建模提出挑战

传统的经济学研究，往往采用 1 个或少数几个数学模型来进行研究，但任何模型都各有长处，也各有其局限性，没有万能的数学模型。如动态面板容易使投入变量的弹性系数估计变小，空间面板容易出现空间矩阵设置方法不当导致结果偏误，面板变系数模型难以和空间面板结合使用，面板联立方程模型对方程形式的要求极高，面板向量自回归模型难以和空间面板融合等。在研究同一问题时，可用模型其实较多，有没有最佳模型呢？这恐怕是一个无解的问题。实际情况是，迄今为止传统经济学研究得出的结论，至多只能说明采用甲模型的结论，并不具有普适性，换个乙模型结论可能立即就变了，其实研究结论是脆弱的。

此外，在研究同一个问题时，即使采用同一模型，由于模型的变量选择、估计的方法、参数设置、滞后期选择等不同，也会导致估计结果相差很大。

在大数据时代，借助云计算和分布式处理等现代信息技术，往往可以采用成百上千的模型来进行研究。Google 公司在预测 2009 年美国甲型 H1N1 流感暴发时间时，把 5000 万条美国人常用的检索词条和美国疾控中心 2003~2008 年期间季节性流感传播数据进行比较，希望通过搜索记录判断这些人是否得了流感，先后共采用了 4.5 亿个不同的数学模型，预测结果和官方数据的一致率高达 97%，但比官方节省了两周时间，从而为政府采取相关措施赢得了宝贵的时间。

在传统经济学研究中，由于研究对象错综复杂，直接影响与间接影响因素众多，变量的完备性被认为是不可能的事情，往往只能选取少数变量来进行研究，达到一个相对满意的结果。在大数据时代，我们可以获取越来越多的变量，从而使遗失变量的可能性降到最低，这样在研究中由原来的数个变量可能会变成数十个甚至成百上千的变量，在这样的情况下，给原有的建模技术就带来了巨大挑战，对计量经济学的发展将会产生深远影响。

（八）大数据给经济学研究工具和手段发生变化

传统经济学研究，一个团队、数台电脑、几个软件就能进行像样的研究，很少有运算需要动用大中型服务器的，但在大数据时代，经济学研究发生了巨大的变化，在人员组成上，不光要有经济学家和领域专家，还要有大数据维护专家、大数据建模专家；在计算工具上，需要广泛借助云计算，几台电脑根本解决不了问题；从合作关系上，需要广泛与政府、大数据拥有者、云计算服务商等合作，不然难以进行研究。大数据时代，经济学研究必须依靠跨学科团队，传统的少数几个学者就能进行研究的模式已经难以为继。

（九）大数据彻底改变了传统的统计调查方式

大数据彻底改变了传统的统计调查方式，如对于经济指数、物价指数的计算，完全可以采用全新的模式，彻底摒弃传统方式。对于统计学中的异常点，以往的处理方式往往是丢弃，或者是平滑，但在大数据时代，由于样本众多，异常点成为宝贵的资源和研究对象广受重视。传统的统计数据是经过加工后的结构化的数据，在大数据时代，人们更加重视原始数据和非结构化数据，因为如果统计数据已经经过加工，那就变成了二手数据，如果一手数据加工过程出现问题必然导致后续处理出现误差。此外，大数据还使间隔时间较短的高频数据研究成为可能。

三、大 数 据 经 济 学

（一）大数据经济学的定义与研究内容

考虑到大数据给传统经济学带来的巨大冲击和影响，迫切需要对此进行研究，斯坦福大学教授、沃尔玛全球电子商务高级副总裁、Walmart Labs 的共同创立者 Anand Rajaraman (2012)[11] 发明了一个新词 Econinformatics，指将计算机科学和信息技术应用于经济学领域，特别指应用于大数据的经济分析。由于该词和 Information Economics 的意义相近，翻译成中文后更容易混淆，加上其和 Ecoinformatics（生态）相近，因此并不是一个好的名词。本文提出大数据经济学（Big Data Economics 或 Economics of Big Data），给出如下定义：

大数据经济学是在经济学研究和应用中采用大数据并且采用大数据思想对传统经济学进行深化的新兴交叉学科。大数据经济学不仅要研究如何建模、管理和应用大数据，而且要深入研究传统经济学如何应对大数据带来的挑战并进行改良，大数据经济学需要经济学家、领域专家和信息技术专家等密切合作，对人文社科与自然科学的跨学科研究提出了更高的要求，并且对整个经济学、社会学、公共管理等将带来革命性变革。大数据经济学的研究内容包括：

第一，大数据计量经济学（Big Data Econometrics）。这是和传统计量经济学对应的一个学科，也是大数据经济学下面的子学科。在大数据背景下，经济学建模与分析方法与传统计量经济学完全不同，迫切需要采用全新的思路和方法进行研究。对信息技术专家们而言，大数据经济学仅是算法和建模问题，但是如果没有经济学理论指导，没有经济学家的思维，必然会导致研究方向的迷失。一些大数据领域的学者认为"要相关，不要因果"，这是非常要不得的，传统经济学理论至今仍然到处闪烁着智慧的光芒，对经济现象的深入见解时刻发挥着重要的作用，所以大数据背景下的经济学分析不能主要靠信息技术的建模专家来进行，必须继续依靠大数据计量经济学家。

第二，大数据统计学（Big Data Statistics）。如前所述，大数据给统计学带来的挑战是革命性的，在某些领域，传统统计学所采用的抽样调查方式必将彻底淘汰。此外，传统统计学所要求的精确数据与数据加工方式可能是画蛇添足甚至是败笔之举，人们更加重视对一手数据而不是经过加工过的二手统计数据进行分析。大数据时代，人们更加关注原始数据、关注半结构化甚至非结构化数据，浏览记录、查询关键词、微薄文字、照片等都是宝贵的数据资源。在大数据时代，传统统计学也必须进行变革，对数据储存手段、处理设备、处理方法都提出了新的要求。

第三，大数据领域经济学。包括大数据生态经济学、大数据环境经济学、大数据金融学、大数据城市经济学、大数据工业经济学、大数据农业经济学、大数据交通经济学、大数据建筑经济学、大数据商业经济学、大数据信息经济学、大数据人口经济学等学科，借用大数据的思想和技术来进行各应用经济领域的研究。

在以上大数据经济学的各学科中，大数据统计学是基础，大数据计量经济学是研究方法，而大数据领域经济学是具体的运用，它们之间存在密切的共生关系。

大数据由于是基于总体的，在很大程度上解决了传统宏观经济学与微观经济学缺乏较强逻辑联系的问题，此外大数据对传统计量经济学带来的一个有益之处就是，结构化的大数据更加接近正态分布，这样就降低了小样本假设检验失效问题。

（二）大数据经济学与传统经济学的关系

大数据经济学刚刚提出，现在讨论其与其他学科的关系也许为时尚早。大数据经济学与传统经济学是一种互补共存关系。在大数据经济学诞生之初，由于大数据经济学理论和技术尚不成熟，虽然大数据经济学发展很快，但仍然以传统经济学为主。随着大数据经济学的发展，两者会达到某种均衡。毕竟，大数据不能解决所有的经济学问题，一些研究仍然无法获得大数据，需要采用传统经济学解决的问题留待传统经济学解决，需要大数据经济学解决的问题由大数据经济学解决。

（三）大数据经济学与信息经济学的关系

大数据是现代信息技术高速发展的产物，因此必须研究大数据经济学与信息经济学的关系。传统信息经济学（Information Economics）包括两个部分：宏观信息经济学与微观信息经济学，严格意义上讲，这两者并没有必然的关系。Machlup（1962）[12] 和 Porat（1977）[13] 是宏观信息经济学的创始人，宏观信息经济学又称为情报经济学、信息产业经济学，是主要从产业经济学角度研究信息这一特殊商品的生产、流通、利用以及经济效益的一门新兴学科，研究视角集中在信息化与产业经济学，是经济学的重要分支。

Stigler（1961）[14] 和 Arrow（1972）[15] 是微观信息经济学的创始人，微观信息经济学又称为理论信息经济学，研究不对称信息理论、信息商品的分析、信息成本和价格、信息市场分析、信息搜寻理论等，提出用不完全信息理论来修正传统的市场模型中信息完全对称的假设，又称契约理论或机制设计理论。

大数据产业自身发展的经济学问题仍然属于信息经济学的范畴，不属于大数据经济学。随着大数据的迅猛发展，据世界经济论坛预测，大数据会为全球带来 440 万个 IT 岗位，其中 190 万个在美国，另外每一个大数据的岗位会催生 3 个非 IT 就业岗位，也就是说未来会推动美国产生 600 万个就业岗位，这类问题就是信息经济学的研究范畴。

（四）大数据经济学与信息技术及其他相关学科的关系

毋庸置疑，大数据经济学离不开现代信息技术，是现代信息技术发展到大规模计算与存储阶段的必然结果，甚至在信息技术专家眼里，大数据仅仅是一种技术。但是大数据经济学更是一种思想，只不过现代信息技术使这种思想成为可能。大数据经济学必须以现代信息技术为基石，重在研究其在经济学领域中的应用，因此大数据经济学是一个学科跨度很大的学科，包括经济学、管理工程、统计学、信息技术、情报学、心理学等相关学科。

四、大数据经济学发展展望

本文首次提出大数据经济学的概念，大数据经济学将是 21 世纪经济学的重大进展之一。它是随着大数据在人类经济社会中的应用而产生的，目前尚处于萌芽阶段，其实践远远超越理论，可以预见的是，不久的将来是大数据经济学的理论建构和高速发展期，借助高度发达的现代信息技术，大数据经济学理论可以随时得到检验和修正，这样一开始大数据经济学就处在一个很高的研究和应用水平上，其发展速度远远高于其他任何新兴学科，这也是现代信息技术对新兴学科的重要贡献之一。

从学科分类上，目前的经济学包括理论经济学与应用经济学两个一级学科，可以预计的是，随着大数据经济学的日益发展与成熟，大数据经济学将成为和理论经济学与应用经济学并列的一级学科，是经济学一级学科中的"小弟弟"。

图灵奖得主 Jim Gray2007 年在美国国家科学研究委员会发表演讲，指出科学研究共经历了 4 个阶段：数千年前，人类注重采用实验科学来描述自然现象；几百年前，人类注重理论科学；几十年前，人类转向计算科学，模拟复杂现象；而今天，人类进入数据探索阶段，将理论科学、实验科学、复杂现象模拟趋于统一。Jim Gray 的结论主要针对自然科学，对大数据经济学而言，不仅是将理论科学、实验科学、复杂现象模拟统一在一起，而且将自然科学和社会科学统一在一起，将理论研究与实践应用实时地统一在一起，大数据经济学将是智能经济学。

参考文献

［1］阿尔文·托夫勒（AlvinToffler）. 第三次浪潮 ［M］. 黄明坚译. 北京：中信出版社，2006.

［2］Big Data: The Next Frontier for Innovation, Competition, and Productivity ［EB/OL］. http: //www. mckinsey.com/insights/mgi/research/technology_and_innovation/big_data_the_next_frontier_for_innovation，2013 - 1-24.

［3］Big Data, Big Impact: New Possibilities for International Development ［EB/OL］. http: //www.weforum. org/reports/bigdata-big-impact-new-possibilities-international-development.

［4］Big Data Across the Federal Government ［EB/OL］. http: //www.whitehouse.gov/sites/default/files/ microsites/ ostp/big_data_fact_sheet. pdf，2013-1-24.

［5］Gartner's 2012 Hype Cycle for Emerging Technologies Identifies "Tipping Point" Technologies That Will Unlock Long-Awaited Technology Scenarios ［EB/OL］. http: //www.gartner.com/newsroom/id/2124315.

［6］Edd Dumbill. What Is Big Data ［EB/OL］. http: //strata.oreilly.com/2012/01/what-is-big-data.html，2013-1-24.

［7］NetApp. Big Data Solutions for Government ［EB/OL］. http: //www.netapp.com/us/solutions/industry/ government/bigdata.html，2013-1-24.

［8］维克托·迈尔·舍恩伯格，肯尼斯·库克耶. 大数据时代——生活、工作与思维的大变革 ［M］. 盛杨燕，周涛译. 杭州：浙江人民出版社，2012.

［9］杨华磊. 高频数据对传统经济学研究范式的冲击 ［EB/OL］. http: //blog.sciencenet.cn/blog-456786-656901.html，2013-1-24.

［10］第 31 次中国互联网络发展状况统计报告 ［EB/OL］. http: //www.cnnic.net.cn/hlwfzyj/hlwxzbg/ hlwtjbg/201301/t20130115_38508.htm. 2013-1-24.

［11］Welcome to Econinformatics: Home of Economics & Big Data ［EB/OL］. http: //econinformatics.com/ blog/2012/01/23/welcome-to-econinformatics-home-of-economics-big-data.

［12］Machlup F. The Production and Distribution of Knowledge in the United States ［M］. Princeton University Press, New Jersy, 1962.

［13］Porat M U. The Information Economy ［M］. Washington, D. C., Government Printing Office, 1977.

［14］Stigler G J. The Economics of Information ［J］. The Journal of Political Economy, 1961, 69（3）: 213-225.

［15］Arrow K J. The Economics of Information ［M］. Harvard University Press, 1984.

Big Data and Big Data Economics

Yu Liping

Abstract: This paper analyzes the challenge of big data to traditional economics from big data development. It first gives the definition of big data economics. Big data economics contains big data econometrics, big data statistics and big data field economics. The author still analyzes the relationship of big data economics and information economics, information and technology subject etc. Big data economics combines with not only theory science, experimental science, and complex phenomena simulation, but also natural science and social science. Big data economics is intelligent economics.

Key words: Big Data; Big Data Economics; Big Data Econometrics; Big Data Statistics

中国工业化与信息化融合评价研究 *

张轶龙　崔　强

【摘　要】首先，根据我国工业化与信息化的实际情况，本文对工业化与信息化融合度和工业化与信息化融合效率进行了定义；其次，在协同度评价模型的基础上构建了工业化与信息化融合度的评价模型，并对我国 2003~2010 年工业化与信息化融合度进行了评价；最后，在工业化与信息化融合效率定义的基础上，从投入产出角度构建了全要素融合效率评价指标，并运用仁慈型 DEA 交叉效率评价模型对我国 1997~2010 年工业化与信息化融合效率进行了评价。结果表明：2003~2010 年，中国工业化与信息化的融合度越来越高，但是融合效率却越来越低，融合"大而不强，多而不精"的现象十分明显。文章最后根据分析结果，得到相应结论，为我国工业化与信息化融合发展提供决策上的参考。

【关键词】工业化与信息化；融合度；融合效率；评价

1　引言

近年来，工业化与信息化成为中国转变经济发展方式的国家战略，2002 年国家提出要以信息化带动工业化，以工业化促进信息化，走新型工业化发展道路，2007 年国家提出要促进工业化与信息化的融合以促进工业做大做强。但是经过多年的发展，中国工业化与信息化的融合达到了什么程度？如何去衡量和评价中国工业化与信息化的融合程度？这两大问题成为学术界研究的焦点，也对我国工业化与信息化的发展具有非常重要的意义。

在工业化与信息化的融合领域，国内外学者进行了一些研究。Englmaier [1] 运用全局博弈模型研究了信息化与工业化的融合问题，研究表明补贴是一个理想的促进融合的方

* 基金项目：国家自然科学基金（71073016，71273037）。
作者：张轶龙（1992—），男（汉），北京人，中国人民大学本科生。崔强（1985—），男（汉），山东滨州人，大连理工大学博士研究生。
本文引自《科研管理》2013 年第 4 期。

法。Schroth[2] 分析了信息服务网络在工业化中的作用，并且认为如果能够减少各种各样的浪费，信息服务网络能够更好地服务工业化。夏波涌[3] 介绍了工业化与信息化的基本概念，分析了工业化与信息化之间的关系，讨论了工业化与信息化融合的具体内涵。徐盈之[4] 比较了我国与其他国家制造业各行业与信息产业的融合度，同时运用面板数据回归分析了信息产业与制造业的融合对制造业绩效的影响。张新[5] 运用层次分析法研究了区域工业化与信息化融合水平的评价问题，并对权重的稳定性进行了分析。谢康[6] 借助技术效率的概念来定义信息化与工业化融合的范围和内涵，提出信息化与工业化融合机制的技术效率模型。谢康[7] 构建完全竞争和不完全竞争条件下的工业化与信息化融合模型，研究了中国 31 个省市区的工业化与信息化融合质量。王晰巍[8] 从信息化与工业化融合内涵的角度入手，揭示两者发展的 5 级成熟度模型，构建信息化与工业化融合的关键要素系统模型，从动力、政策和支撑三个方面分析两化融合的关键要素。俞立平[9] 运用向量自回归模型对工业化与信息化的关系进行了分析，认为信息化是工业化的格兰杰原因，而工业化不是信息化的格兰杰原因。卢巧玲[10] 认为新型工业化发展道路是工业化与信息化的互动发展，是我国利用后发优势、实现生产力跨越式发展的必然选择，并讨论了工业化与信息化互动发展所必需的制度和环境保障。

现有文献对工业化与信息化的融合原理进行了研究，在研究融合程度评价的文献中，存在一些不足。例如，简单地用投入产出法分析两者之间的融合程度，得到的结果可能存在一定的片面性，也就影响了针对性建议的提出。再如，只用融合广度来评价工业化与信息化的融合水平，而融合深度方面涉及较少。

聚焦于全面合理地衡量与评价中国工业化与信息化融合程度问题，本文研究思路如下：首先，给出工业化与信息化融合度与融合效率的明确定义；其次，兼顾科学性与全面性，选取了衡量中国工业化与信息化融合度的评价指标体系，运用融合度评价模型，结合实证数据对中国工业化与信息化融合度进行了评价；再次，选取了评价中国工业化与信息化融合效率的指标体系，并运用仁慈型 DEA 模型，结合实证数据对中国工业化与信息化融合效率进行了评价；最后，得出研究结论。

2 工业化与信息化融合度与融合效率定义

工业化与信息化的融合问题是当前研究的热点，本文尝试从工业化与信息化融合度和工业化与信息化融合效率两个角度来研究中国工业化与信息化融合问题，首先给出中国工业化与信息化融合度和融合效率的定义。

2.1 中国工业化与信息化融合度定义

本文将工业化与信息化融合度定义为通过调整结构、更新技术、加强管理等手段，以工业化促进信息化，以信息化促进工业化，工业化与信息化在经济社会发展过程中互相协调发展所达到的融合程度，它是表征工业化与信息化相互作用程度的一个重要指标，也是决定工业化与信息化的融合从无序走向有序的趋势和程度。

参考孟庆松[11]的复合系统协调度评价模型，本文对工业化与信息化融合度进行定义。

假设工业化发展过程中的序参量变量 $e_1 = (e_{11}, e_{12}, \cdots, e_{1n})$，$n \geqslant 1$，$\beta_{1j} \leqslant e_{1j} \leqslant \alpha_{1j}$，$j = 1, 2, \cdots, n$。不失一般性，假设 $e_{11}, e_{12}, \cdots, e_{1m}$ 为慢驰序参量，其取值越大，系统的有序程度越高，其取值越小，系统有序度越低；取 $e_{1m+1}, e_{1m+2}, \cdots, e_{1n}$ 为快驰序参量，其取值越大，系统有序度越低，其取值越小，系统有序度越高。

在此基础上，本文给出如下定义：

（1）定义工业化序参量分量 e_{1j} 的有序度：

$$u_1(e_{1,j}) = \begin{cases} \dfrac{e_{1j} - \beta_{1j}}{\alpha_{1j} - \beta_{1j}}, & 1 \leqslant j \leqslant m \\[3mm] \dfrac{\alpha_{1j} - \beta_{1j}}{\alpha_{1j} - \beta_{1j}}, & m + 1 \leqslant j \leqslant n \end{cases}$$

$u_1(e_{1j})$ 越大，e_{1j} 对工业化有序度的贡献越大。

（2）定义工业化的有序度：

$$u_1 = \sum_{j=1}^{n} w_j \cdot u_1(e_{1j})$$

其中，$w_j \geqslant 0$，$\sum_{j=1}^{n} w_j = 1$

同理可得，信息化的有序度定义。

（3）定义信息化序参量分量 e_{2j} 的有序度：

$$u_2(e_{2,j}) = \begin{cases} \dfrac{e_{2j} - \beta_{2j}}{\alpha_{2j} - \beta_{2j}}, & 1 \leqslant j \leqslant m \\[3mm] \dfrac{\alpha_{2j} - \beta_{2j}}{\alpha_{2j} - \beta_{2j}}, & m + 1 \leqslant j \leqslant n \end{cases}$$

$u_2(e_{2j})$ 越大，e_{2j} 对信息化有序度的贡献越大。

（4）定义信息化的有序度：

$$u_2 = \sum_{j=1}^{n} w_j \cdot u_2(e_{2j})$$

其中，$w_j \geqslant 0$，$\sum_{j=1}^{n} w_j = 1$

（5）在工业化有序度定义基础上和信息化有序度定义基础上，给出工业化与信息化融合度的定义。

假设初始时刻 t_0 工业化有序度为 u_1^0，信息化有序度为 u_2^0，则 t 时刻工业化与信息化融合度的定义为：

$$C_t = \lambda \cdot \sqrt{\overset{2}{\underset{i=1}{Y}} |u_i^t - u_i^0|}$$

其中，$\lambda = \begin{cases} 1, & \text{if } \overset{2}{\underset{i=1}{Y}}(u_i^t - u_i^0) > 0 \\ -1, & \text{if } \overset{2}{\underset{i=1}{Y}}(u_i^t - u_i^0) \leqslant 0 \end{cases}$

C_t 越大，则工业化与信息化融合度越高，反之则越低。

2.2 工业化与信息化融合效率定义

首先给出工业化对信息化的促进效率定义和信息化对工业化的促进效率定义。

工业化对信息化的促进效率为在给定各种工业化投入资源条件下实现最大信息化产出增加的能力，或者是给定信息化产出增加水平下实现工业化投入资源最小化的能力。

信息化对工业化的促进效率为在给定各种信息化投入资源条件下实现最大工业化产出增加的能力，或者是给定工业化产出增加水平下实现信息化投入资源最小化的能力。

工业化与信息化的融合效率是工业化对信息化的促进效率与信息化对工业化的促进效率的较小值。

为了更好地理解工业化与信息化的融合效率，本文借用交集的概念来解释，如图 1 所示。假设信息化对工业化的促进效率大于工业化对信息化的促进效率，信息化对工业化的促进效率为图 1 中 A 部分与 B 部分的和，而工业化对信息化的促进效率为 B 部分，工业化与信息化的融合效率则为两者的较小值——B 部分。

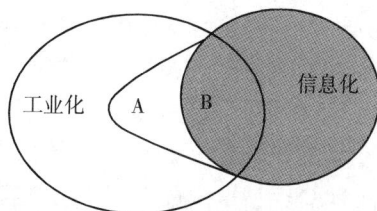

图 1　工业化与信息化融合效率示意

3　中国工业化与信息化融合度评价研究

3.1 中国工业化与信息化融合度评价指标的确定

本研究根据中国工业化与信息化的现有状况，参考国内外相关文献，确定了工业化与信息化融合度评价指标。

（1）工业化与信息化融合系统的工业化评价指标的选定。

1）工业增加值占 GDP 比重。它是工业增加值与国内生产总值的比值，是反映工业化发展情况的指标。

2）工业企业人均劳动效率。它是规模以上工业企业利润总额与工业从业人员的比值，是反映工业化发展过程中劳动力效率的指标。

3）工业企业资产利润率。它是规模以上工业企业利润总额与资产总额的比值，是反映工业企业资产运营状况的指标。

4）工业固定资产投资额比重。它是工业固定资产投资额与整个社会固定资产投资额的比值，是反映社会对工业化重视程度的指标。

5）工业研究与开发机构 R&D 从业人员比重。它是工业研究与开发机构 R&D 从业人员数量与工业行业总从业人员数量的比值，是反映工业行业技术研发水平的指标。

6）前 10 名省份规模以上工业企业工业总产值比重。它是前 10 名省份规模以上工业企业工业总产值比重与全国工业总产值的比值，是反映工业行业产业集中度的指标。

7）国有及国有控股工业企业产值比重。它是国有及国有控股工业企业产值与全国工业总产值的比值，是反映工业行业资产结构的指标。

（2）工业化与信息化融合系统的信息化评价指标的选定。

1）信息业增加值占 GDP 比重。它是信息产业增加值与国内生产总值的比值，是反映信息化发展情况的指标。

2）信息业从业人员人均劳动效率。它是信息企业利润总额与信息业从业人员的比值，是反映信息化发展过程中劳动力效率的指标。

3）信息业固定资产投资额比重。它是信息业固定资产投资额与整个社会固定资产投资额的比值，是反映社会对信息化重视程度的指标。

4）信息业研究与开发机构 R&D 从业人员比重。它是信息业研究与开发机构 R&D 从业人员数量与信息业总从业人员数量的比值，是反映信息业技术研发水平的指标。

5）固定电话、移动电话拥有率。它是每百人拥有的固定电话数量与移动电话数量之和，是反映信息业社会服务水平的指标。

6）每百人互联网用户数。它是反映信息业社会服务水平的指标。

3.2 中国工业化与信息化融合度评价模型

在工业化与信息化融合度定义基础上，建立工业化与信息化融合度评价模型，步骤如下。

（1）将工业化与信息化各年度指标值按时间顺序排列，构成决策矩阵 A_i：

$$A_i = (x_{ij})_{m \times n} = \begin{bmatrix} x_{11} & x_{12} & \cdots & x_{1n} \\ x_{21} & x_{22} & \cdots & x_{2n} \\ \vdots & \vdots & \vdots & \vdots \\ x_{m1} & x_{m2} & \cdots & x_{mn} \end{bmatrix}$$

其中，$i=1，2$ 代表工业化和信息化，x_{tj} 为第 t 年的第 j 个指标值，$t=1，2，\cdots，m$，$j=1，2，\cdots，n$。

（2）对 A_i 进行标准化处理：

$$x'_{tj} = \frac{x_{tj} - \bar{x}_j}{S_j}$$

其中，x'_{ij} 是标准化后的数据，$\bar{x}_j = \dfrac{1}{m}\sum\limits_{i=1}^{m} x_{ij}$ 表示第 j 个指标的均值，$S_j = \sqrt{\dfrac{1}{m}\sum\limits_{t=1}^{m}(x_{ij} - \bar{x}_j)^2}$ 表示第 j 个指标的标准差。

（3）计算第 j 个指标的权值 w_j：

$$\delta_j = \sum_{k=1}^{n} |r_{kj}| - 1$$

$$w_j = \frac{\delta_j}{\sum\limits_{j=1}^{n} \delta_j}$$

其中，$i=1，2$ 代表工业化和信息化，r_{kj} 为第 k 个评价指标和第 j 个评价指标的相关系数，$k，j=1，2，\cdots，n$。

（4）对 A_i 进行归一化处理：

$$x''_{tj} = \frac{x'_{tj} - \min\limits_{1 \leqslant j \leqslant n}(x'_{tj})}{\max\limits_{1 \leqslant j \leqslant n}(x'_{tj}) - \min\limits_{1 \leqslant j \leqslant n}(x'_{tj})}$$

x''_{tj} 为序参量分量 e_{ij} 的系统有序度。

（5）计算第 t 年工业化和信息化的有序度：

$$u_{it} = \sum_{j=1}^{n} w_j \cdot x''_{tj}$$

（6）计算第 t 年工业化与信息化的融合度：

$$C_t = \lambda \cdot \sqrt{\overset{2}{\underset{i=1}{Y}} |u_{it} - u_{i0}|}$$

其中，$\lambda = \begin{cases} 1，& \text{if } \overset{2}{\underset{i=1}{Y}}(u_{it} - u_{i0}) > 0 \\ -1，& \text{if } \overset{2}{\underset{i=1}{Y}}(u_{it} - u_{i0}) \leqslant 0 \end{cases}$

3.3 中国工业化与信息化融合度评价结果

从 2002 年开始，中国政府提出以信息化带动工业化，以工业化促进信息化的国家战略，所以本文以 2003~2010 年为研究周期进行实证研究。

本文的数据来源于 2004~2011 年的《中国统计年鉴》、《中国科技统计年鉴》、《中国教育统计年鉴》和《中国信息统计年鉴》。

本文利用 matlab 软件计算 2003~2010 年工业化有序度、信息化有序度及工业化与信息化融合度，计算结果如表 1 所示。

表 1　2003~2010 年工业化有序度、信息化有序度及工业化与信息化融合度评价结果

年份	工业化有序度	信息化有序度	工业化与信息化融合度
2003	0.3879	0.3851	—
2004	0.3742	0.4143	−0.0200
2005	0.4076	0.3758	−0.0136
2006	0.4709	0.4881	0.0924
2007	0.4480	0.4996	0.0829
2008	0.5408	0.4441	0.0949
2009	0.5859	0.3635	0.1655
2010	0.5805	0.5851	0.1962

从表 1 可以看出，2003~2010 年，工业化有序度在逐年增加，从 2003 年的 0.3879 增长到 2010 年的 0.5805，增长了 49.7%，而信息化有序度也有所增加，从 2003 年的 0.3851 增长到 2010 年的 0.5851，增长了 51.9%，但在 2008 年和 2009 年出现了退步，这与 2008 年国际金融危机产生的信息业萎缩有关。

中国工业化与信息化的融合度较低，但是在逐年增加，虽然 2004 年和 2005 年工业化与信息化呈现不协调发展的状态，但是不协调的程度在缩小，从 2006 年开始就转为正值，从 2006 年的 0.0924 增长到 2010 年的 0.1962，增长了 112% 且每年以 20% 的速度增加。这说明我国工业化与信息化融合程度越来越好。

4　中国工业化与信息化融合效率评价研究

4.1　中国工业化与信息化融合效率评价指标的确定

（1）工业化对信息化促进效率的全要素评价指标。

投入指标为工业固定资产投资额、大中型工业企业 R&D 经费内部支出、工业从业人员数和规模以上工业企业利润，分别代表工业化的物力、科技、人力和财力投入。

产出指标为信息产业增加值、固定电话及移动电话拥有率增长率和互联网普及率增长率。

（2）信息化对工业化促进效率的全要素评价指标。投入指标为信息业固定资产投资额、信息业研究与开发机构 R&D 经费内部支出、信息业从业人员数和信息产业企业利润，分别代表工业化的物力、科技、人力和财力投入。

产出指标为工业增加值、工业从业人员人均劳动效率增长率和工业资产利润率。

4.2 中国工业化与信息化融合效率评价模型

数据包络分析（Data Envelopment Analysis，DEA）是一种评价一组具有多输入—多输出特征的决策单元的相对效率的数据规划方法，已经被广泛应用到理论创新、模型发展和实际应用中。

传统的 DEA 方法是基于自评思想的，在一定程度上也限制了 DEA 方法的应用范围，如在本文中，决策单元效率值在很大程度上来源于合作，这样传统 DEA 方法计算出的效率值可能不准确[12]。为了克服 DEA 方法的自评缺陷，而且工业化与信息化的相互影响会持续多年，本文要求各决策单元最大化当年效率的同时，也要同样最大化其他年的效率，所以本文选用仁慈型 DEA 进行计算。

假设有 n 个决策单元，每个决策单元有 m 种投入，有 s 种产出。对决策单元 j 来说，记其第 i 种投入为 $x_{ij}(i = 1, 2, \cdots, m)$，第 r 种产出为 $y_{rj}(r = 1, 2, \cdots, s)$。

在现有 DEA 评价模型中，第 d 个决策单元的效率 θ_d 为：

$$\theta_d = \max \frac{u^T Y_d}{v^T X_d}$$

$$\text{s.t.} \quad \frac{u^T Y_i}{v^T X_i} \leq 1, \quad i = 1, 2, \cdots, n$$

$$u \geq 0, \quad v \geq 0$$

u，v 是产出与投入权值向量。

记最优解是 $(\theta_d^*, u_d^*, v_d^*)$，对于其他决策单元 j，同样可以得到最优解 $(\theta_j^*, u_j^*, v_j^*)$，则决策单元 d 的交叉效率 E_d 可以表示为：

$$E_d = \frac{1}{n} \frac{\sum\limits_{j=1}^{n} u_j^T Y_d}{\sum\limits_{j=1}^{n} v_j^T X_d}$$

当决策单元 d 达到其效率 θ_d^* 时，则决策单元 k 基于决策单元 d 的仁慈型 DEA 交叉效率为：

$$\theta_{dk} = \max \frac{u^T Y_k}{v^T X_k}$$

$$\text{s.t.} \quad \frac{u^T Y_i}{v^T X_i} \leq 1, \quad i = 1, 2, \cdots, n$$

$$\frac{u^T Y_d}{v^T X_d} = \theta_d^*$$

$$u \geq 0, \quad v \geq 0$$

令 $t = \dfrac{1}{x_j^T v}$，$w = tv$，$\mu = tu$，则其等价的线性规划为：

$$\max \quad Y_k^T \mu$$

$$\text{s.t.} \quad Y_j^T \mu \leqslant X_j^T w$$

$$X_k^T w = 1$$

$$X_d^T \mu - \theta_d^* X_d^T w = 0$$

$$\mu, \quad w \geqslant 0$$

则决策单元 k 的平均仁慈型交叉效率公式为：

$$E_k = \frac{1}{n} \sum_{j=1}^{n} \theta_{jk}$$

4.3 中国工业化与信息化融合效率评价结果

因为本文投入指标和产出指标共有 7 个，依据数据包络分析法的原则（数据跨度至少为输入指标数与输出指标数之和的 2 倍），本文选取 1997~2010 年中国工业化与信息化的实证数据进行研究，数据来源于《中国统计年鉴》、《中国科技统计年鉴》、《中国教育统计年鉴》和《中国信息统计年鉴》。

本文利用 Matlab 软件计算 1997~2010 年工业化有序度、信息化有序度及工业化与信息化融合度，为了与融合度作比较，本文只列出 2003~2010 年的计算结果，如表 2 所示。

表 2 工业化与信息化融合效率评价结果

年份	工业化对信息化推动效率	信息化对工业化推动效率	工业化与信息化融合效率
2003	0.5323	0.8995	0.5323
2004	0.5161	0.9723	0.5161
2005	0.4400	1.0000	0.4400
2006	0.4062	0.9491	0.4062
2007	0.3792	1.0000	0.3792
2008	0.3527	0.8419	0.3527
2009	0.2931	0.8254	0.2931
2010	0.2455	1.0000	0.2455

从表 2 可以看出，2003~2010 年，工业化对信息化的推动效率在逐年减少，从 2003 年的 0.5323 减少到 2010 年的 0.2455，减少了 53.1%，这说明工业化对信息化的实质推动作用越来越小。信息化对工业化的推动效率总体在逐年增加，且保持稳定，但在 2008 年和 2009 年出现了退步，这与 2008 年国际金融危机产生的信息业萎缩有关。

因为 2003~2010 年，工业化对信息化的推动效率都小于信息化对工业化的推动效率，所以工业化与信息化的融合效率即为工业化对信息化的推动效率。2003~2010 年工业化与信息化的融合效率在逐年减少。经分析，有以下几个原因：首先，我国的工业化与信息化的融合与发达国家不同，发达国家的信息化是在成熟的工业化基础上发展起来的，是先工业化后信息化的梯度发展，而我国信息化是在工业化未成熟的环境下发展起来的，工业化与信息化并行发展，这影响了工业化与信息化的融合效率。其次，我国工业化和信息化的先进技术和管理思想大都引自国外，管理思想并未与中国实际国情高度融合且由于整体劳动力水平相对较低而导致技术与劳动力融合不足，这也影响了工业化与信息化的融合效率。

5 结 论

本文主要特色与创新：

5.1 聚焦于如何衡量测度中国工业化与信息化融合问题

本文从融合度和融合效率两个角度进行了研究，并且给出了工业化与信息化融合度及工业化与信息化融合效率的明确定义，填补了国内相关研究的空白。根据中国工业与信息产业实际情况和工业化与信息化融合度的定义，构建了工业化与信息化融合度评价指标，结合协同度模型进行适度修正，提出了中国工业化与信息化融合度的评价模型，并结合2003~2010年的实证数据进行了分析研究。根据中国工业与信息产业实际情况和工业化与信息化融合效率的定义，建立了工业化对信息化的推动效率和信息化对工业化的推动效率的仁慈型 DEA 交叉效率评价模型，运用我国 1997~2010 年的实证数据进行了分析研究。

5.2 本研究的理论发现

2003~2010 年，中国工业化与信息化的融合度很低，但在逐年增加，且以每年 20%的平均速度增加，这说明中国工业化与信息化的融合越来越多，融合幅度越来越大，信息化带动工业化的程度和工业化促进信息化的程度越来越大。2003~2010 年，中国工业化对信息化的推动效率越来越低，且远远低于信息化对工业化的推动效率，而信息化对工业化的推动效率虽有在部分年份有所反复，但仍保持在很高的水平，所以中国工业化与信息化的融合效率越来越低。与融合度评价结果相比可知，中国工业化与信息化的融合范围和幅度越来越大，但是融合效率却越来越低，融合"大而不强、多而不精"的现象十分明显，这表明相比于工业化与信息化的融合广度，工业化与信息化的融合深度还需要加强。

5.3 本研究可以为我国如何更好地实现工业化与信息化的融合提供参考

（1）决定工业化与信息化融合质量的指标是融合效率，而融合效率低主要是因为工业化对信息化的促进效率低，应围绕传统工业产业升级改造，着力发展制造业信息技术的推广应用，推动云计算、物联网等新一代信息技术应用，促进工业产品、基础设施、关键装备、流程管理的智能化和制造资源与能力协同共享，推动产业链向高端跃升。

（2）应从管理体制与政策扶持、人才队伍建设、标准化体系建设、科技投入和公益技术服务平台等几方面为工业化与信息化融合创造条件。在管理体制与政策扶持方面，政府应明确工业化与信息化融合的发展目标及阶段性评估方案，明确企业在"两化"融合中的主体作用和市场的导向作用，通过税收、信贷、补贴等经济手段发挥企业的主观能动性和产学研的联动性。在人才队伍建设方面，加强对信息化高级人才及复合型人才的引进，建立针对不同人才层次的激励机制。在标准化体系建设方面，应参考发达国家的经验，建立一个与国际社会接轨、结构合理、公平市场化的工业化与信息化融合标准化体系。在科技投入方面，政府应鼓励工业企业加大信息化科技投入，鼓励企业自主创新，在政府采购、土地、税收、信贷和人才引进等方面给予政策支持。在构建公益技术服务平台方面，参考现有的生活分类网站，建立科技服务信息的分类网站。

需要指出的是，本文未对导致工业化与信息化融合效率低的影响因素进行深入剖析，在未来的研究中，应该对这一主题进行深入研究。

参考文献

［1］Englmaier F., Reisinger M. Information, Coordination and the Industrialization of Countries［J］. CESifo Economic Studies, 2008, 54（3）: 534–550.

［2］Schroth C. The Internet of Services: Global Industrialization of Information Intensive Services［C］. International Conference on Digital Information Management, 2007（2）: 635–642.

［3］夏波涌, 张克平. 信息化与工业化融合内容初探［J］. 制造业自动化, 2009, 31（5）: 1–4.

［4］徐盈之, 孙剑. 信息产业与制造业的融合——基于绩效分析的研究［J］. 中国工业经济, 2009（7）: 56–66.

［5］张新, 马建华, 刘培德, 刘强, 徐峰. 区域两化融合水平的评价方法及应用［J］. 山东大学学报（理学版）, 2012, 47（3）: 71–76.

［6］谢康, 李礼, 潭艾婷. 信息化与工业化融合、技术效率与趋同［J］. 管理评论, 2009, 21（10）: 3–12.

［7］谢康, 肖静华, 周先波, 乌家培. 中国工业化与信息化融合质量: 理论与实证［J］. 经济研究, 2012（1）: 4–16.

［8］王晰巍, 靖继鹏, 刘铎, 马思思. 信息化与工业化融合的关键要素及实证研究［J］. 图书情报工作, 2010, 54（8）: 68–72.

［9］俞立平, 潘云涛, 武夷山. 工业化与信息化互动关系的实证研究［J］. 中国软科学, 2009（1）: 34–40.

［10］卢巧玲. 新型工业化道路: 工业化与信息化的互动发展［J］. 学术交流, 2004（12）: 50–53.

［11］孟庆松, 韩文秀. 复合系统协调度模型研究［J］. 天津大学学报, 2000（7）: 444–446.

［12］杨锋, 夏琼, 梁樑. 同时考虑决策单元竞争和合作关系的 DEA 交叉效率评价方法［J］. 系统工程理论与实践, 2011（31）: 92–98

［13］Cooper W. W., Seiford L M, Zhu J. Data Envelopment Analysis: History, Models, and Interpretations［J］. Handbook on Data Envelopment Analysis, 2011, 164: 1–39.

［14］Hsieh M. H., Yu C M, Yu V L, Chow J W. Synergy Assessed by Checkboard a Critical Analysis［J］. Diagnostic Microbiology and Infectious Disease, 1993, 16（4）: 343–349.

［15］Rothman K. J. Synergy and Antagonism in Cause–Effect Relationship［J］. American Journal of

Epidemiology. 1974，99（6）：385–388.

　[16] 侯光文. 陕西信息化与工业化融合发展路径探讨 [J]. 西安邮电学院学报，2010，15（6）：19–21.

　[17] 陶长琪，齐亚伟. 融合背景下信息产业技术创新与产业系统成长的协同机制 [J]. 科学学与科学技术管理，2009（11）：86–93.

　[18] 乌家培. 正确处理信息化与工业化的关系 [J]. 经济研究，1993（12）：70–71.

　[19] 谢康，肖静华，乌家培. 中国工业化与信息化融合的环境、基础和道路 [J]. 经济学动态，2009（2）：28–31.

　[20] 张鸿，许心. 我国信息化与工业化融合的发展战略研究 [J]. 西安邮电学院学报，2010，15（6）：8–13.

The Integration Evaluation between Industrialization and Informatization in China

Zhang Yilong，Cui Qiang

Abstract：Firstly，the definition of integration degree between industrialization and informatization and the definition of integration efficiency between industrialization and informatization are proposed according to the real situation in China. Secondly，an evaluation model for the integration degree between industrialization and informatization is constructed；based on synergy degree evaluation model，the integration degree in China during the period of 2003–2010 is evaluated. Thirdly，according to the definition of integration efficiency between industrialization and informatization，a total factor evaluation index system for integration efficiency is established from the aspects of input and output，and a benevolent Data Envelopment Analysis（DEA）model is used to evaluate the integration efficiency between industrialization and informatization in China during the period of 1997–2010. The results show that the integration degree has been increased，however the integration efficiency has been decreased，and the phenomenon that the integration is "big but not strong，more many but not better" is prominent. Finally，some decision–making suggestions for China on the integration development between industrialization and informatization are proposed.

Key words：Industrialization and Informatization；Integration Degree；Integration Efficiency；Evaluation

基于 Agent 仿真的信息技术评估和选择 *

徐　搏　刘人境

【摘　要】通过引入知识的时间价值和自然选择压力，扩展了现有的组织探索式和利用式学习的多主体仿真模型，评估两种类型的信息技术组织表现的影响。其中一种是支持组织成员之间相互学习的横向技术，另一种是支持组织与成员相互学习的纵向技术。仿真实验结果表明，外部环境复杂、波动大、高水平知识边际价值大、成员学习能力强、规模和人员流动率小、面临竞争压力小的组织，横向技术更有利；反之，则纵向技术更有利。组织应当依据外部环境对探索和利用的要求，以及内部环境中的探索和利用性质，有倾向性地组合不同的信息技术，以实现组织对环境的更好适应。

【关键词】组织学习；探索式学习；利用式学习；信息技术；基于 Agent 的仿真

0　引言

组织获取和管理知识的能力日益成为影响组织表现的关键因素之一[1-2]，而信息技术作为知识的载体和传播途径，成为很多组织提升这一能力的手段。不同的信息技术反映了不同的组织实践，例如，知识存储和发布系统、维基等反映了组织与成员相互学习的纵向学习过程，称为纵向技术；而即时通信、电子邮件、社交网络服务等反映了组织成员之间相互学习的横向学习过程，称为横向技术[3]。组织通常需要组合不同的技术，但由于组合的效应可能并不是各种技术效应的线性加总[4]，信息技术组合对组织表现的影响并不明确。

March 首先建立了仿真模型，对组织内的纵向学习进行了研究[5]。随后 Miller 等、Kane 等、廖列法等和 Kim 等通过增加横向学习对 March 的模型进行了扩展[3,6-9]，结果都

---

* 基金项目：国家社会科学基金西部项目"专业社区成员隐性知识共享机制研究"（11XGL015）。
作者：徐搏、刘人境。徐搏（1983—），男，河南人，西安交通大学博士研究生，研究方向：合作、组织学习。
本文引自《科学学与科学技术管理》2013 年第 4 期。

证明，就组织长期表现而言，横向学习优于纵向学习。据此，对仿真模型进一步的扩展和实证分析开始转向横向学习的结构，以及跨层次的学习[10-13]。

然而现有仿真研究忽略了知识的时间价值以及自然选择压力，低估了纵向技术的优势。近期知识产生的价值可用于再生产；同时，面临自然选择压力的组织通常将远期价值打不同的"折扣"，即"折现"[14]。这都有利于快速学习的纵向技术。因此，要对信息技术进行更全面的评估和更准确的选择，需要将知识时间价值以及"折现"纳入组织表现的衡量标准，探讨横向技术和纵向技术如何影响组织表现。对此问题进行研究，有利于丰富组织学习的相关研究，并为组织的信息技术决策提供依据，具有重要的理论价值和实践意义。

本文将知识的时间价值和"折现"纳入考虑，以组织对不同信息技术的效用取代现有模型中的知识水平作为组织表现的衡量标准，在此基础上对 March 和 Miller 等模型进行了扩展、实验和分析[5-6]。

1　信息技术与组织的适应

信息技术通过组织学习影响了组织利用知识进行价值创造的过程。组织的价值创造与组织面临的自然选择压力共同决定了组织对环境的适应性。

1.1　信息技术和组织学习

组织学习是一种在经验和知识中间的过程，源于经验和环境的互动[15]。组织学习包括两种形式：探索与利用[16]。探索指保持知识的多样性、发现新知识并替换组织记忆中的现有内容[17]，而利用是指对现有知识的扩散、提炼、重用[18-19]，通常会降低知识多样性，以达成一致。组织需要平衡二者的关系以适应变化的环境。

本文主要考虑两种类型的信息技术：纵向技术支持组织成员与组织相互学习，横向技术支持组织成员之间相互学习。现有研究大都认同纵向技术能迅速提高知识水平，但知识收敛过快，长期表现较差，具有利用性质[7]，仅体现短期优势；而横向技术能保存知识的多样性[20]，具有探索性质，长期能达到更高的知识水平[7, 21]。这似乎否认了纵向技术和组织管理者存在的意义[7]。但得出这种结论是因为现有研究主要以组织知识水平作为衡量对象，忽视了知识所创造的价值能够随时间累积和放大，以及人们因未来的不确定性而更看重近期价值。但这些因素对组织的生存和发展至关重要，需要在进行信息技术决策时将其纳入考虑范畴。

1.2　知识的时间价值和自然选择压力

知识是组织价值创造的源泉[22]。组织通过整合知识活动中的不同资源，并使其内在价值外化来实现价值创造[23]。但只有对知识的动态运用才能创造价值[24]。因此，知识创造的价值依赖于两个方面：可供整合的资源以及知识的动态应用，即知识与外部环境的匹配程度，反映为探索利用模型中的知识水平。然而，已经创造的价值可以重新投入组织作为新增资源，用于再创造。这使知识拥有了时间价值：近期知识水平提高所创造的价值要大于远期知识水平同等程度的提高。现有的模型仅仅考虑了知识的动态运用，而忽略了知识对资源增长的作用，并不全面。

另外，不同的信息技术即使能够使组织获得相同的表现，也未必能够获得相同的满意程度。原因在于，组织面临不同程度的自然选择压力，对价值在时间上的分布有不同的要求，从而有不同的"折现率"。"折现率"是指人们比较近期价值时对远期价值打的"折扣率"，反映了自然选择的压力[14]。组织面临的自然选择压力越大，越要求迅速地获得收益并降低风险，因此拥有更高的折现率，远期价值的效用较低；反之，远期价值的效用相对较高。现有研究忽略了不同组织的不同要求。因此，需要结合知识价值创造过程和组织的不同要求，在现有的模型中纳入知识时间价值和"折现"，以组织对信息技术的效用作为组织表现的评估标准，才能对信息技术进行更全面准确的评估和选择。

2　模　型

为研究组织对不同类型技术组合的效用，本文扩展了 March 和 Miller 等的模型[5-6]。在现有模型上进行了修改和扩展，有助于对比和验证已有结论，加强对现有理论的认识和知识的积累[25]。

2.1　现有模型特征

首先，本文采纳了 March 模型的四个主要特征[5]：

（1）存在一个客观的外部环境，表示为 M 维向量，每个维度值为 1 或 -1。M 代表了环境复杂度。每个周期内，每个维度以 N 的概率变为相反的值，N 代表环境扰动的程度。

（2）组织及其成员拥有对外部环境的知识，表示为 M 维向量。每个维度为 1、-1 或 0，代表对外部环境对应维度的信念。0 表示知识的缺失；否则，某维度与外部环境相等（不相等）表示在该维度上持有正确（错误）的信念。成员知识中 0 所占的比例 U 反映了对所在领域的陌生程度。

（3）组织和成员相互学习。这是应用纵向技术的过程。当组织向成员学习时，首先识别知识水平大于组织的成员作为最佳集体；其次组织针对每个维度计算最佳集体中持不同信念的比例，选择占优的信念复制为组织的信念。若不同信念的比例相等，则组织将该维度设置为 0。当组织成员向组织学习时，组织成员将组织知识复制为个人信念。

（4）每个周期内，每个成员有 T 的概率被新成员代替。T 代表人员流动率。

其次，Miller 等通过增加横向学习来扩展 March 的模型[5-6]，本文把它作为第五个特征：组织成员之间可相互学习。这一过程是应用横向技术的过程。每个组织成员识别周围邻居中知识水平最高且高于自己的成员，将其信念复制为自己的信念。

Miller 等将组织成员置于规则网络上[6]，每个成员拥有四个邻居。Miller 等同时探讨了更加符合现实的小世界效应，结果显示，小世界效应与纵向学习过程具有替代性[6]。本文主要关注纵向技术和横向技术的组合效应，为了避免网络结构产生的效应与纵向技术混淆，本文忽略了小世界效应。

此外，本文认为正确的信念有利于价值创造，错误的信念会造成损失。因此，本文还采纳了 Miller 等衡量知识水平的方式[6]：以正确和错误信念的差额占总维度 M 的比例衡量知识水平。

2.2　新增特征

组织成员学习知识，通常难以区分每个维度信念的对错，这使得组织成员的学习表现出随机性。因此，本文增加第六个特征：组织成员的学习是随机和不完全的。当成员向知识水平优于自己的邻居或组织学习时，随机选择部分维度的信念，以 L 的概率将其复制为自己的信念。L 代表成员的学习能力。

环境的动态变化使知识具有时效性，新知识更加准确。因此，当组织更新知识后，成员会尽快向组织学习[6]。同时，成员所具有的注意力是有限的，在同一时刻个体不能向不同的知识来源学习。据此，本文增加第七个特征：横向技术和纵向技术的应用具有替代性。在每个周期内，以 R 的概率应用横向技术学习，以 1-R 的概率应用纵向技术学习。应用横向技术时，成员向更高知识水平的邻居学习；应用纵向技术时，组织首先向成员学习，然后成员向组织学习。

知识的作用主要在于提高决策的准确性。Teng 和 Calhoun 将决策分为结构化的操作决策和非结构化的管理决策[26]。操作决策依赖于组织的知识水平，而管理决策则依赖于组织成员普遍的知识水平，二者共同影响组织表现[27]。因此，知识创造的价值依赖于成员平均知识水平与组织知识水平的交互作用。并且，知识水平对所创造价值的贡献并不是线性的。组织之间相互竞争以获取外部稀缺的资源和机会[5]，而知识水平的提高不仅有利于获取稀缺资源和机会，通常也有利于提高资源和机会的利用效率。因此，知识水平对价值的边际贡献往往是递增的。典型的例子包括技术专利，其不仅有利于企业获取市场份额，也有利于提高产品的收益率。所以，考虑到知识的时间价值，本文增加第八个特征：知识创造的价值是组织知识水平和成员平均知识水平交互作用的函数，并随时间积累。本文假设第 i 个周期的新创造价值为：

$$\Delta O_i = O_{i-1} \times (OK_i \times AK_i)^k$$

式中：O_{i-1} 表示第 i-1 周期累积创造的价值；OK_i 表示第 i 个周期组织的知识水平；AK_i 表示第 i 个周期组织成员的平均知识水平；K 表示知识水平的边际价值系数。由于 OK_i 和 AK_i 都可能取负值，以表示不正确知识带来的损失，因此 K 只取奇数。

根据上文的分析，组织对信息技术的效用依赖于信息技术所创造的价值以及组织面临的自然选择压力。因此，组织会根据各自的"折现率"对未来的价值进行"折现"，计算组织选择某种信息技术组合的效用，并以此作为评估信息技术表现的依据。据此，本文增加第九个特征：组织依据效用评估不同信息技术的表现。为了计算方便，本文将远期作为比较标准，即将不同时期的价值都按照"折现率"计算在远期的效用。因此，组织第 i 期累积价值的效用为：

$$Utility(O_i) = (O_{i-1} + \Delta O_i) \times (1 + D)$$

式中：$D = \dfrac{DR}{1 - DR}$，是效用随时间的增长率，DR 是"折现率"；D 作为模型参数，反映了组织的自然选择压力。

在每个仿真周期中，首先计算组织和成员知识水平以及知识的价值和效用，然后依据参数 R 随机选择横向技术或纵向技术的应用，最后设置环境扰动和人员流动。模型流程以及各特征的作用如图 1 所示。

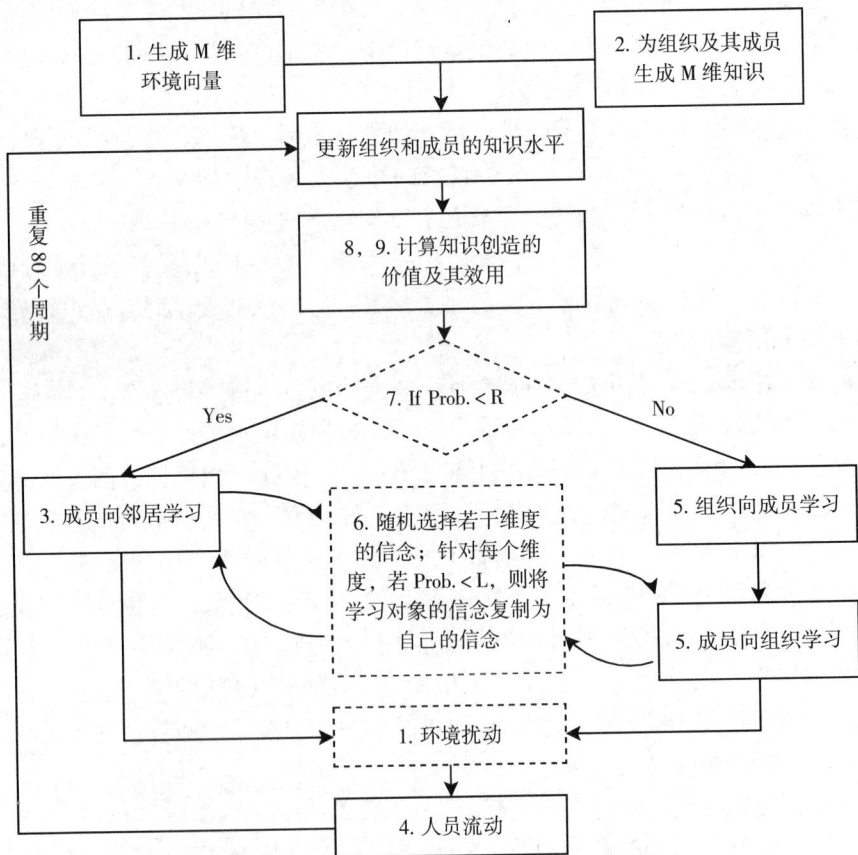

图 1　模型流程

注：箭头表示调用关系，数字标号表示涉及的特征编号，虚线框是本文新增特征，Prob.表示［0，1）区间均匀分布的随机数。

3 仿真结果

本文使用 Netlogo 5.0 软件进行仿真实验[28]，并使用不同的随机数种子对每个参数设置运行 100 次。每次仿真运行 80 个周期，作为组织长期表现的依据，并与 March、Kane 等研究保持一致[5-7]。本文以 100 次实验的平均结果作为分析依据，以避免随机性的影响。此外，本文还进行了敏感性分析，验证了结论的稳定性。实验参数及敏感性分析设置如表 1 所示。仿真的数量结果依赖于具体的参数设置，不具有现实意义，因而本文主要关注参数变化所引起的结果变化。

表 1 参数设置和敏感性分析

参数	含义	参数设置	敏感性分析
P	组织规模	50，100，150	25，125，200
M	环境复杂度	30，90，150	60，120
U	领域陌生程度	0.1，0.3，0.5，0.7，0.9	0.2，0.4，0.6，0.8
L	个人学习能力	0.1，0.3，0.5，0.7，0.9	0.2，0.4，0.6，0.8，1
T	人员流动率	0，0.1，0.2，0.3	0.05，0.15，0.25，0.4
N	环境扰动率	0，0.01，0.03，0.05	0.02，0.07，0.1
D	自然选择压力	0，0.01，0.02	0.005，0.05
K	知识的边际价值系数（奇数）	1，3	3，5
R	横向技术应用的概率	0.1，0.3，0.5，0.7，0.9	0，0.2，0.4，0.6，0.8

默认设置为：$P = 100$，$M = 30$，$U = 0.5$，$L = 0.5$，$T = 0$，$N = 0$，$D = 0.01$，$K = 1$。

结果显示，从长期知识水平方面看，本文的结论与前人研究大致相符：横向和纵向技术分别表现出了探索和利用的性质，前者使知识水平提升较慢，但长期能达到更高的水平；后者使知识水平提升迅速，但知识收敛过快导致长期难以达到较高水平。这一结论在高人员流动率下例外：横向技术丧失了探索能力，削弱了它在短期和长期的表现。

从组织的效用看，则得出了更复杂的结论。本文针对每个参数水平，对 R 进行了方差分析和 S–N–K 多重比较，关注参数变化所引起的不同横向和纵向技术组合的排名变化（0.01 显著性水平下，不显著的技术组合视为排名并列）。

图 2 显示了 8 个内外部环境参数与 R 的交互作用。下面结合 S–N–K 多重比较的结果对不同参数下各种技术组合的表现进行分析。

组织规模 P 的增大，提升了组织表现，如图 2(a) 所示。中等（R = 50）和偏低（R = 30）的横向技术表现一直较为稳定，是各种情况下的最优选择；极端的横向技术（R = 90）则一直表现最差；当成员数量增加时，极端的纵向技术（R = 10）排名显著上升，并

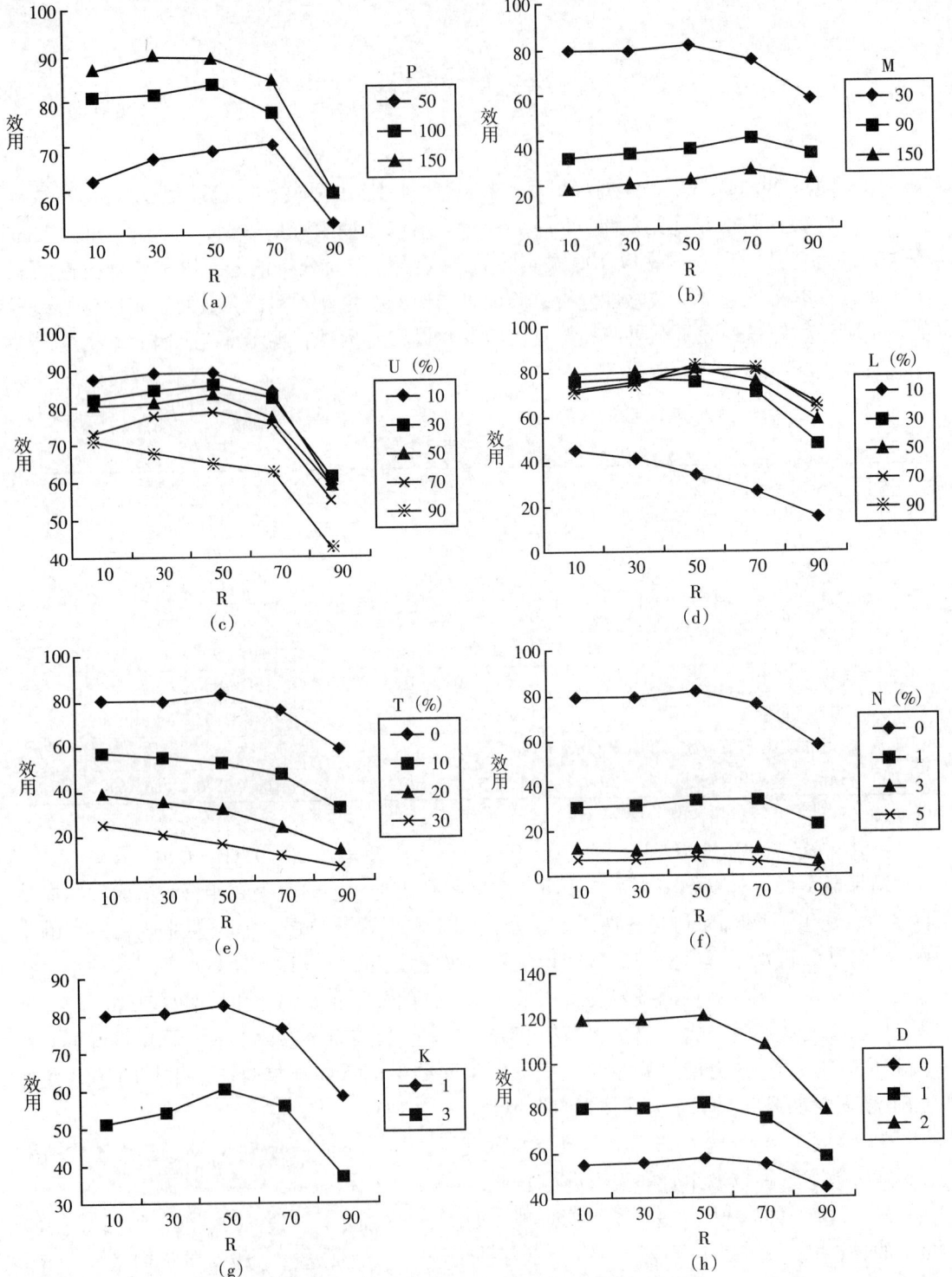

图 2　不同技术组合在不同条件下的表现

列为最优选择，较高的横向技术（R＝70）排名则显著下降。这说明，组织规模的扩大对纵向技术的提升效果更强。

环境复杂度 M 的提高明显降低了组织表现，但提升了横向技术的相对表现：较高的横向技术（R＝70）成为最优选择，而极端的横向技术（R＝90）由最差选择变为并列次优选择，如图 2(b) 所示。这说明，知识复杂度的提高对纵向技术的削弱作用更强。

领域陌生程度 U 降低了组织的表现，但几乎没有影响各种技术组合的排名：中等以及偏低的横向技术（R＝10，30，50）一直并列为最优选择，如图 2(c) 所示。

组织成员学习能力 L 的提升对组织表现的影响较为复杂：中等以及偏低的横向技术的排名明显下降，而偏高的横向技术排名明显提升，如图 2(d) 所示。这说明，学习能力削弱了纵向技术而增强了横向技术。

人员流动率 T 的增加降低了组织表现，尤其是横向技术的表现，如图 2(e) 所示。流动率的提高使不同技术组合之间的差异显著增大，而极端的纵向技术（R＝10）一直保持为最优选择。这说明，流动率的提高对横向技术的削弱作用更强。

环境扰动 N 的提高明显降低了组织表现，但提升了横向技术的排名，如图 2(f) 所示。这说明环境扰动事实上缩小了各种技术组合之间的差距，但对纵向技术的削弱作用更强。

知识边际回报系数 K 的增加降低了组织表现，但提升了中等和中等偏高（R＝50，70）的横向技术的排名，如图 2 (g) 所示。说明知识边际回报系数的增加对纵向技术的削弱作用更强。

"折现率"的提高毫无疑问地提升了纵向技术的表现，如图 2(h) 所示。

4　讨　论

4.1　仿真结果的应用价值

4.1.1　注重横向技术还是纵向技术

内外部环境影响了横向技术和纵向技术的相对优势，可以总结为表 2。

表 2　环境参数的增加对横向技术和纵向技术的影响

项目	P	M	U	L	T	N	K	D
横向技术	＋	－	－	＋	－－	－	－	＋
纵向技术	＋＋	－－	－	－	－	－－	－－	＋＋

注：＋＋、＋、－－、－分别表示增强、略微增强、减弱、略微减弱。

从表 2 可以看出，领域的陌生程度（U）对两种技术的影响是中性的；组织规模（P）、流动率（T）以及自然选择压力（D）的提高增强了纵向技术的相对优势；而环境复杂性（M）、组织成员学习能力（L）、环境的扰动（N），以及知识水平的边际回报系数（K）的提高增强了横向技术的相对优势。据此，可以更详细地总结出不同技术适用的环境特征，如表 3 所示。

表 3　横向技术和纵向技术适用的环境特征

项目	横向技术	纵向技术
环境复杂度	高	低
成员学习能力	高	低
知识的边际价值系数	高	低
环境扰动	高	低
组织规模	低	高
流动率	低	高
竞争压力	低	高

举例而言，横向技术更加适合于小规模的高精尖技术研发组织，尤其是 IT、生物技术等环境变动较快的行业，以及竞争不完全的行业；而纵向技术更加适合于大规模从事例行工作的组织。

4.1.2　如何组合两种技术

极端的横向技术（R = 90）大部分情况下表现较差（只有组织成员学习能力高时例外）。这主要是由于极端的横向技术难以将知识转化为价值，因此纵向技术更应成为组织的默认选择。

同时，技术组合程度的小幅变化并不显著影响组织的长期效用。S–N–K 多重比较的结果显示，大部分情况下（高人员流动率的情况除外），哪种技术占主导更为重要，而在此前提下特定技术占据主导的程度并不会对结果产生显著影响（极端的横向技术除外）。这为组织组合不同类型的技术提供了方便：通常情况下，中等水平、略有倾向的技术组合形式在各种内外部条件下都较为稳健。

4.2　仿真结果的理论意义

首先，本文的结论证明，外部环境在探索与利用平衡性与组织表现的关系中起到了调节作用。环境复杂性和扰动的提高都要求组织降低知识收敛速度，保持一定的多样性，采用探索性的横向技术更加有利。自然选择压力和知识水平边际价值系数反映了组织的竞争环境：竞争越激烈，竞争对手实力越强，达到高水平知识越多，高水平知识的边际价值越小，越要求快速学习，因而采用利用性的纵向技术更加有利。尽管王涛等认为[29]，市场导向的组织在环境不确定性高时倾向于采用利用，不确定性低时采用探索，而本文的结果认为这种选择并不利于组织的表现。

其次，本文的结论验证了探索和利用平衡性的重要性。组织规模和流动率的增加实际上通过增加知识的多样性而增强了组织的探索性，有利于吸收更多利用型的纵向技术；而组织成员学习能力的提升通过加快知识收敛增强了组织的利用性，有利于吸收更多探索型的横向技术。可见，组织需要选择合适的技术使组织内已有的探索或利用得到平衡。

最后，本文为如何达到探索与利用平衡性的研究提供了线索。尽管大多数学者都认同探索与利用平衡性对组织的意义[30-31]，但如何达到平衡却存在争议：一些学者认为，探索和利用是连续统一体的两个极端，可以在中间某点达到平衡，如 March[5]；另一些学者则认为，混合不同的机制是有害的，主张组织实行单一的机制，如 Hansen 等和 Lee 等[32-33]，通过在探索与利用时空上的分离达到平衡；Beckman 等则认为，探索和利用是垂直的过程，组织可同时独立追求两个过程[34]。本文认同 Kane 等的观点[7]，即这些看似矛盾的理论实际上适用于不同的环境，这也解释了为何现有的实证研究会发现探索与利用平衡性与组织表现之间复杂的关系，例如，Uotila 等、Rothaermel 等、杨学儒等分别发现，R&D强度、吸收能力以及资源紧缺性对探索利用和企业绩效间的关系起到调节作用[35-37]。

5 局限性和研究展望

本文的仿真模型作为对现实世界的简化，存在一些局限，如借鉴前人研究采用了规则静态网络。实际中，组织中的学习网络往往发生有偏向的变动，形成的网络通常不符合规则网络的特征。本文对此进行了简化，以排除网络结构的变化所引入的探索与利用性质。另外，组织新招聘员工时往往选择更符合组织规范的人而非随机选择，这可能会降低人员流动所引入的多样性，对组织的影响尚不明确。进一步的研究可在此基础上进行实证检验，或纳入更多现实细节以考察结论的变动。

参考文献

[1] Argote L., McEvily B., Reagans R.. Managing knowledge in organizations: An integrative framework and review of emerging themes [J]. Management Science, 2003, 49 (4): 571–582.

[2] Lepak D. P., Smith K. G., Taylor M. S.. Value creation and value capture: A multilevel perspective [J]. Academy of Management Review, 2007, 32 (1): 180–194.

[3] Kim T., Rhee M.. Exploration and exploitation: Internal variety and environmental dynamism [J]. Strategic Organization, 2009, 7 (1): 11–41.

[4] Ahuja K. R.. Something old, something new: A longitudinal study of search behavior and new product introduction [J]. Academy of Management Journal, 2002, 45 (6): 1183–1194.

[5] March J. G.. Exploration and exploitation in organizational learning [J]. Organization Science, 1991, 2 (1): 71–87.

[6] Miller K. D., Zhao M., Calantone R. J.. Adding interpersonal learning and tacit knowledge to March's exploration–exploitation model [J]. Academy of Management Journal, 2006, 49 (4): 709–722.

[7] Kane G. C., Alavi M.. Information technology and organizational learning: An investigation of

exploration and exploitation processes [J]. Organization Science, 2007, 18 (5): 796–812.

[8] 廖列法, 王刊良. 知识管理策略与组织知识水平关系研究: 探索式与利用式学习的视角 [J]. 科学学研究, 2008, 26 (5): 1037–1045.

[9] 廖列法, 王刊良. 基于多 Agent 仿真的组织学习与知识水平关系研究 [J]. 管理科学, 2009, 22 (1): 59–68.

[10] Lazer D., Friedman A.. The network structure of exploration and exploitation [J]. Administrative Science Quarterly, 2007, 52 (4): 667–694.

[11] 廖列法, 王刊良. 网络信息不对称性、嵌入性与组织学习绩效研究 [J]. 中国管理科学, 2011, 19 (2): 174–182.

[12] 陈国权, 赵晨. 变化环境下组织中多层次学习及整体协调优化的仿真研究 [J]. 中国管理科学, 2011, 19 (2): 183–192.

[13] Kunz J.. Group-level exploration and exploitation: A computer simulation-based analysis [J]. Journal of Artificial Societies and Social Simulation, 2011, 14 (4): 24–32.

[14] Kaplow L., Weisbach D.. Discount rates, social judgments, individuals's risk preferences, and uncertainty [J]. Journal of Risk and Uncertainty, 2011, 42 (2): 125–143.

[15] Argote L., Miron –Spektor E. Organizational learning: From experience to knowledge [J]. Organization Science, 2011, 22 (5): 1123–1137.

[16] Crossan M. M., Maurer C. C., White R E. Reflections on the 2009 AMR Decade Award: Do we have a theory of organizational learning? [J]. Academy of Management Review, 2011, 36 (3): 446–460.

[17] Pentland B. T.. Information systems and organizational learning: The social epistemology of organizational knowledge systems [J]. Accounting Management and Information Technologies, 1995, 5 (1): 1–21.

[18] Larsson R., Bengtsson L., Henriksson K., et al. The interorganizational learning dilemma: Collective knowledge development in strategic alliances [J]. Organization Science, 1998, 9 (3): 285–305.

[19] Smith A. D., Zeithaml C.. Garbage cans and advancing hypercompetition: The creation and exploitation of new capabilities and strategic flexibility in two regional Bell operating companies [J]. Organization Science, 1996, 7 (4): 388–399.

[20] Constant D., Sproull L., Kiesler S.. The kindness of strangers: The usefulness of electronic weak ties for technical advice [J]. Oragnization Science, 1996, 7 (2): 119–135.

[21] Cross R., Baird L. Technology is not enough: Improving performance by building organization memory[J]. Sloan Management Review, 2000, 41 (3): 69–78.

[22] Despres C., Chauvel D.. Knowledge Management [J]. Journal of Knowledge Management, 1999, 3 (2): 110–123.

[23] Felin T., Hesterly W. S.. The Knowledge-based view, nested heterogeneity and new value creation: Philosophical considerations on the locus of knowledge [J]. Academy of Management Review, 2007, 32 (1): 195–218.

[24] Vorakulpipat C., Rezgui Y.. Value creation: The future of knowledge management [J]. The Knowledge Engineering Review, 2008, 23 (3): 283–294.

[25] Prietula M. J., Watson H. S.. Extending the cyert–march duopoly model: Organizational and economic insights [J]. Organization Science, 2000, 11 (5): 565–585.

［26］ Teng J. C., Calhoun K. J.. Organizational computing as a facilitator of operational and managerial decision making: An exploratory study of managers' perceptions ［J］. Decision Sciences, 1996, 27 (4): 673-710.

［27］ 吴增源，黄祖庆，伍蓓. 信息技术能力对企业绩效影响机制的实证研究 ［J］. 科学学与科学技术管理, 2009 (8): 151-156.

［28］ NetLogo W. U.. Center for Connected Learning and Computer-Based Modeling ［D］. Evanston: Northwestern University, 1999.

［29］ 王涛，陈金亮. 环境不确定条件下市场导向对价值创造的作用研究 ［J］. 南开管理评论，2011, 14 (6): 57-66.

［30］ Cao Q., Simsek Z., Zhang H.. Modelling the joint impact of the CEO and the TMT on organizational ambidexterity ［J］. Journal of Management Studies, 2010, 7 (4): 1272-1296.

［31］ Tushman M., Smith W. K., Wood R. C., et al. Organizational designs and innovation streams ［J］. Industrial and Corporate Change, 2010, 19 (5): 1331-1366.

［32］ Hansen M. T., Nohria N., Tierney T.. What's your strategy for managing knowledge? ［J］. Harvard Business Review, 1999, 77 (2): 106-115.

［33］ Lee J., Lee H.. Exploration and exploitation in the presence of network externalities ［J］. Management Science, 2003, 49 (4): 553-570.

［34］ Beckman C., Haunschild P. R., Phillips D.. Friends or strangers? Firm-specific uncertainty, market uncertainty, and network partner selection ［J］. Organizational Science, 2004, 15 (3): 259-275.

［35］ Uotila J., Maula M., Keil T., et al. Exploration, exploitation, and financial performance: Analysis of S&P 500 corporations ［J］. Strategic Management Journal, 2009, 30 (2): 221-231.

［36］ Rothaermel F. T., Alexandre M. T.. Ambidexterity in technology sourcing: The moderating role of absorptive capacity ［J］. Strategic Management Journal, 2009, 4 (20): 759-780.

［37］ 杨学儒，李新春，梁强. 平衡开发式创新和探索式创新一定有利于提升企业绩效吗? ［J］. 管理工程学报, 2011, 25 (4): 17-25.

Assessing and Selecting Information Technology Using Agent-Based Simulation

Xu Bo, Liu Renjing

Abstract: By introducing time value of knowledge and nature selection pressure, the earlier agent-based simulation models of exploration and exploitation learning were extended for assessing the impact of two kinds of information technology on organization performance. One is the horizontal technology which supports inter-personal learning, and the other is the vertical technology which supports mutual learning between organization and its members. Results of simulation experiments suggest that horizontal technology is more advantageous when the environment is more complex and turbulent, the margin value of knowledge and the capability of members are higher, the population and turnover are less, and organizations face more nature selection pressure; otherwise vertical technology is more advantageous. Organizations should combine different kinds of information technology, but with inclination of one, according to both the external requirement and the internal quality of exploration and exploitation for more adaptation to the environment.

Key words: Organization Learning; Exploration Learning; Exploitation Learning; Information Technology; Agent-based Simulation

零售商信息分享对闭环供应链回收模式的影响 *

聂佳佳

【摘　要】本文研究了信息分享对制造商回收模式选择的影响，分别建立了集中式回收模式下的信息分享模型以及零售商不分享和分享信息下的三种分散式回收模型（零售商、制造商和第三方回收模型）。研究发现：①分散式回收模式下零售商分享其私有预测信息对其收益是不利的，但信息分享使得制造商回收模式下供应链预期利润增加；②通过建立信息分享补偿机制使得零售商有动机分享其需求预测信息；③零售商对信息的分享策略和制造商对回收模式的选择取决于预测信息精度和回收旧产品价格的高低。

【关键词】闭环供应链；再制造；信息分享；回收模式；预测精度

0　引言

随着人们对环保的日益关注，越来越重视废旧物品的重新利用，许多国家加大了这方面的立法力度[1,2]。这种努力提升了物料循环利用的理念——达到资源再生、物料增值和成本节约的目的，产生了与传统物流方向相反的新型物流——从消费者回到生产商的"逆向物流"[1-4]，含有逆向物流的供应链被称为逆向供应链[5,6]，同时含有正向和逆向物流的供应链称之为闭环供应链（closed-loop supply chain）[7-9]。

由于逆向供应链在环境保护、资源有效利用、实现可持续发展方面发挥了积极的作用，越来越多的学者将注意力投向了逆向供应链的研究。在逆向供应链管理中，确定逆向

* 基金项目：国家自然科学基金重大资助项目（71090402）；国家自然科学基金资助项目（71101120）；教育部人文社会科学研究青年基金资助项目（10YJC630183）；中央高校基本科研业务专项资助项目（SWJTU11BR059）。

作者：聂佳佳（1981—），男，河南襄城人，博士，讲师，硕士生导师。E-mail:nie_jia@126.com.

本文引自《管理科学学报》2013 年第 5 期。

供应链结构是极其重要而又非常复杂的工作，并且系统结构对其运作绩效起着决定性作用。Savaskan 等[10] 分析了闭环供应链的最优回收模式问题，证明在其假设条件下零售商负责回收模式优于制造商和第三方负责回收模式。Savaskan 和 Wassenhove[11] 在此基础上考察了当零售商之间存在竞争时制造商回收旧产品的回收模式选择。他们认为回收模式的选择在一定程度上受零售商之间的竞争程度的影响。易余胤[12] 建立了具有竞争零售商的再制造闭环供应链博弈模型，比较分析了不同力量结构对回收率、零售价、渠道成员利润、渠道总利润的影响。魏洁和李军[13] 研究了生产者责任延伸制度下的逆向物流模式选择。以上研究均没有考虑对回收旧产品的定价问题，顾巧论等[14] 和王玉燕等[15] 分别对这一问题进行了研究，并且后者对这样的供应链系统进行了协调。另外，黄祖庆和达庆利[1] 以及黄祖庆等[2] 研究了再制造闭环供应链在不同决策结构下的供应链收益，并与集成式"超组织"结构进行了比较分析。

现有闭环供应链文献集中在研究回收渠道选择、回收品定价以及决策结构对供应链收益的影响，而忽略了信息对供应链回收渠道结构选择的影响。对于零售商而言，新信息技术的发展极大地改进了零售商获取产品市场需求、消费者采购行为信息的途径和效率①，使得零售商比制造商掌握了更多的市场需求信息。同时，由于竞争和社会经济环境的持续变化，产品需求也不断演化，密切跟踪和预测需求的变化对零售商而言显得日益重要[16]。零售商获取市场信息的重要性也日益成为学术关注的焦点，大量文献研究了信息分享对供应链影响。Li[17] 很好地研究了信息分享对横向竞争零售商的直接和间接影响，表明零售商不愿分享市场预测信息而愿意分享成本信息。陶文源等[18] 研究了两个供应商和一个制造商的供应链系统，发现信息分享降低了系统的不确定性，但成本较高的供应商并未从中受益。申悦等[19] 在价格竞争环境下研究了多个零售商与制造商成本信息共享策略的选择问题，发现零售商不会自愿分享其成本信息，必须通过一定的合同机制才能实现。Yao 等[20] 以及 Yue 和 Liu[21] 研究了信息分享对双渠道供应链绩效的影响。前者考察的是返还策略下零售商单方面的信息分享问题，而后者考虑的是制造商和零售商双方预测信息分享对供应链的影响，发现在一定条件下信息分享能带来更高收益。Yao 等[22] 研究了零售商价格和服务竞争情形下，零售商分享服务成本信息对供应链的影响，并得到了零售商愿意分享成本信息的条件。以上供应链信息分享文献主要研究了信息分享对正向供应链绩效的影响，而忽视了信息分享对逆向供应链的影响。本研究旨在考察零售商预测信息分享对闭环供应链回收模式选择的影响，并设计零售商自愿分享预测信息机制。期望所得到的结论能为零售商在信息分享策略和制造商在回收渠道选择等方面的问题提供科学决策依据。

---

① 信息技术使得零售商获得了大量的历史数据，零售商可以通过定性或定量的方法对未来的市场需求进行预测，定性预测方法有集思广益法和德尔菲法（又称专家调查法或专家意见法），定量预测方法有时间序列预测法和回归分析预测法，另外市场需求预测方法还有综合分析判断法，是定性预测和定量预测相结合的方法。

1　问题描述

考虑由 1 个制造商和 1 个零售商组成的供应链系统。制造商生产一种产品，既可以完全使用原材料进行生产，也可以使用回收产品进行生产[①]。制造商通过零售商进行销售，而回收旧产品的模式有 4 种（见图 1）：集中式回收（模型 C）、零售商负责回收（模型 R）、制造商负责回收（模型 M）和第三方负责回收（模型 3P），其中后三种为分散式回收模式[10]。集中式回收为三种分散式回收模式提供了比较的基准，这种做法是常见的分析方法，如 Savaskan 等[10]。这三种分散式回收模式在现实中是常见的，如柯达通过零售商回收一次性照相机（零售商回收模式），惠普直接从消费者回收电脑（制造商回收模式）以及美国的三大汽车制造商（福特、通用和克莱斯勒）通过第三方回收报废汽车（第三方回收模式）。

1.1　符号约定

将用到如下符号和变量：

c_m——制造商采用原材料生产新产品的单位成本。

c_r——制造商采用回收旧产品进行生产的单位成本。

p——零售商的零售价格，为零售商的决策变量。

ω——制造商的批发价格，为制造商的决策变量。

$D(p) = a - bp$——产品的需求函数，其中 a 为市场潜在需求，b 为价格敏感系数。

τ——回收到的旧产品占需求的比例，为回收方的决策变量，且 $\tau \in [0, 1]$。该比例越高，说明制造商使用回收到的旧产品进行再制造的产品越多。当 $\tau = 1$ 时，说明制造商全部采用回收旧产品进行生产以满足市场需要；当 $\tau = 0$ 时，说明制造商全部采用原材料生产以满足市场需要。

ϖ——制造商支付给零售商或第三方回收品的单位价格。

$\prod_i (i = R, M, 3P, S; j = C, R, M, 3P)$——$j$ 模型下 i 的利润函数，$i = R, M, 3P$，S 分别表示零售商、制造商、第三方和供应链，$j = C, R, M, 3P$，分别表示集中式、零售商、制造商和第三方回收模型。为区分无信息分享和信息分享两种情形下的利润，以 $\prod_{iNI}$

[①] 对回收再制造的研究分为两类：第一类是将回收废旧产品作为节约成本的手段，将回收到的废旧产品作为原料重新投入生产。这类研究的目的在于探讨不同回收渠道对再制造闭环供应链决策与绩效的影响，如文献[1]、[2]、[10-15]。第二类研究是将回收再制造作为"产品再生"的过程，通过回收再生产出与新产品在性能上有所差距的再制造产品。这类研究的目的在于探讨新产品与再制造产品的替代对生产企业的定价及绩效的影响，如文献[23，24]。作为本文的后续研究方向可以考虑当新产品与再制造产品存在差异时信息分享对回收渠道选择的影响。

表示无信息分享下的利润，其中 NI 表示无信息分享，而以 $\prod_{\text{iIS}}$ 表示信息分享下的利润，其中 IS 表示信息分享。

$V_i^j(i = R, M, 3P, S; j = C, R, M, 3P)$ ——j 模型下信息分享对 i 的价值。

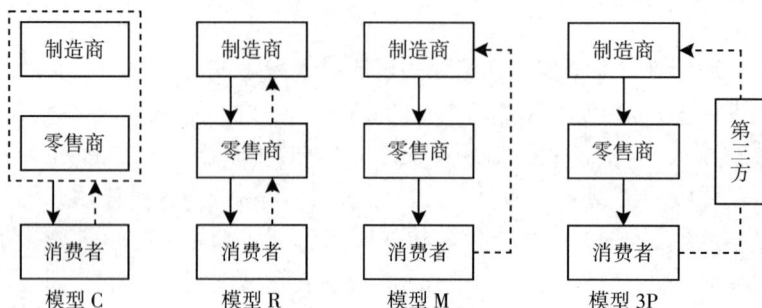

图 1　4 种回收模型

1.2　信息结构

根据艾兴政等[16] 和 Li[17] 的研究，假设市场潜在需求为随机变量，且 $a = a_0 + e$，其中 a_0 为市场潜在需求的确定性部分，e 为市场潜在需求的不确定性因素。随机变量 e 的期望为 0，方差为 v。假设零售商可以对市场潜在需求进行预测①，面对不确定的需求，零售商对市场信息的预测有助于零售商进行决策，大量的研究进行了类似的假设，如艾兴政等[16]、Li[17] 以及 Yue 和 Liu[21] 等。设其预测值为 f，且 $f = a + \varepsilon$，ε 为误差项，且其期望为 0，方差为 s，随机变量 e 和 s 相互独立。由 Li[17] 的研究得：

$$E(a|f) = \frac{s}{v+s}a_0 + \frac{v}{v+s}f$$

$$E((f - a_0)^2) = v + s \tag{1}$$

类似于文献 [16，17，21] 的描述，可以将 $t = \dfrac{v}{v+s}$ ——作为市场信息预测精度的度量指标，显然 $t \in (0, 1)$，其值越大说明零售商预测越准确，越小零售商预测越不准确。考虑两种极端情形：当 $s \to 0$ 时，$t = 1$ 表示预测值与实际值相同，预测精度最高；当 $s \to \infty$ 时，$t = 0$ 表示预测值与实际值相去甚远，预测精度最低。

1.3　模型假设

将用到如下假设：

假设 1　制造商生产 1 件新产品的单位成本大于使用回收旧产品进行再制造的单位成

---

① 实际上，制造商也可以对市场潜在需求进行预测，作为一个后续研究方向，可以考虑零售商和制造商同时进行需求信息预测。

本，即 $c_m > c_r$，这表示制造商进行再制造可以节约成本，是有利可图的。令 $\Delta = c_m - c_r$，假设 $\Delta > \varpi$，表示制造商节约的单位成本大于其购买单位回收产品的价格。

假设2　制造商为渠道的领导者，零售商和第三方为追随者。

假设3　假设市场潜在需求 a 为渠道双方的共同知识，且除了零售商的预测信息 f 为其私有信息，其余信息也均为制造商和零售商的共同知识。

假设4　τ 与回收方的投资量相关，根据 Savaskan 等[10] 以及 Savaskan 和 Wassenhove[11] 的研究，设 $\tau = \sqrt{I/k}$，其中 k 为投资成本系数，I 为投资成本，这表明随着回收比例的增加，回收投资成本将急剧增加，即过分地追求高回收比例是不经济的（文献 [1, 2] 及 [12, 13] 也采用类似的假设）。

假设5　制造商按订单生产方式生产产品，这意味着零售商和制造商均没有库存（艾兴政等[16]、Li[17] 以及 Yue 和 Liu[21] 均采用类似的假设）。

假设6　设回收方支付给消费者的费用为 ζ_1，零售商的单位销售成本为 ζ_2，且均为常数。为不失一般性，设 $\zeta_1 = \zeta_2 = 0$。这一假设的目的在于简化模型的推导，即便这两个参数不为 0，也不会改变本文的基本结论，仅会增加数学处理的复杂性（文献 [10, 11] 也采用类似的假设）。

2　模型 C——集中式回收

在集中式回收模式下，制造商和零售商将以供应链利润最大化为目标进行零售定价和回收比例决策。此时供应链将依据零售商的预测信息进行决策，其预期利润决策模型为：

$$\max_{p, \tau} E(\prod_{\mathrm{SIS}}^{C} | f) = E((p - c_m + \tau\Delta) \times (a - bp) - k\tau^2 | f) \tag{2}$$

求解得最优零售价格和回收比例分别为：

$$p^C = \frac{(2k - b\Delta^2)[(1 - t)a_0 + tf] + 2bkc_m}{b(4k - b\Delta^2)}$$

$$\tau^C = \frac{\Delta[a_0 - t(a_0 - f) - bc_m]}{4k - b\Delta^2} \tag{3}$$

为使二阶条件大于 0，需 $4k - b\Delta^2 > 0$，即 $k > b\Delta^2/4$。这表示进行回收的成本不是很低，这与现实是相符合的（现实中进行回收往往要花费大量成本）。后文假设 $k > b\Delta^2/4$ 成立，此条件总能使后文模型的二阶条件成立。基于期望值规则，得到供应链的无条件预期利润为：

$$E(\prod_{\mathrm{SIS}}^{C}) = \frac{k[tv + (a_0 - bc_m)^2]}{b(4k - b\Delta^2)} \tag{4}$$

若没有零售商的预测信息，那么最优利润为 $\frac{k(a_0 - bc_m)^2}{b(4k - b\Delta^2)}$。因此，在集中式回收模式下零售商需求预测信息的价值为 $V_s^c = \dfrac{ktv}{b(4k - b\Delta^2)}$。由此可知，在集中式回收模式下，零售商预测信息精度越高，其信息的价值越高，使得零售商有积极性进行更高精度的预测。

3 分散式回收模式

3.1 模型 R——零售商负责回收

在此模式下，零售商负责销售并进行回收，然后将回收品交付制造商进行再生产。决策顺序为制造商制定批发价格，然后由零售商选择零售价格和回收比例。若零售商的需求预测信息不与制造商分享，那么零售商将根据市场信息及其预测信息进行决策，而制造商仅能依据市场信息进行决策。零售商的预期利润决策模型为：

$$\max_{p,\tau} E(\textstyle\prod_{RNI}^{R}|f) = E((p - \omega + \varpi\tau)(a - bp) - k\tau^2|f) \tag{5}$$

由于零售商没有分享其预测信息，因此制造商预期期望利润决策模型为：

$$\max_{\omega} E(\textstyle\prod_{MNI}^{R}) = E([\omega - c_m + (\Delta - \varpi)\tau](a - bp)) \tag{6}$$

类似地，若零售商的需求预测信息与制造商分享，制造商将根据市场信息及零售商的预测信息进行决策。零售商的目标函数依然为式（5），此时制造商预期利润决策模型为：

$$\max_{\omega} E(\textstyle\prod_{MIS}^{R}|f) = E([\omega - c_m + (\Delta - \varpi)\tau](a - bp)|f) \tag{7}$$

分散式回收模式下三种回收模型的最优解及最优利润见附录 A 中的表 1 和 2。限于篇幅，省略了模型 M 和模型 3P 的推导过程，在附录 B 中仅给出了模型 R 的推导过程。

3.2 模型 M——制造商负责回收

在此模式下，零售商负责销售，制造商负责回收并进行再制造。决策顺序为制造商制定批发价格，同时确定回收比例，然后由零售商选择零售价格，零售商的预期利润决策模型为：

$$\max_{p} E(\textstyle\prod_{RNI}^{M}|f) = E((p - \omega)(a - bp)|f) \tag{8}$$

制造商预期利润决策模型为：

$$\max_{\omega,\tau} E(\textstyle\prod_{MNI}^{M}) = E((\omega - c_m + \tau\Delta)(a - bp) - k\tau^2) \tag{9}$$

若零售商将预测信息与制造商分享，零售商的决策模型依然为式（8），制造商的决策模型为：

$$\max_{\omega,\tau} E(\textstyle\prod_{MIS}^{M}|f) = E((\omega - c_m + \tau\Delta)(a - bp) - k\tau^2|f) \tag{10}$$

3.3 模型 3P——第三方负责回收

在第三方负责回收模式下，零售商负责销售，第三方负责回收，制造商负责生产，决策顺序如下：首先由制造商确定批发价格，然后由第三方选择回收比例，最后由零售商决策零售价格。在无信息分享下，制造商和第三方仅能根据市场信息进行决策，零售商的预期利润决策模型为：

$$\max_{p} E(\textstyle\prod_{RNI}^{3P}|f) = E((p-\omega)(a-bp)|f) \tag{11}$$

第三方和制造商的预期利润决策模型分别为：

$$\max_{\tau} E(\textstyle\prod_{3PNI}^{3P}) = E(\varpi\tau(a-bp) - k\tau^2)$$

$$\max_{\omega} E(\textstyle\prod_{MNI}^{3P}) = E((\omega - c_m + \tau\Delta)(a-bp)) \tag{12}$$

若零售商将预测信息与第三方和制造商均分享，此时第三方和制造商的预期利润决策模型分别为：

$$\max_{\tau} E(\textstyle\prod_{3PIS}^{3P}|f) = E(\varpi\tau(a-bp) - k\tau^2|f)$$

$$\max_{\omega} E(\textstyle\prod_{MIS}^{3P}|f) = E((\omega - c_m + \tau\Delta)(a-bp)|f) \tag{13}$$

4 不同回收模式下信息分享的价值

下面将比较分析零售商信息分享前后对供应链上下游企业预期利润的影响。在零售商回收模式下，比较无信息分享和信息分享下预期利润得：

$$V_R^R = E(\textstyle\prod_{RIS}^R) - E(\textstyle\prod_{RNI}^R) = \frac{ktv(4k+b\varpi^2-2b\Delta\varpi)}{4b(4k-b\Delta\varpi)^2} \times \frac{-12k+b\varpi^2+2b\Delta\varpi}{(4k-b\varpi^2)} < 0 \tag{14}$$

$$V_M^R = E(\textstyle\prod_{MIS}^R) - E(\textstyle\prod_{MNI}^R) = \frac{ktv(4k+b\varpi^2-2b\Delta\varpi)^2}{2b(4k-b\varpi)^2(4k-b\Delta\varpi)} > 0 \tag{15}$$

则信息分享对供应链的价值为：

$$V_S^R = V_M^R + V_R^R = -\frac{ktv(4k+b\varpi^2-2b\Delta\varpi)H_1(k)}{4b(4k-b\varpi)^2(4k-b\Delta\varpi)^2} < 0 \tag{16}$$

其中：

$$H_1(k) = 8k(2k-3b\varpi^2+2b\Delta\varpi) + b^2\varpi^2(\varpi^2+4\Delta\varpi-4\Delta^2) > 0$$

在制造商回收模式下，比较无信息分享和信息分享下预期利润得：

$$V_R^M = \frac{tv(4k-b\Delta^2)(-12k+b\Delta^2)}{4b(8k-b\Delta^2)^2} < 0$$

$$V_M^M = \frac{ktv}{b(8k-b\Delta^2)} > 0 \tag{17}$$

则信息分享对供应链的价值为：

$$V_S^M = \frac{tv(-16k^2 - 12b\Delta^2 k - b^2\Delta^4)}{4b(8k - b\Delta^2)^2}$$

容易看出，当 $k \in \left(\dfrac{b\Delta^2}{4}, \dfrac{(3+\sqrt{5})b\Delta^2}{8} \right)$ 时，$V_S^M > 0$

在第三方回收模式下，比较无信息分享和信息分享下预期利润得出信息分享对零售商、制造商和第三方供应链的价值分别为：

$$
\left\{
\begin{aligned}
& V_R^{3P} = \frac{tvH_3(k)}{4b(H_2(k))^2} < 0 \\
& V_M^{3P} = \frac{ktv}{2bH_2(k)} > 0 \\
& V_{3P}^{3P} = \frac{ktv\varpi^2}{4(H_2(k))^2} > 0 \\
& V_S^{3P} = \frac{tvH_4(k)}{4b(H_2(k))^2} < 0 \\
& H_2(k) = 4k - b\Delta\varpi + b\varpi^2 > 0 \\
& H_3(k) = (2k - b\Delta\varpi + b\varpi^2) \times (-6k - b\Delta\varpi + b\varpi^2) < 0 \\
& H_4(k) = k(4k + 5b\varpi^2 - 6b\Delta\varpi) + b^2\varpi^2(\Delta - \varpi)^2 > 0
\end{aligned}
\right.
\tag{18}
$$

命题 1 ①在集中式回收模式下，信息分享使得供应链预期利润增加；②在分散式回收模式下，信息分享使得零售商的预期利润减少，制造商预期利润增加；③在第三方回收模式下，信息分享使得第三方预期利润增加；④在零售商和第三方回收模式下，信息分享使得供应链利润下降，然而，在制造商回收模式下，当 $k \in \left(\dfrac{b\Delta^2}{4}, \dfrac{(3+\sqrt{5})b\Delta^2}{8} \right)$ 时，信息分享使得供应链利润增加。

在零售商单向信息分享情形下，分享信息会损害其预期利润。一个原因在于当零售商分享其需求预测信息时，供应链的其他成员（制造商或第三方）可以根据其分享的预测信息更好地进行决策。另一个原因在于零售商在分散式决策中处于劣势地位，不能根据供应链其他成员的决策进行相应的决策。若零售商分享预测信息是无偿的，那么零售商没有动力为供应链其他成员分享信息。在集中式回收模式下，零售商有动机进行信息分享，这是因为零售商预测信息有助于供应链更好地进行决策。在零售商和第三方回收模式下，信息分享并没有使得供应链利润增加，而在制造商回收模式下，信息分享使得供应链利润增加。这是因为在制造商回收模式下，制造商有更强的动力提高回收率（越大的回收率意味着制造商单位成本降低）。以上分析表明零售商信息分享有助于制造商回收模式的实施，但是零售商信息分享若是无偿的，那么零售商没有进行信息分享的动机，因此制造商向零售商支付一定的信息分享费用是有必要的，其值至少等于零售商信息分享的损失。这样，在制造商负责回收模式下，零售商的信息分享使得供应链双方利润都有所增加。

5　不同回收模式的比较

容易发现，无信息分享和信息分享下回收比例的期望相等，即：

$$E(\tau^j) \triangleq E(\tau^j_{NI}) = E(\tau^j_{IS})$$

其中，j = R，M，3P。下面的命题给出了不同回收模式下期望回收比例的大小关系。

命题 2　4 种回收模式下期望回收比例的大小关系如下：

（1）当 $\dfrac{b\Delta^2}{4} < k < \dfrac{b\varpi\Delta^2}{8(\Delta - \varpi)}$ 时，

$$E(\tau^C) > E(\tau^R) > E(\tau^M) > E(\tau^{3P})$$

（2）当 $k > \dfrac{b\varpi\Delta^2}{8(\Delta - \varpi)}$ 时，

$$E(\tau^C) > E(\tau^M) > E(\tau^R) > E(\tau^{3P})$$

该命题的第 1 部分与 Savaskan 等[10] 所得结论一致，第 2 部分说明当回收旧产品的投入较大时，相对于零售商回收模式，制造商回收模式下的回收率更高。同时，该命题指出集中式回收模式下回收率最高，这是因为集中式回收模式下决策完全协调，而第三方回收模式下回收率最低，原因在于第三方加入供应链致使决策更加难以协调。

推论 1　零售商和制造商回收模式下，当 $2\Delta/3 < \varpi < \Delta$ 时，零售商回收模式下的回收率高于制造商回收模式下的回收率；当 $0 < \varpi < 2\Delta/3$ 时，制造商回收模式下的回收率高于零售商回收模式下的回收率。

该推论表明只要零售商回收单位产品得到的收益大于 $2\Delta/3$，零售商回收模式可以回收更多的旧产品。零售商回收模式下最优的回收比例增加，这意味着制造商提高回收旧产品的价格有利于零售商更多地回收旧产品。对于制造商而言，回收旧产品价格的提高意味着进行再制造所节约单位成本降低。下面比较不同模式下零售商和制造商的预期利润①。

命题 3　（1）无信息分享情形下，三种分散式回收模式的零售商预期利润比较结果如下：当 $t > t_1$ 时，

$$E(\textstyle\prod_{RNI}^R) > E(\textstyle\prod_{RNI}^M) > E(\textstyle\prod_{RNI}^{3P})$$

当 $t < t_1$ 时，

$$E(\textstyle\prod_{RNI}^M) > E(\textstyle\prod_{RNI}^R) > E(\textstyle\prod_{RNI}^{3P})$$

其中 t_1 为式（20）所示。

---

①　相对于三种分散式回收模式而言（包含无信息分享和信息分享两种情形），容易证明集中回收模式下供应链预期利润是大于分散式回收模式下的供应链预期利润。

（2）信息分享情形下，零售商预期利润大小关系为：

$$E(\textstyle\prod_{RIS}^{M}) > E(\textstyle\prod_{RIS}^{R}) > E(\textstyle\prod_{RIS}^{3P})$$

（3）无信息分享情形下，三种分散回收模式下制造商预期利润比较结果如下：当 $t > t_2$ 时，

$$E(\textstyle\prod_{MNI}^{R}) > E(\textstyle\prod_{MNI}^{M}) > E(\textstyle\prod_{MNI}^{3P})$$

当 $t < t_2$ 时，

$$E(\textstyle\prod_{MNI}^{M}) > E(\textstyle\prod_{MNI}^{R}) > E(\textstyle\prod_{MNI}^{3P})$$

其中 t_2 为式（24）所示。

（4）信息分享情形下，三种分散式回收模式下制造商预期利润比较结果如下：当 $\varpi > \Delta/2$ 时，

$$E(\textstyle\prod_{MNI}^{M}) > E(\textstyle\prod_{MNI}^{R}) > E(\textstyle\prod_{MNI}^{3P})$$

当 $\varpi < \Delta/2$ 时，

$$E(\textstyle\prod_{MNI}^{M}) > E(\textstyle\prod_{MNI}^{R}) > E(\textstyle\prod_{MNI}^{3P})$$

证明　（1）首先比较 $E(\textstyle\prod_{RNI}^{R})$ 和 $E(\textstyle\prod_{RNI}^{M})$，有：

$$E(\textstyle\prod_{RNI}^{R}) - E(\textstyle\prod_{RNI}^{M}) = \frac{k\left[4tv(8k - b\Delta^2)(4k - b\varpi\Delta)^2 - (4k - b\varpi^2)(a_0 - bc_m)^2 H_5(k)\right]}{4b(4k - b\varpi\Delta)^2(4k - b\varpi^2)(8k - b\Delta^2)}$$

$$(19)$$

其中，

$$H_5(k) = 32k^2 + 4bk(\Delta^2 - 8\varpi\Delta + 2\varpi^2) + 3b^2\varpi^2\Delta^2$$

当 $k > b\Delta^2/4$ 时，易知 $H_5(k) > 0$。令：

$$t_1 = \frac{(4k - b\varpi^2)(a_0 - bc_m)^2 H_5(k)}{4v(8k - b\Delta^2)(4k - b\varpi\Delta)^2}$$

$$(20)$$

因此得到 $E(\textstyle\prod_{RNI}^{R})$ 和 $E(\textstyle\prod_{RNI}^{M})$ 的大小关系。下面比较 $E(\textstyle\prod_{RNI}^{M})$ 和 $E(\textstyle\prod_{RNI}^{3P})$ 的大小以及 $E(\textstyle\prod_{RNI}^{R})$ 和 $E(\textstyle\prod_{RNI}^{3P})$ 的大小，有：

$$E(\textstyle\prod_{RNI}^{M}) - E(\textstyle\prod_{RNI}^{3P}) = \frac{k(a_0 - bc_m)^2(\Delta^2 - 2\varpi\Delta + 2\varpi^2)}{2(8k - b\Delta^2)(4k - b\varpi\Delta + b\varpi^2)} > 0$$

$$(21)$$

$$E(\textstyle\prod_{RNI}^{R}) - E(\textstyle\prod_{RNI}^{3P}) = \frac{ktvb\varpi^2}{4b(4k - b\varpi^2)} + \frac{kb\varpi^2(a_0 - bc_m)^2 H_6(k)}{4b(4k - b\varpi\Delta)^2(4k - b\varpi\Delta + b\varpi^2)^2}$$

$$(22)$$

其中，

$$H_6(k) = 16k^2 - 4kb\varpi^2 - b^2\varpi^2(\Delta - \varpi)^2$$

易知 $H_6(k) > 0$，则 $E(\textstyle\prod_{RNI}^{R}) > E(\textstyle\prod_{RNI}^{3P})$。

（2）该部分的证明较为简单，限于篇幅，略。

（3）首先比较 $E(\textstyle\prod_{MNI}^{R})$ 和 $E(\textstyle\prod_{MNI}^{M})$，有：

$$E(\textstyle\prod_{MNI}^{R}) - E(\textstyle\prod_{MNI}^{M}) = \frac{k\left[4tv\varpi(\Delta - \varpi)(8k - b\Delta^2)(4k - b\varpi\Delta) - H_7(k)\right]}{2(4k - b\varpi^2)^2(4k - b\varpi\Delta)(8k - b\Delta^2)}$$

$$(23)$$

其中，

$$H_7(k) = \Delta(\Delta - 2\varpi)(a_0 - bc_m)^2(4k - b\varpi^2)^2$$

令：

$$t_2 = \frac{H_7(k)}{4v\varpi(\Delta - \varpi)(8k - b\Delta^2)(4k - b\Delta\varpi)} \tag{24}$$

因此得到 $E(\prod_{MNI}^R)$ 和 $E(\prod_{MNI}^M)$ 的大小关系。比较可知 $E(\prod_{MNI}^R)$ 和 $E(\prod_{MNI}^M)$ 均大于 $E(\prod_{MNI}^{3P})$。

（4）首先比较 $E(\prod_{MIS}^R)$ 和 $E(\prod_{MIS}^M)$，有：

$$E(\prod_{MIS}^R) - E(\prod_{MIS}^M) = \frac{k\Delta(2\varpi - \Delta)[tv + (a_0 - bc_m)^2]}{2(4k - b\varpi\Delta)(8k - b\Delta^2)} \tag{25}$$

因此有 $E(\prod_{MIS}^R)$ 和 $E(\prod_{MIS}^M)$ 的大小关系，而且 $E(\prod_{MIS}^R)$ 和 $E(\prod_{MIS}^M)$ 均大于 $E(\prod_{MIS}^{3P})$。

在无信息分享下，若零售商预测精度较大，$(t > t_1(t_2))$，不同模式下零售商（制造商）预期利润的上述结论方与 Savaskan 等[10] 所得结论一致。这表明只有零售商预测精度比较高，才能在零售商回收模式下获得更多利润（相对于制造商和第三方回收模式而言）。若零售商预测精度较小（$t < t_1(t_2)$），那么零售商（制造商）在零售商和制造商回收模式下预期利润的结论与 Savaskan 等[10] 的结论相反。原因为过低的预测精度不利于零售商进行决策。在信息分享下，零售商总是偏好于制造商回收模式，而在第三方回收模式下零售商预期利润最低。在信息分享下，若制造商获得回收品所支付的成本较高（$\varpi > \Delta/2$），制造商偏好于制造商回收模式，若支付的成本较低（$\varpi < \Delta/2$），则制造商偏好于零售商回收模式。以上分析说明零售商预测信息精度的高低和回收品支付成本的大小会影响零售商和制造商对回收模式的偏好。

推论 2　（1）无信息分享情形下，当 $0 < \varpi < \dfrac{\Delta}{2 + \sqrt{2}} \approx 0.293\Delta$ 时，$t_1 < t_2$，这时三种分散式供应链预期利润大小关系如下：

$$E(\prod_{SNI}^R) > E(\prod_{SNI}^M) > E(\prod_{SNI}^{3P})$$

（2）无信息分享情形下，存在一个 ϖ^* 使得 $\dfrac{\Delta}{2 + \sqrt{2}} < \varpi^* < \Delta$，当 $\varpi > \varpi^*$ 时，$t_1 > t_2$，则当 $t < t_2$ 时，三种分散式供应链预期利润大小关系如下：

$$E(\prod_{SNI}^M) > E(\prod_{SNI}^R) > E(\prod_{SNI}^{3P})$$

（3）信息分享情形下，当 $\varpi < \Delta/2$ 时，供应链利润满足：

$$E(\prod_{SIS}^M) > E(\prod_{SIS}^R) > E(\prod_{SIS}^{3P})$$

证明　此推论证明的关键在于比较 t_1 与 t_2 的大小，两者之差经化简得：

$$t_1 - t_2 = \frac{(4k - b\varpi^2)(a_0 - bc_m)^2(4k + b\varpi^2 - 2b\Delta\varpi)H_8(k)}{\varpi v(\Delta - \varpi)(8k - b\Delta^2)(4k - b\varpi\Delta)^2} \tag{26}$$

其中，

$$H_8(k) = 4k(\Delta^2 - 4\varpi\Delta + 2\varpi^2) + b\Delta^2\varpi^2$$

当 $\Delta^2 - 4\varpi\Delta + 2\varpi^2 > 0$ 时，即 $\varpi < \dfrac{\Delta}{2+\sqrt{2}}$，$H_8(k) > 0$，则 $t_1 < t_2$。当 $\varpi = \dfrac{\Delta}{2+\sqrt{2}}$ 时，$H_8(k) > 0$，而当 $\varpi = \Delta$ 时，$H_8(k) < 0$，又因为 $H_8(k)$ 为关于 ϖ 的减函数，则存在一个 ϖ^* 使得 $\dfrac{\Delta}{2+\sqrt{2}} < \varpi^* < \Delta$，且当 $\varpi > \varpi^*$ 时，$t_1 > t_2$。依据命题 3 所得的相关结论即可得到此推论。

推论 2 指出，在无信息分享情形下，当零售商信息预测精度充分高时（$t > t_2$），零售商回收模式下供应链预期利润最大，而第三方回收模式下供应链预期利润最小；当预测精度较小时（$t < t_2$），制造商回收模式下供应链预期利润最大，而第三方回收模式下供应链预期利润依然最小。这说明无信息分享情形下零售商预测精度影响了供应链对回收模式的选择。在信息分享情形下，当制造商支付回收品的单位费用比较低时（$\varpi < \Delta/2$），供应链选择制造商回收模式最有利可图。这表明回收品的价格影响了供应链对回收模式的选择。

6　回收模式和信息分享选择

由于生产者责任延伸制度在欧美等国家的实施，同时制造商在供应链中处于领导地位，因此制造商对回收模式有选择权。那么制造商的策略空间为 {R，M，3P}，而零售商的策略空间为 {NI，IS}。假设两局中人同时选择各自的策略，下面将寻找该博弈的纯战略纳什均衡。

命题 4　对于零售商和制造商的二人博弈，制造商的策略空间为 {R，M，3P}，零售商的策略空间为 {NI，IS}，当 $t > t_2$ 时，纯战略纳什均衡为 {R，NI}；当 $t < t_2$ 时，纯战略纳什均衡为 {M，NI}。

该命题指出，对于零售商而言，无信息分享为零售商的占优策略。这是因为预测信息为零售商的私有信息，私有信息的泄露会损害零售商的收益。因此，当零售商提供给制造商的信息无偿时，零售商总是不会分享私有信息。对于制造商而言，零售商信息预测精度影响了制造商对回收模式的选择。需要注意的是当 $t = t_2$ 时，该博弈存在两个纯战略纳什均衡，这意味着存在一个混合战略纳什均衡。由于第三方回收模式对于制造商而言是劣策略，那么制造商选择 3P 策略的概率为 0。同时信息分享对于零售商而言是劣策略，零售商选择 IS 策略的概率为 0。设制造商选择 R 的概率为 β，则选择 M 的概率为 $1 - \beta$。

命题 5　对于零售商和制造商的二人博弈，制造商的策略空间为 {R，M，3P}，零售商的策略空间为 {NI，IS}，当 $t = t_2$ 时，混合战略纳什均衡为 $((\beta^*，1 - \beta^*，0)，(1，0))$，其中，

$$\beta^* = \frac{t_2 v + 16k^2 \beta_1/\beta_2}{t_2 v \beta_5/\beta_3 + k\beta_1(16k/\beta_2 + \beta_3/\beta_4)} \tag{27}$$

其中，

$\beta_1 = (a_0 - bc_m)^2$，$\beta_2 = (8k - b\Delta^2)^2$，$\beta_3 = (4k - b\varpi^2)$，$\beta_4 = (4k - b\varpi\Delta)^2$，$\beta_5 = 8k - b\varpi^2$

t_2 如式（24）所示。

该命题指出制造商有 β^* 的概率选择零售商回收，同时有 $1 - \beta^*$ 的概率选择制造商回收。但由于 β^* 表达式的复杂性，难以对其进行分析，在算例分析中将分析单位节约成本对 β^* 的影响。

7　信息分享补偿机制

由以上分析可知，零售商信息分享会损害其收益，这是由零售商无偿提供信息所造成的。本部分旨在建立信息分享补偿机制使得零售商有动机进行信息分享。因为 3 种分散式回收模式下只有制造商回收模式下信息分享使得供应链预期利润增加，所以下面建立制造商回收模式下的信息分享补偿机制。与无信息分享补偿机制相比，信息分享机制下双方利润需满足两个条件：一是零售商预期利润增加，而且大于无信息分享下的预期利润；二是制造商的预期利润不小于无信息分享下的预期利润。在无信息分享补偿机制下，制造商预期利润大大增加，而零售商预期利润减少。在信息分享补偿机制下，针对信息分享对供应链增值 V_S^M 进行重新划分，继而使零售商和制造商均增值。下面将借助于讨价还价模型来建立这一机制，设零售商和制造商所分得的利润分别为 ΔV_R^M 和 ΔV_M^M，这里，ΔV_R^M 相当于制造商向零售商支付的信息分享费用，效用函数分别为 $u_R = (\Delta V_R^M)^{\lambda_R}$ 和 $u_M = (\Delta V_M^M)^{\lambda_M}$，其中 λ_R 和 λ_M 分别为零售商和制造商的风险规避程度，其值越大风险偏好程度越大。

于是纳什讨价还价模型为：

$$\begin{cases} \max\limits_{\Delta V_R^M, \Delta V_M^M} u = u_R u_M = (\Delta V_M^M)^{\lambda_M} \cdot (\Delta V_R^M)^{\lambda_R} \\ \text{s.t. } \Delta V_R^M + \Delta V_M^M = V_S^M, \\ \quad \Delta V_R^M > 0, \ \Delta V_M^M > 0 \end{cases} \tag{28}$$

上式的解为：

$$\Delta V_R^M = \frac{\lambda_R}{\lambda_R + \lambda_M} V_S^M, \ \Delta V_M^M = \frac{\lambda_M}{\lambda_R + \lambda_M} V_S^M$$

这意味着零售商和制造商将共同分享信息分享所创造的价值，其分享比例与其分享规避程度相关。一旦 ΔV_R^M 和 ΔV_M^M 确定下来，那么在信息分享补偿机制下，零售商和制造商的利润分别为 $E(\prod_{RIS}^M) + \Delta V_R^M$ 和 $E(\prod_{MIS}^M) - \Delta V_R^M$。

命题 6 设零售商和制造商风险规避程度相同，即 $\lambda_R = \lambda_M$，那么，当 $\dfrac{b\Delta^2}{4} < k <$

$\left(\dfrac{11 + \sqrt{37}}{14}\right)\dfrac{b\Delta^2}{4}$ 时，信息分享补偿机制下零售商和制造商预期利润分别高于无信息分享

情形下各自的预期利润。

证明 当 $\lambda_R = \lambda_M$ 时，

$\Delta V_R^M = \Delta V_M^M = V_S^M/2$

因为 $V_S^M < V_M^M$，因此

$$E(\textstyle\prod_{MIS}^M) - \Delta V_R^M = E(\textstyle\prod_{MNI}^M) + V_M^M - \Delta V_R^M > E(\textstyle\prod_{MNI}^M) \tag{29}$$

化简处理 $E(\textstyle\prod_{RIS}^M) + \Delta V_R^M$ 后得：

$$E(\textstyle\prod_{RIS}^M) + \Delta V_R^M = \frac{tv(-112k^2 + 44b\Delta^2 k - 3b^2\Delta^4)}{8b(8k - b\Delta^2)} \tag{30}$$

则当 $\dfrac{b\Delta^2}{4} < k < \left(\dfrac{11 + \sqrt{37}}{14}\right)\dfrac{b\Delta^2}{4}$ 时，

$E(\textstyle\prod_{RIS}^M) + \Delta V_R^M > 0$

此命题成立。

此命题说明通过信息补偿机制可以使零售商和制造商利润增加，进而零售商有动机进行信息分享。下面考察信息分享补偿机制对回收模式和信息分享选择的影响。

命题 7 在信息分享补偿机制下，对于零售商和制造商的二人博弈，当 $t > \max\{t_1, t_2\}$ 时，纯战略纳什均衡依然为 $\{R, NI\}$；当 $t < \min\{t_1, t_2\}$，$\varpi < \Delta/2$ 时，存在一个 k^*，使得 $k > k^*$ 时，纯战略纳什均衡为 $\{M, IS\}$。

证明 当 $t > \max\{t_1, t_2\}$ 时，如果制造商选择 R，那么零售商选择 NI；若制造商选择 M，那么零售商选择 IS。如果零售商选择 NI，那么制造商选择 R，若零售商选择 IS，那么制造商选择 R。因此当 $t > \max\{t_1, t_2\}$ 时，纯战略纳什均衡为 $\{R, NI\}$。

当 $t < \min\{t_1, t_2\}$ 时，如果制造商选择 R，那么零售商选择 NI；若制造商依然选择 M，那么零售商依然选择 IS。如果零售商选择 NI，那么制造商选择 M，若零售商选择 IS，那么当 $E(\textstyle\prod_{MIS}^M) - \Delta V_R^M > E(\textstyle\prod_{MIS}^R)$ 时制造商选择 M。将 $E(\textstyle\prod_{MIS}^M) - \Delta V_R^M - E(\textstyle\prod_{MIS}^R)$ 化简得：

$$E(\textstyle\prod_{MIS}^M) - \Delta V_R^M - E(\textstyle\prod_{MIS}^R) = \frac{4bk\Delta(\Delta - 2\varpi)(8k - b\Delta^2)(a_0^2 - bc_m)^2 - H_9(k)}{8b(8k - b\Delta^2)^2(4k - b\varpi\Delta)} \tag{31}$$

其中，

$H_9(k) = 64k^3 - 16\Delta(5b\varpi + b\Delta)k^2 + b^2\Delta^3\varpi(20k - b\Delta^2)$

由此知存在一个 k^*，当 $k > k^*$ 时，$H_9(k) > 0$，同时需要 $\varpi < \Delta/2$。因此当 $t < \min\{t_1, t_2\}$，$\varpi < \Delta/2$，且 $k > k^*$ 时，给定零售商选择 IS，那么制造商选择 M。综上可知此时的纯战略纳什均衡为 $\{M, IS\}$。

在信息分享补偿机制下，若零售商信息预测精度比较高（$t > \max\{t_1, t_2\}$），那么对于制造商而言零售商回收模式将是最佳选择。与无信息分享补偿机制下的均衡相比，信息分

享补偿机制下需要更高的信息预测精度，但零售商没有动力分享预测信息。在一定条件下，如零售商预测信息精度比较低（$t < \min\{t_1, t_2\}$），制造商支付的回收品费用较小（$\varpi < \Delta/2$），且回收成本比较高（$k > k^*$），$\{M, IS\}$ 为纯战略纳什均衡。可以发现，当零售商预测信息精度较高时，信息分享补偿机制对均衡没有影响；而当预测信息精度较低时，信息分享补偿机制会改变博弈的均衡。

8 算例分析

算例分析的目的在于观察回收成本参数（k）对供应链利润的影响，同时比较分析集中回收模式与三种分散式回收模式的利润关系。另外一个目的在于观察单位节约成本对三种分散式回收模式下供应链预期利润的影响。最后分析单位节约成本对制造商选择回收模式的影响。由于无信息分享和信息分享下所得结果类似，因此仅给出了信息分享下参数对供应链利润的影响。

由图 2 和图 3 可以看出，无论是零售商预测信息精度较高还是较低，集中回收模式下供应链利润都是最高的，第三方回收模式下供应链利润均最低，而零售商和制造商回收模式下供应链利润居中，这是由集中回收模式下制造商和零售商能够协同决策所致。值得注意的是，当零售商预测信息精度较高时，如 t = 0.7，零售商回收模式下供应链利润高于制造商回收模式下供应链利润；当零售商预测信息精度较低时，如 t = 0.4，零售商回收模式下供应链利润低于制造商回收模式下供应链利润。因此当零售商预测精度高时适合采用零售商回收模式，而预测精度低时适合采用制造商回收模式。同时还可以发现，一旦回收成本参数 k 比较大时，3 种分散式回收模式下供应链利润非常接近。这表明当回收成本比较大时，无论采用何种回收模式对供应链影响不大。图 4 显示了单位节约成本对供应链利润的影响，单位节约成本越大那么供应链利润也最大。当单位节约成本较小时，零售商回收模式下供应链利润较高；而单位节约成本较高时，制造商回收模式下供应链利润较高。这表明，当回收旧产品更加有利可图时，适合采用制造商回收模式；而回收旧产品所节约成本较低时，适合采用零售商回收模式。图 5 也说明了当回收旧产品所节约成本越高制造商采用制造商回收模式的可能性越大。

9 结 束 语

本文研究了零售商预测信息分享对闭环供应链回收渠道选择的影响。首先，建立了集中回收模式以及无信息分享与信息分享下三种分散式回收模式的闭环供应链模型；其次，

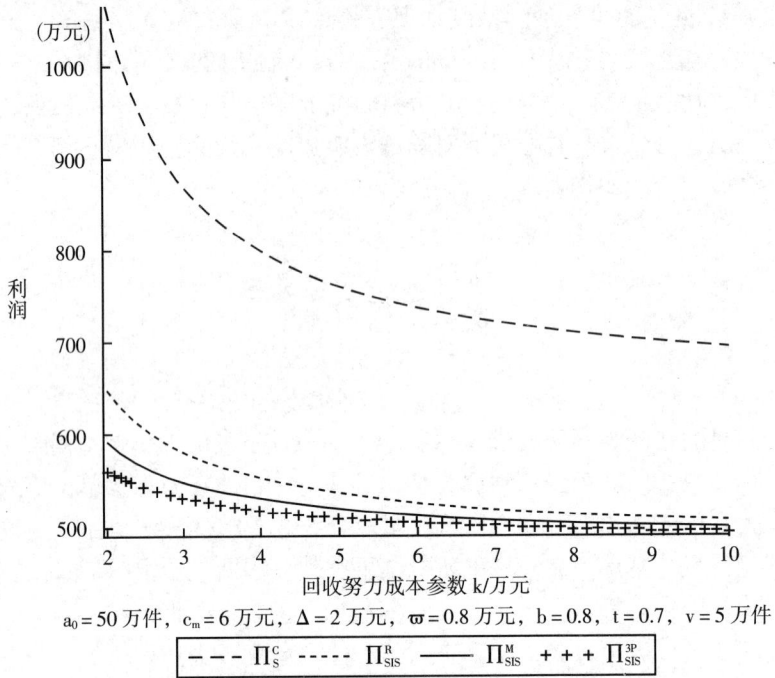

图 2　IS 下预测精度较高时 k 对供应链利润的影响

$a_0 = 50$ 万件，$c_m = 6$ 万元，$\Delta = 2$ 万元，$\varpi = 0.8$ 万元，$b = 0.8$，$t = 0.7$，$v = 5$ 万件

Π_S^C　　Π_{SIS}^R　　Π_{SIS}^M　+ + +　Π_{SIS}^{3P}

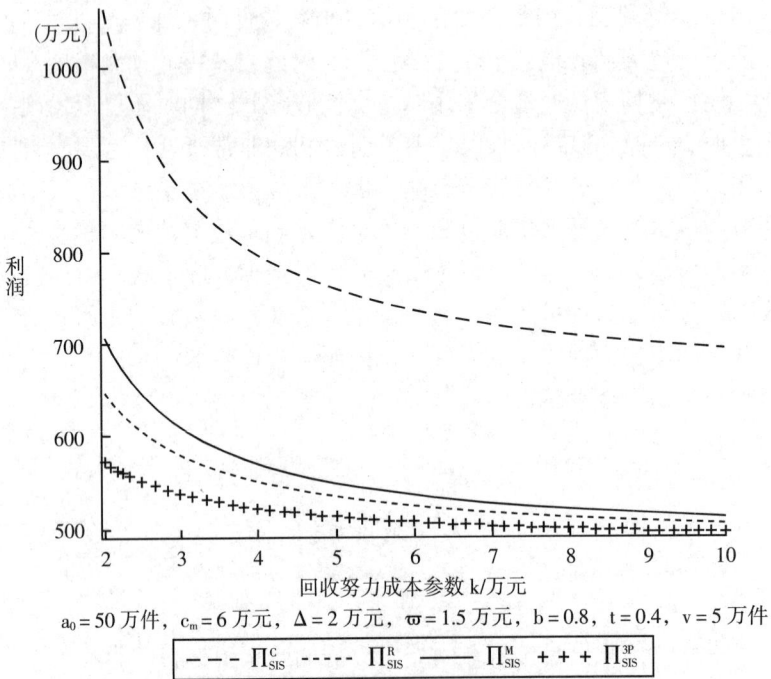

图 3　IS 下预测精度较低时 k 对供应链利润的影响

$a_0 = 50$ 万件，$c_m = 6$ 万元，$\Delta = 2$ 万元，$\varpi = 1.5$ 万元，$b = 0.8$，$t = 0.4$，$v = 5$ 万件

Π_{SIS}^C　　Π_{SIS}^R　　Π_{SIS}^M　+ + +　Π_{SIS}^{3P}

（万元）

利润

$a_0 = 50$ 万件，$c_m = 6$ 万元，$\varpi = 1.5$ 万元，$b = 0.8$，$t = 0.7$，$v = 5$ 万件，$k = 3$ 万元

—— Π_{SIS}^R + + + Π_{SIS}^{3P} - - - - Π_{SIS}^M

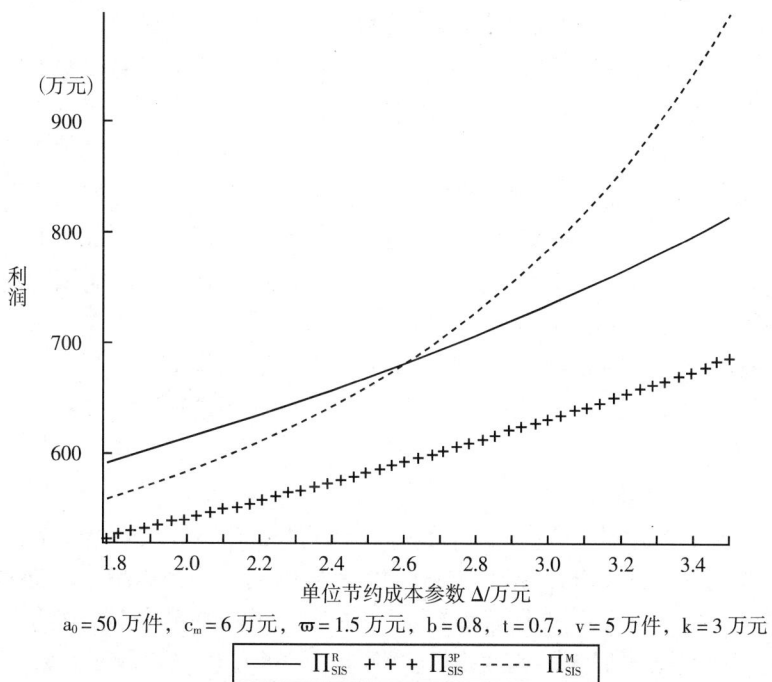

图 4 IS 下 Δ 对三种分散式供应链利润的影响

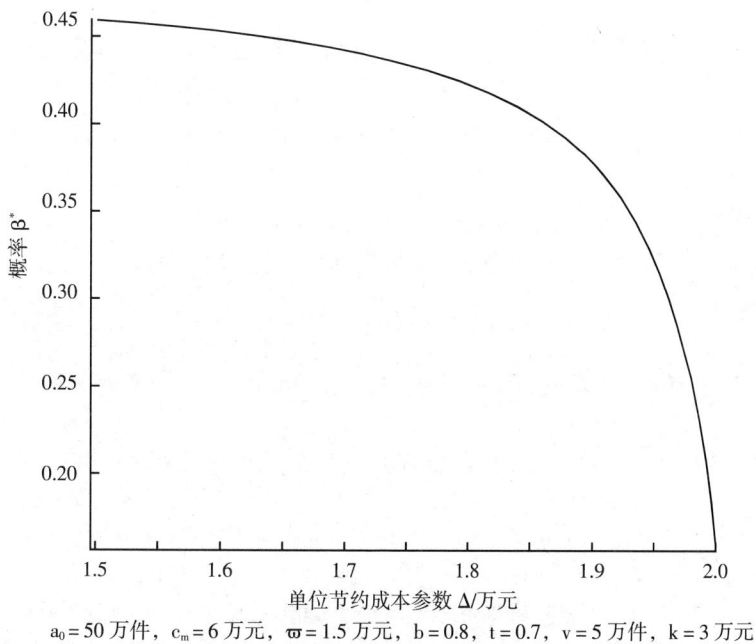

概率 β^*

单位节约成本参数 Δ/万元

$a_0 = 50$ 万件，$c_m = 6$ 万元，$\varpi = 1.5$ 万元，$b = 0.8$，$t = 0.7$，$v = 5$ 万件，$k = 3$ 万元

图 5 Δ 对制造商回收模式选择的影响

考察了信息分享前后零售商、制造商和供应链利润的变化，并比较分析了不同回收模式下零售商、制造商和供应链利润的大小关系；再次，得到了零售商信息分享和制造商回收模式选择的纯战略纳什均衡和混合战略纳什均衡；最后，设计出信息分享补偿机制，并考察了该机制对零售商信息分享和制造商回收模式选择的影响。总结起来得到了如下结论：①零售商没有分享其私有需求预测信息的动机，必须通过补偿机制才能使零售商自愿分享其需求预测信息，虽然信息分享降低了零售商的预期利润，但是却增加了制造商回收模式下供应链的利润。②无信息分享下，比较三种分散式回收模式，当零售商预测信息精度较高时，无论是零售商还是制造商都偏好于零售商回收模式；当预测信息精度较低时，两者都偏好于制造商回收模式，而第三方回收模式下两者的利润均最少。③信息分享下，比较三种分散回收模式，零售商总是偏好于制造商回收模式，而当 $\varpi < \Delta/2$ 时，制造商同样偏好于制造商回收模式，若 $\varpi > \Delta/2$，则制造商偏好于零售商回收模式。④集中回收模式下供应链预期利润最高，而三种分散式回收模式相比，无信息分享下，第三方回收模式下供应链利润最低，而零售商和制造商回收下供应链预期利润的大小与零售商预测信息精度和回收产品价格相关。⑤在无信息分享补偿机制下，零售商的均衡策略为不分享信息，而制造商的均衡策略为零售商回收模式或制造商回收模式，并存在混合策略纳什均衡，此时制造商选择两种回收策略的概率与回收旧产品所能节约的单位成本相关。⑥在信息分享补偿机制下，当零售商预测精度充分大时，零售商依然选择不分享信息，而制造商选择零售商回收模式；若预测精度比较小，那么零售商选择信息分享，同时制造商选择制造商回收模式。

可从以下几个方面进行后续研究：①仅考虑了零售商单方面的预测信息分享，研究零售商和制造商双向的预测信息分享对供应链回收渠道模式的影响；②考虑零售商竞争下信息分享对供应链回收模式的影响；③考虑非线性的需求函数可能会有一些与众不同的结果；④本文将回收再制造作为成本节约的一种方式，没有考虑新产品和再制造产品之间的差异，因而，当新产品与再制造产品存在差异时，考察预测信息分享对回收再制造渠道选择将是有意义的研究问题，研究方法可以参考文献 [23，24]。

参考文献

[1] 黄祖庆，达庆利. 直线型再制造供应链决策结构的效率分析 [J]. 管理科学学报，2006，9（4）：51-57.

[2] 黄祖庆，易荣华，达庆利. 第三方负责回收的再制造闭环供应链决策结构的效率分析 [J]. 中国管理科学，2008，16（3）：73-77.

[3] Fleisehmann M., Bloemhof-Ruwaard J. M., Dekker R., et al. Quantitative models for reverse logistics：A review [J]. European Journal of Operational Research，1997，103（1）：1-17.

[4] 达庆利，黄祖庆，张钦. 逆向物流系统结构研究的现状及展望 [J]. 中国管理科学，2004，12（1）：1-17.

[5] Guide J., Wassenhove L.. The reverse supply chain [J]. Harvard Business Review，2002，80（2）：25-26.

［6］Blackburn J. D., Guide J., Souza G. C., et al. Reverse supply chain for commercial return［J］. California Management Review, 2004, 46（2）: 6-22.

［7］Guide J., Jayaramanb V., Lintonc J. D.. Building contingency planning for closed-loop supply chains with product recovery［J］. Journal of Operations Management, 2003, 21（3）: 259-279.

［8］Nunen V. J., Zuidwijk R. A.. E-enabled closed-loop supply chains［J］. California Management Review, 2004, 46（2）: 40-54.

［9］Sehultmann F., Zumkeller M., Rentz O.. Modeling reverse logistic tasks within closed-loop supply chains: An example from the automotive industry［J］. European Journal of Operational Research, 2006, 171（3）: 1033-1050.

［10］Savaskan R. C., Bhattacharya S., Wassenhove L. N.. Closed-loop supply chain models with product remanufacturing［J］. Management Science, 2004, 50（2）: 239-252.

［11］Savaskan R. C., Wassenhove L. N.. Reverse channel design: The case of competing retailers［J］. Management Science, 2006, 52（1）: 1-14.

［12］易余胤. 具竞争零售商的再制造闭环供应链模型研究［J］. 管理科学学报, 2009, 12（6）: 45-55.

［13］魏洁, 李军. EPR下的逆向物流回收模式选择研究［J］. 中国管理科学, 2005, 13（6）: 18-22.

［14］顾巧论, 高铁杠, 石连栓. 基于博弈论的逆向供应链定价策略分析［J］. 系统工程理论与实践, 2005, 25（3）: 20-25.

［15］王玉燕, 李帮义, 申亮. 供应链、逆向供应链系统的定价策略模型［J］. 中国管理科学, 2006, 14（4）: 40-45.

［16］艾兴政, 唐小我, 马永开. 传统渠道与电子渠道预测信息分享的绩效研究［J］. 管理科学学报, 2008, 11（1）: 12-21.

［17］Li L.. Information sharing in a supply chain with horizontal competition［J］. Management Science, 2002, 48（9）: 1196-1212.

［18］陶文源, 寇纪淞, 李敏强. 信息共享对供应链影响［J］. 系统工程学报, 2002, 17（6）: 486-561.

［19］申悦, 于瑞峰, 吴甦等. 零售商Bertrand竞争下供应链成本信息共享价值［J］. 清华大学学报, 2005, 45（11）: 1581-1584.

［20］Yao D., Yue X., Wang X., et al. The impact of information sharing on a return policy with the addition of a direct channel［J］. International Journal of Production Economics, 2005, 97（2）: 196-209.

［21］Yue X., Liu J.. Demand forecast sharing in a dual-channel supply chain［J］. European Journal of Operational Research, 2006, 174（1）: 646-667.

［22］Yao D., Yue X., Liu J.. Vertical cost information sharing in a supply chain with value adding retailers［J］. Omega, 2008, 36（5）: 838-851.

［23］Ferrer G., Swaminathan J. M.. Managing new and remanufactured products［J］. Management Science, 2006, 52（1）: 15-26.

［24］Atasu A., Sarvary M., Van Wassenhove L. N.. Remanufacturing as a marketing strategy［J］. Management Science, 2008, 54（10）: 1731-1746.

Effects of Retailer Information Sharing on Collecting Modes of Closed-loop Supply Chain

Nie Jiajia

Abstract：This research studies the effects of information sharing on the choices of collecting modes by one manufacturer. In a centralized collecting mode，one supply chain model is developed with information sharing，and three decentralized collecting models（the retailer, manufacturer and third party collecting models）are developed without information sharing and with information sharing respectively. The results show that：①Forecasting information sharing would damage the retailer's profit，but the profit of the supply chain with information sharing is higher than without information sharing in the manufacturer collecting mode；②A mechanism of information sharing which compensates the retailer is developed to motivate the retailer to share his information with the manufacturer；③The forecast information accuracy and the price of used products have much effect on information sharing strategies of the retailer and the choices of the collecting modes for the manufacturer.

Key words：Closed-loop Supply Chain；Remanufacturing；Information Sharing；Collecting Mode；Forecast Accuracy

附录 A

附表 1   无信息分享下三种回收模型的最优解和最优利润

最优值	模型 R	模型 M	模型 3P
零售价格	$\dfrac{(2k - b\varpi^2)A + 2bk\omega_{NI}^R}{b(4k - b\varpi^2)}$	$\dfrac{b\omega_{NI}^M + A}{2b}$	$\dfrac{b\omega_{NI}^{3P} + A}{2b}$
批发价格	$\dfrac{bc_m(4k - b\varpi^2) + a_0(4k + b\varpi^2 - 2b\Delta\varpi)}{2b(4k - b\Delta\varpi)}$	$\dfrac{4bkc_m + a_0(4k - b\Delta^2)}{b(8k - b\Delta^2)}$	$\dfrac{2bkc_m + a_0(2k - b\Delta\varpi + b\varpi^2)}{b(4k - b\Delta\varpi + b\varpi^2)}$
回收比例	$\dfrac{\varpi(a_0 - t(a_0 - f) - b\omega_{NI}^R)}{4k - b\varpi^2}$	$\dfrac{\Delta(a_0 - bc_m)}{8k - b\Delta^2}$	$\dfrac{\varpi(a_0 - b\omega_{NI}^{3P})}{4k}$
零售商利润	$\dfrac{ktv}{b(4k - b\varpi^2)} + \dfrac{k(4k - b\varpi^2)(a_0 - bc_m)^2}{4b(4k - b\Delta\varpi)}$	$\dfrac{tv}{4b} + \dfrac{4k^2(a_0 - bc_m)^2}{b(8k - b\Delta^2)^2}$	$\dfrac{tv}{4b} + \dfrac{k^2(a_0 - bc_m)^2}{b(4k - b\Delta\varpi + b\varpi^2)^2}$
制造商利润	$\dfrac{2\varpi ktv(\Delta - \varpi)}{(4k - b\varpi^2)^2} + \dfrac{k(a_0 - bc_m)^2}{2b(4k - b\Delta\varpi)}$	$\dfrac{k(a_0 - bc_m)^2}{b(8k - b\Delta^2)^2}$	$\dfrac{k(a_0 - bc_m)^2}{2b(4k - b\Delta\varpi + b\varpi^2)}$
第三方利润	N/A	N/A	$\dfrac{k\varpi^2(a_0 - bc_m)^2}{4(4k - b\Delta\varpi + b\varpi^2)^2}$

注：$A = (1 - t)a_0 + tf$。

附表 2   信息分享下三种回收模型的最优解和最优利润

最优值	模型 R	模型 M	模型 3P
零售价格	$\dfrac{(2k - b\varpi^2)A + 2bk\omega_{IS}^R}{b(4k - b\varpi^2)}$	$\dfrac{b\omega_{IS}^M + A}{2b}$	$\dfrac{b\omega_{IS}^{3P} + A}{2b}$
批发价格	$\dfrac{bc_m(4k - b\varpi^2) + (4k + b\varpi^2 - 2b\Delta\varpi)A}{2b(4k - b\Delta\varpi)}$	$\dfrac{4bkc_m + A(4k - b\Delta^2)}{b(8k - b\Delta^2)}$	$\dfrac{2bkc_m + A(2k - b\Delta\varpi + b\varpi^2)}{b(4k - b\Delta\varpi + b\varpi^2)}$
回收比例	$\dfrac{\varpi(A - b\omega_{IS}^R)}{4k - b\varpi^2}$	$\dfrac{\Delta(A - bc_m)}{8k - b\Delta^2}$	$\dfrac{\varpi(A - b\omega_{NI}^{3P})}{4k}$
零售商利润	$\dfrac{k(4k - b\varpi^2)((a_0 - bc_m)^2 + tv)}{4b(4k - b\Delta\varpi)^2}$	$\dfrac{4k^2((a_0 - bc_m)^2 + tv)}{b(8k - b\Delta^2)^2}$	$\dfrac{k^2((a_0 - bc_m)^2 + tv)}{b(4k - b\Delta\varpi + b\varpi^2)^2}$
制造商利润	$\dfrac{k((a_0 - bc_m)^2 + tv)}{2b(4k - b\Delta\varpi)}$	$\dfrac{k((a_0 - bc_m)^2 + tv)}{b(8k - b\Delta^2)}$	$\dfrac{k((a_0 - bc_m)^2 + tv)}{2b(4k - b\Delta\varpi + b\varpi^2)}$
第三方利润	N/A	N/A	$\dfrac{k\varpi^2((a_0 - bc_m)^2 + tv)}{4(4k - b\Delta\varpi + b\varpi^2)^2}$

注：$A = (1 - t)a_0 + tf$。

三种回收模型的最优解和最优利润

附录 B

模型 R 的推导过程

在零售商负责回收模式下，零售商负责销售并进行回收，然后将回收品交付制造商进行再制造。决策顺序为制造商制定批发价格，然后由零售商选择零售价格和回收比例。采用逆向归纳法求解。由于零售商具有将信息与制造商分享与否的权利，因此，将分两种情况对模型进行求解：无信息分享情形和零售商信息分享情形。

无信息分享情形

若零售商的需求预测信息不与制造商分享，那么零售商将根据市场信息及其预测信息进行决策，而制造商仅能依据市场信息进行决策。零售商的预期利润决策模型为：

$$\max_{p,\tau} E\left(\prod_{RNI}^{R}\Big|f\right) = E\left((p - \omega + \varpi\tau)(a - bp) - k\tau^2\Big|f\right) \tag{B1}$$

零售商的价格和回收比例决策分别为：

$$p_{NI}^{R}(\omega) = \frac{(2k - b\varpi^2)((1-t)a_0 + tf) + 2bk\omega}{b(4k - b\varpi^2)}, \quad \tau_{NI}^{R}(\omega) = \frac{\varpi(a_0 - t(a_0 - f) - b\omega)}{4k - b\varpi^2} \tag{B2}$$

制造商对零售商价格和回收比例的预期分别为：

$$E(p_{NI}^{R}(\omega)) = \frac{a_0(2k - b\varpi^2) + 2bk\omega}{b(4k - b\varpi^2)}, \quad E(\tau_{NI}^{R}(\omega)) = \frac{\varpi(a_0 - b\omega)}{4k - b\varpi^2} \tag{B3}$$

由于零售商没有分享其预测信息，因此制造商预期期望利润决策模型为：

$$\max_{\omega} E\left(\prod_{MNI}^{R}\right) = E\left((\omega - c_m + (\Delta - \varpi)\tau)(a - bp)\right) \tag{B4}$$

于是得到贝叶斯均衡的批发价格表达式为：

$$\omega_{NI}^{R} = \frac{bc_m(4k - b\varpi^2) + a_0(4k + b\varpi^2 - 2b\Delta\varpi)}{2b(4k - b\Delta\varpi)} \tag{B5}$$

相应地，贝叶斯均衡的零售价格和回收比例分别为：

$$p_{NI}^{R} = \frac{(2k - b\varpi^2)((1-t)a_0 + tf) + 2bk\omega_{NI}^{R}}{b(4k - b\varpi^2)}, \quad \tau_{NI}^{R} = \frac{\varpi(a_0 - t(a_0 - f) - b\omega_{NI}^{R})}{4k - b\varpi^2} \tag{B6}$$

基于期望值规则，得到零售商与制造商的无条件预期利润分别为：

$$\begin{cases} E\left(\prod_{RNI}^{R}\right) = \dfrac{ktv}{b(4k - b\varpi^2)} + \dfrac{k(4k - b\varpi^2)(a_0 - bc_m)^2}{4b(4k - b\Delta\varpi)^2} \\[3mm] E\left(\prod_{MNI}^{R}\right) = \dfrac{2\varpi ktv(\Delta - \varpi)}{(4k - b\varpi^2)^2} + \dfrac{k(a_0 - bc_m)^2}{2b(4k - b\Delta\varpi)} \end{cases} \tag{B7}$$

可以发现，无信息分享下，零售商和制造商的利润是随预测信息精度的提高而增加。

信息分享情形

若零售商的需求预测信息与制造商分享，制造商将根据市场信息及零售商的预测信息进行决策。零售商的决策与无信息分享下相同，如式（B1）所示。制造商对零售价格和回收比例的预期与零售商决策相同，此时制造商预期利润决策模型为：

$$\max_{\omega} E\left(\prod_{MIS}^{R}\Big|f\right) = E\left((\omega - c_m + (\Delta - \varpi)\tau)(a - bp)\Big|f\right) \tag{B8}$$

于是得到信息分享下贝叶斯均衡的批发价格为：

$$\omega_{IS}^{R} = \frac{bc_m(4k - b\varpi^2) + (4k + b\varpi^2 - 2b\Delta\varpi)(a_0 - t(a_0 - f))}{2b(4k - b\Delta\varpi)} \tag{B9}$$

零售商最优的零售价格和回收比例分别为：

$$p_{IS}^{R} = \frac{(2k - b\varpi^2)((1-t)a_0 + tf) + 2bk\omega_{IS}^{R}}{b(4k - b\varpi^2)}, \quad \tau_{IS}^{R} = \frac{\varpi(a_0 - t(a_0 - f) - b\omega_{IS}^{R})}{4k - b\varpi^2} \tag{B10}$$

零售商与制造商的无条件预期利润分别为：

$$E\left(\prod_{RIS}^{R}\right) = \frac{k(4k - b\varpi^2)((a_0 - bc_m)^2 + tv)}{4b(4k - b\Delta\varpi)^2}, \quad E\left(\prod_{MIS}^{R}\right) = \frac{k((a_0 - bc_m)^2 + tv)}{2b(4k - b\Delta\varpi)} \tag{B11}$$

信息可视化领域研究热点及演化特征的可视化分析 *

钱　力

【摘　要】基于文献计量学—引文分析方法，利用 CiteSpaceII 工具，对从 Web of Science 数据库中的三个子库（SCI-EXPANDED，SSCI，CPCI-S）中下载的 1991~2012 年的"信息可视化主题"的 14890 篇文献，绘制科技文献共被引网络结构分布图，从研究热点、知识结构演化、共被引网络关键节点三个角度来发现研究热点、跟踪演进历程、探测演进前沿以及掌握本领域相关知识基础，最后结合整个分析结果，对未来的发展进行展望。

【关键词】信息可视化；CiteSpaceII；文献计量；知识结构

0　引言

信息可视化领域作为一个交叉融合的学科，以一种视觉的形式来表示数据、信息和知识的过程，借助计算机图形学规则及相关计算算法，绘制成视觉图形，使得复杂的数据、信息和知识易读、易懂，从而使得人们对数据、信息及知识的内容、结构和内在规律得以更加全面的了解与掌握。到目前为止，信息可视化可以说对生物信息学领域的创新与发展，已经产生了重要影响，其作为一种知识发现的工具与方法，贯穿于整个研究过程，从数据的获取、清洗，到分析算法的设计实现，再到最终知识发现的一个专业平台，在生物信息新成分的发现、新组合的创新等方面已经取得的很大的成功，如 Cytoscape [1] 信息可视化分析平台，以插件开发的机制创建一个供整个生物信息学领域知识发现与创新的有力工具。当前在知识创新发展的关键转型阶段，如何利用信息可视化实现知识创造，也是我们图情行业所关注的一个热点问题，同时也是本文分析研究的目的所在。

---

* 作者：钱力（1981—），男，博士研究生，研究方向为信息可视化、智能信息处理及数据挖掘。
本文引自《情报杂志》2013 年第 6 期。

本文拟基于文献计量学方法，运用 CiteSpaceII 工具，对来自 Web of Science 数据库中信息可视化领域的相关文献从研究热点、知识结构演化及知识基础等角度进行可视化分析，以期为信息可视化领域的研究工作提供参考。

1　数据来源与分析方法

1.1　数据来源

本文所分析的文献数据来源于 Web of Science 数据库中的三个子库（SCI-EXPANDED，SSCI，CPCI-S），检索式为"主题"+"数据库"+"时间"，其中检索主题为"information visualization"，时间为 1991~2012 年，共检索出 14890 条论文记录。

1.2　分析方法

相关研究人员提出多种对科技文献领域的研究热点与前沿进行分析与探测的方法与思路。如张国海在分析信息可视化领域的发展脉络与研究热点中，使用 HistCite 软件绘制引文编年图，来揭示发展历程与引文规律，通过关键词共发现研究热点与发展趋势；周金侠在分析信息可视化领域发展的概况中，使用 CiteSpace 探测知识前沿与知识基础之间的关系，从关键节点与热点进行可视化分析；Yasar Tontar 等利用 CiteSpace 工具绘制 Epublishing 领域在 1979~2009 年度发表的 493 篇文献共被引网络，来分析每个阶段的结构图，发现结构之间的关键节点；陈超美博士开发出科学图谱及知识可视化软件 CiteSpaceII [2]，采用谱聚类的方法对共被引网络进行聚类，通过 TF*IDF、Log-like Lihood Ratio（LLR）、Mutual Information（MI）三种抽词排序法则从引文的标题或者文摘中抽取名词短语，作为共被引聚类的标识，通过 Modularity Q 指标和 Silhouette 指标对聚类结果和抽词结果进行计量，以选取最合适的结果 [3]。

2　信息可视化领域研究热点分析

研究热点反映了一个领域内受到各位专家、研究人员广泛关注、深入探讨分析、有效进行应用的研究主题。论文在利用 CiteSpaceII 进行研究热点分析过程中，通过从施引文献中的标题（title）中进行抽取，进行主题聚类。采用 LLR（Log Likelihood Ratio 对数似然比）法则对抽取的名词短语进行聚类，共产生 48 个聚类，构建的共被引网络结构如图 1 所示。本文选取聚类内文章数大于 2 篇，同时对相同聚类标签进行合并，共得到信息可视化领域 27 个聚类，即形成此领域 27 个研究热点，如表 1 所示。

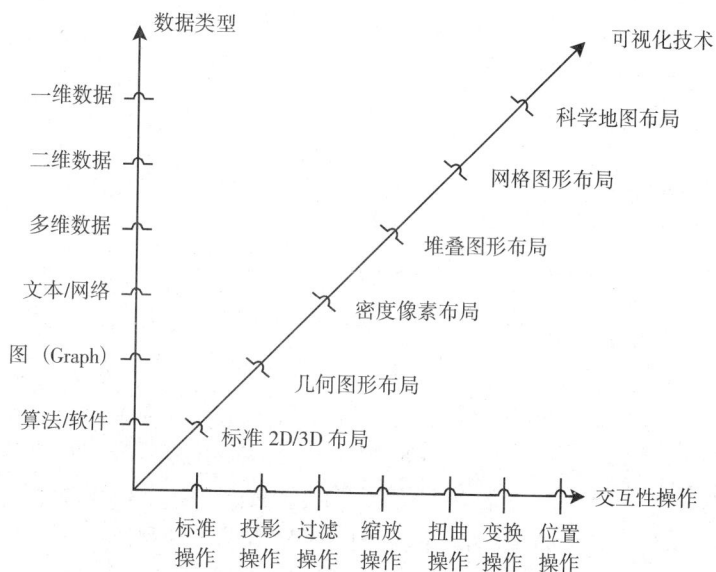

图 1 可视化模式相关技术分析总结

表 1 信息可视化研究领域热点聚类标识

标签号	标签名称	包含引文数
32	Designing parallel system 设计平行系统	65
15	Digital forensics information visualization 数字取证信息可视化	14
17	Procession 过程	13
29	Computer-system 计算机系统	10
30	Users need 用户需求	7
13	GIS 地理信息系统	9
12	Interactive map 交互性地图	6
10	Flow Velocity-measurement 流速测量	6
23、18	Digital library 数字图书馆	8
28	Multivariate data 多元数据	7
21	Graph 绘图	6
26	Virtual reality environment 虚拟现实	4
25	Spatio-temporal information 空间信息	3
24	3d geo-information system 三维地理信息系统	3
14	Gesture analysis 姿态分析	5
19	Using rewriting system 使用重写系统	4
16	Taxonomy 分类	4
3	3D structure data 三维结构数据	7
7	Integrated prolog programming environment 集成开发环境	13
43	Contranst echocardiography 心电图造影	5

续表

标签号	标签名称	包含引文数
42	Unified data model 统一数据模型	5
36	Cell-nucleus structure 细胞核结构	4
35	Mr-angiography 主动脉造影	5
34	Carotid bifurcation 颈动脉造影	9
22	Chemical information management 化学信息管理	3
9	Magnetic-resonance knee arthrography 磁共振	21
2	Intracranial lesion 颅内病变	8

本文作者进一步对各个研究热点涉及的科技文献进行深度阅读分析，总结分析信息可视化应用涉及了一些影响生产、生活的重要领域，如医疗[4]、环境卫生监测[23]、工程管理[20]、地理信息系统[24]、数字图书馆[5]等，当然还有其他文献中谈及这些及其他领域的应用问题。同时作者基于上述聚类涉及的文献，从信息可视化技术方法及模式创新进行总结，如图1与图2所示，下面主要从信息可视化在数字图书馆、知识分类、虚拟现实环境、多元与多维数据处理、过程处理和时空信息开发利用6个主题的应用进行简要综述。

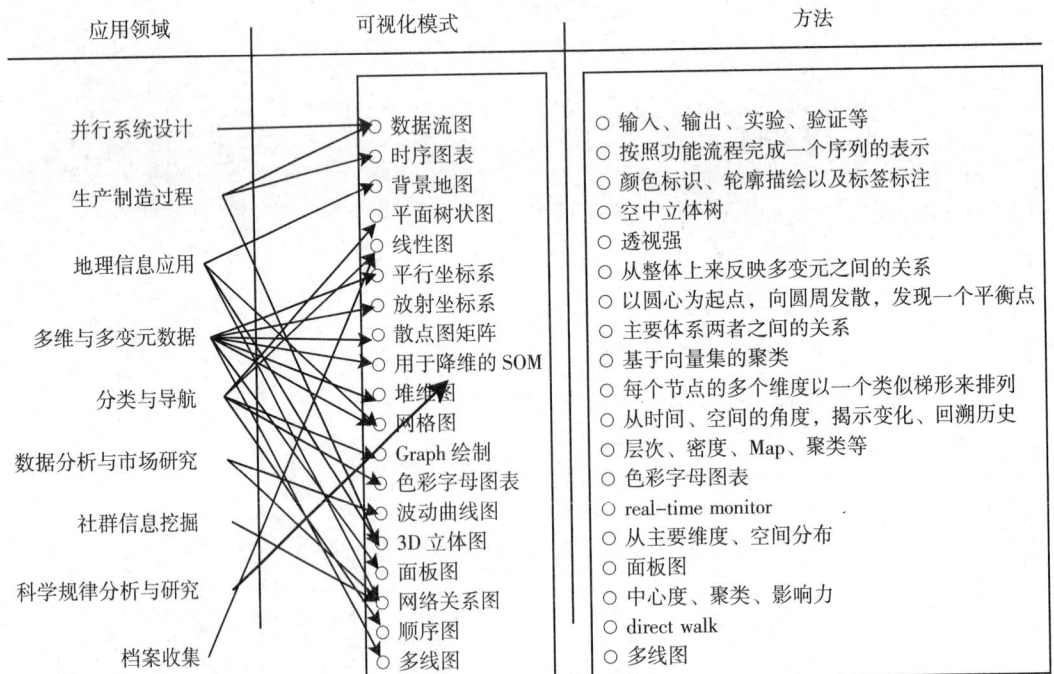

图2 信息可视化应用领域分析总结

2.1 数字图书馆——基于可视化思想创建数字图书馆用户场景

伴随着现代信息技术的飞速发展，信息服务模式也不断创新发展，文献［6］考虑到可视化技术应用和 e-Learning 在当前数字图书馆建设中的缺乏，提出并设计一个可视化知识获取和知识创新原型系统，运用可视化布局和地图实现了一个完整的知识链，即从信息抽取、知识获取、知识结构化、知识创新到知识保存。数字图书馆架构随着信息技术的发展而不断持续升级，文献［5］提出了 DelosDLMS 下一代数字图书馆管理系统的原型系统，集成多种数字图书馆服务，其中包含文本、音视频检索，将服务场景可视化，同时结合协作创新的理念，来创造、共享知识。面对数字图书馆中海量数据，为了帮助用户快速获取信息，文献［7］提出了以聚类的方式将信息进行可视化，主要通过聚类方法创造主题，同时以图形化方式进行揭示。而在信息检索系统中，如 carrot、国科图的可视化跨库检索等平台，都采用了可视化检索的服务模式，帮助用户理解检索信息。另外，文献［8］与文献［9］代表着数字图书馆领域多媒体可视化表示的成功案例，以虚拟现实空间和 3D 可视化空间实现对传统数字图书馆的创新。

2.2 知识分类——实现知识可视化组织、表示和交互

信息的复杂性与多样性，特别面对海量的数据，很容易造成干扰，知识分类以可视化进行管理，一定程度上解决了日益增长的数据海洋中"点点浪花"的合理有效揭示。文献［10］从知识分类支持认知和感性需求角度，将可视化作为一种决策支持研究工具，从知识组织、表示和人机交互等方面，融合文字模式，增强了人们认知、掌握知识的能力。文献［11］将知识分类的可视化应用到报刊商业的数据挖掘中，希望从大规模数据集中发现潜在的有价值信息，这一方向一定程度上促成了当前发展热门的 BI 行业，为商业风险的预测、预警提供了新的思路与方法。文献［12］在处理异构、多样的海量数据方面，也基于知识分类的可视化，实现有效组织、获取和管理数据、信息、知识和经验方法等有价值的信息，特别当前及未来我们要面对的大规模 RDF 语义知识数据，使用分类、层次结构的手段，对术语、概念、类、关系及实体进行科学管理。

2.3 虚拟现实环境——创建虚拟现实工作环境

数据信息的异地性、研究人员的分散性以及研究任务时间的及时性等特性，已有的信息服务模式、科学研究工作环境已经受到了很大的限制，文献［13］利用现代信息技术，基于互动分布式环境的传感器架构，通过传感器和计算机网络创建现实世界中的虚拟网络，将现实世界中分布在每个角落的工作节点加入到虚拟网络中，利用传感器采集虚拟现实中的每个节点的数据信息，然后再分发到各个分散的物理环境中，从而完成用户在整个虚拟现实空间中进行实时协同工作。文献［14］所研究的项目也是虚拟现实环境（VRE），通过提供身份认证和权限管理、数据仓库、项目规划、合作和交流工具等核心服务，为开展跨学科、跨机构、跨国界的协作科研过程提供视觉场景；同时充分利用信息技术，如借

鉴 Web 3.0 的理念，实现图书馆在 VRE 中发挥重要作用，帮助实现数据和资源管理、用户阅读场景保存与回忆。

2.4 多维与多元数据处理——以技术算法为突破口实现数据降维

随着数据携带的知识信息越来越多，维度也随着增加，原有一维、二维的分析方法无法满足科学研究的需要。文献 [15] 提出使用可视化工具来掌握科学、工程和商业领域中丰富的多维信息，首先分析了"星坐标可视化算法"存在的信息丢失、可视化效果差及手工参与过多等缺陷，进而提出"ASC 高级星坐标可视化算法"，利用直径作为维度轴，以降维的思想来处理多维信息，从而达到可视化结果清晰、有效揭示的效果，增强了理解、视觉认知能力。文献 [16] 提出依靠颜色混合编码来表示可视化的策略，增强了数据信息携带能力，文献 [17] 和文献 [18] 分别从正多边形和多元曲线的算法设计的角度实现了多维数据的可视化展示，这些都为目前可视化揭示算法设计的思想与发展提供了足够的推动力。文献 [19] 基于大规模数据无法全部显示在固定大小的屏幕中、太多维度无法全部可视化表示以及原有可视化探索的模式过于单一等缺陷，提出了引导分析系统（nugget management system），将人的理解与机器计算直接交互融合，形成一种可视化探索的过程。虽然这种"引导性的可视化探索"的模式研究比较困难，但是其代表着信息可视化发展革新的一种思路。

2.5 过程处理——实现过程处理的可视化保存与管理

过程处理的可视化，能够有效帮助回顾与理解每个操作过程的操作场景，无论对于科学研究还是对于工程建设，可以有效做到过程跟踪与分析，保障了整个过程数据的可视化保存。文献 [20] 从工程建造的角度，使用 3D 智能信息可视化支持客户对生产过程的认识与理解。其中，可视化模式在有效揭示数据信息方面占据主要角色，增强人的视觉。文献 [20] 采用三维可视化方式，以立体式探索对过程处理进行可视化揭示，达到对数据过程处理揭示的更真实、更全面。此研究另外一个特点是，从原有的物理建设场景可以迅速转移到多个场景应用，特别在科研信息环境的建设中，很多科研人员迫切看到他们自己、团队参与研究的每一个过程，同时揭示每个过程取得的科研成果如何利用与再利用。文献 [21] 为了处理分布式的地理空间信息数据，通过发布 Web Service 服务，按照规则定制科学实验的工作流机制，来实现数据信息的整个过程的可视化揭示。

2.6 时空信息开发与利用——以地理信息系统为平台开展多个方面的应用

时空信息作为一个信息可视化的研究热点，已经惠及我们的每一个民众，当我们寻找道路、建筑物等位置信息时，Google 地图、百度地图等可视化服务为我们提供了理想的解决方案，而且可视化的揭示方式实现了让"地图说话"。此聚类中文献 [22—24] 中提到公共卫生组织、环境监测管理等政府机构从疾病预防与治疗、自然灾情的预防与补救、环境状态的动态监测等与民众戚戚相关的领域，通过时空信息图形化表示，使决策效应迅速得到体现。文献 ［21］在面对当前的多学科、多领域、分散性的科研信息环境，美国多个重要科研机构利用"时空信息"一方面加强它们各自之间的协作科研能力，另一方面增强各个科研机构的引用链接关系可视化揭示，从而发现重要信息源、信息消费者及其他信息。

3 信息可视化领域知识结构演化

学科领域知识结构在不同的发展演化阶段，所研究主题会发生融合、扩散、新生或消失等特征，本文以每 5 年（起始年为 1991~2012 年）为一个固定时间窗来分析各个时间段内的主题结构，即所分析文献先根据时间进行离散分布，然后依次处理每个时间窗上的文献集合，描绘出各个时间窗上的主题结构，从而形成一个时间序列的主题结构演化趋势，对于预测该领域研究主题的潜在发展趋势、探测该领域存在的可能研究主题具有重要意义。

从图 3 主题结构演化图可以看出，第一个 5 年形成多个主题相对分离的研究结构，开展信息可视化在各个主题应用尝试；第二个 5 年伴随着信息技术的迅速发展，主题结构之间的联系逐渐紧密；第三个 5 年的主题结构相对集中，是一个稳定发展的时期；第四个 5

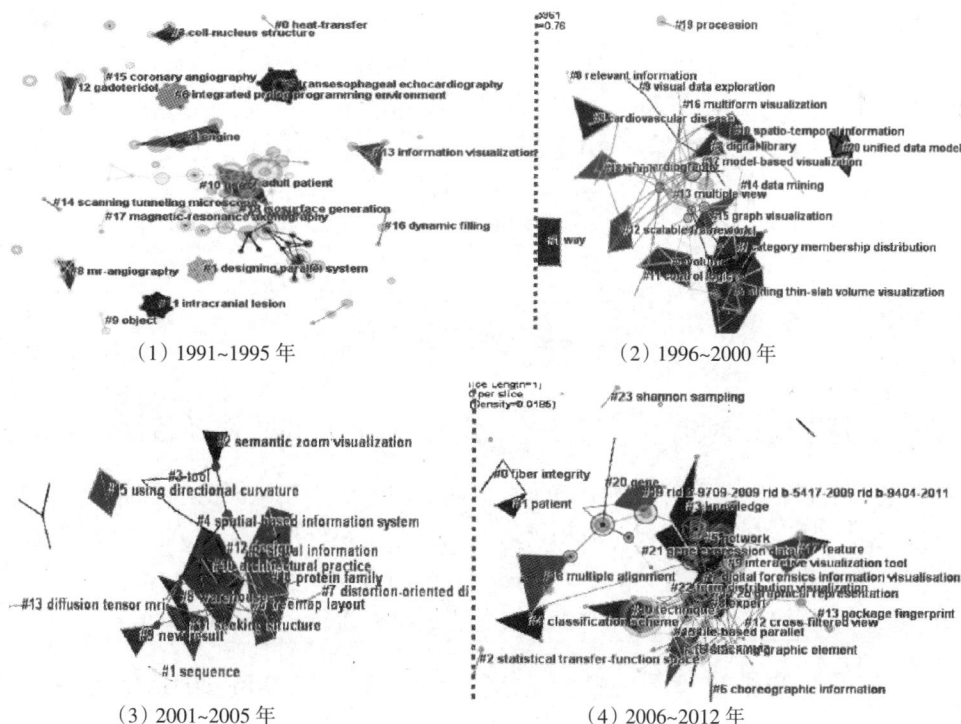

（1）1991~1995 年 （2）1996~2000 年

（3）2001~2005 年 （4）2006~2012 年

图 3 知识结构演化示意

年不仅主题扩散相对较快，而且相互之间的联系也非常紧密，具体分析如下。

3.1 多个信息可视化主题逐步形成（1991~1995 年阶段）

以并行系统设计、集成开发环境、信息可视化、医疗等几个领域形成了相对集中的知识结构，探讨利用视觉分析方法，提升逻辑视觉效果，帮助工作人员发现、解决问题，特别在医疗领域，已普遍可以使用，如蛋白质、细胞结构分析、生理机能病变的可视化揭示，直到目前，仍然是有效揭示事物本质的重要方式。

3.2 信息技术推动主题结构扩散、关联强度增加（1995~2000 年阶段）

随着 20 世纪末期信息技术的迅速发展，海量数据涌现，人们分析数据在一定程度上遇到了困难。在此阶段，以 GIS、时空信息处理、数据处理模型、绘图、基于网络的信息可视化以及开始用于导航的检索结果的可视化等多个研究领域，对分析处理涌现的海量数据形成了新的知识结构，特别是地理信息系统，在用于区域病毒、疾病的预防与监测、环境污染与监测，绘制科学地图，创建机构以及城市相互之间的关系网络等生活及科研领域受到了科研领域的关注与深入研究；而且在上个时间段中生物医疗领域有了更深入的扩展，利用可视化的方式形象揭示出各种物质之间相互作用的动力学特征。

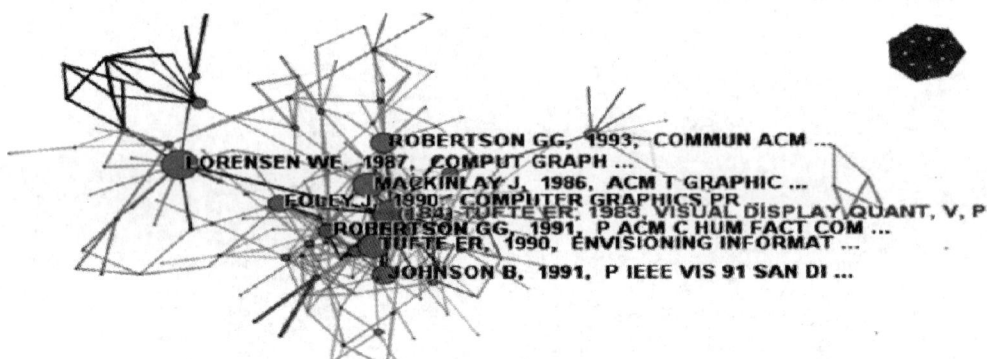

图 4　共被引网络关键节点布局

3.3 主题结构相对集中，研究重点突出（2001~2005 年阶段）

数据电子化的强度在不断加强，海量数据涌现的同时，在数据的异构性、多维度性的特点日益突出，从原有的在可视化应用领域的创新逐步在可视化揭示方式、方法上进行演化，特别在多元数据、多维数据的处理方法上，利用自组织、结构层次、平行坐标图、地图等方法进行从数据降维，以地理空间或其他方式有效进行揭示。

3.4 主题结构扩散与新生并存，交叉融汇增多（2006~2012 年阶段）

在 3D 地理信息、信息可视化的交互性、导航以及多维度数据处理等领域从用户体验等角度进行了扩展，知识结构之间的交叉融汇逐步增多，同时以知识本体为代表的知识可视化，形成一个新的结构开始显现出来，在知识标引、关系、路径、家族等方面逐步成为研究热点，为未来提供语义网知识发现服务打下根基。

4 关键节点分析

本文定义关键节点为共被引网络中点中心度（CiteSpace 中定义指标）比较高，整个网络结构中占据重要的位置，连接着两个以上聚类群组并且具有中介作用的节点。关键节点在整个网络中所起的桥梁作用很大，从知识理论的角度分析，关键节点文献通常是在该领域中提出重大理论或者是创新理念的文献，形成一个领域发展的知识基础，从知识演化的角度分析，关键节点通常成为一个研究领域创新发展的转折点，形成研究前沿的关键文献[26]。

从图 4 可以看到，圆圈相对比较大的节点是中心度相对较高，一方面，在该领域相应阶段产生了重要影响；另一方面，它们的被引频次也是相对较高的，本文选取 8 个关键节点，这些节点的具体文献信息如表 2 所示，具体分析如下：

表 2 关键节点信息

序号	作者	出版年	标题	中心度	半衰期	被引频次
1	TUFTE ER	1983	The Visual Display of Quantitative Information	0.1	9	184
2	LORENSEN WE	1987	Marching cubes: A high resolution 3D surface construction algorithm	0.1	5	99
3	MACKINLAY Jock	1986	Automating the Design of Graphical Presentations of Relational Information	0.08	11	114
4	TUFTE ER	1990	EnvisioningInformation	0.08	2	82
5	George G. Robertson	1993	Information Visualization Using 3D Interactive Animation	0.07	1	50
6	JOHNSON B	1991	Treemaps: A Space-Filling Approach to the Visualization of Hierarchal Information Structures	0.06	6	91
7	FOLEY JD	1990	Coupling a UI framework with automatic generation of context-sensitive animated help	0.06	2	40
8	George G. Robertson	1991	Cone Trees: Animated 3D Visualizations of Hierarchical Information	0.05	4	111

首先，中心度最大的 1 号节点，此篇文献是美国耶鲁大学教授爱德华塔夫特 Edward Tufte 于 1983 年出版的著作 The Visual Display of Quantitative Information[27]，提出了数据图形学的理论，强调有用信息密度的最大化问题，后来塔夫特的这些理论在众多的领域中变得众所周知，从而使得信息可视化逐步发展成为一个学科领域。

其次，美国通用研究与发展中心（GE Corporate Research and Development Center）[28]的资深专家 LORENSEN WE，1978 年他就引入曾经研究的计算机图形学到此中心，之后不久，在 3D 医疗成像，分子建模，科学可视化中都取得了巨大成就，奠定了一个产业发展的基础，推动了可视化技术的广泛应用，推动了信息可视化向更广泛应用领域的发展。

排在第 3 位的是美国斯坦福大学的约克·麦金利（Jock D. Mackinlay）博士发表的关联信息的图形化表示，他与实验室的 UI 研究团队一起研发了许多计算机图形的新颖应用，将这些新颖应用定义为 "information visualization"，而且他出版的著作《视觉思维》（Readings in Information Visualization—Using Vision to Think）中，记录着他与 Stuart K. Card 和 Ben Shneiderman 共同发明的一系列可视化技术，如锥树、透视墙展览等技术，跨越性地提高用户的认知能力。

中心度排在第 4 位与第 1 位的是同一位专家，都是美国耶鲁大学教授爱德华塔夫特 Edward Tufte，他在 1990 年出版的著作《畅想信息》（Envisioning Information）[29]，可以说一直到今天都是可视化模式设计的基础，其列举的地图揭示、科学演示、导航手册、立体图片、统计图表、法庭证物、时间表、颜色标注等多种信息布局的模式，让用户摆脱了传统的单一纸张平面的信息展示方式，为用户视觉发现，多维度复杂数据的获取提供了新的思路与平台。

排在第 5 位和第 8 位的乔治罗伯逊（George G. Robertson）是美国信息可视化专家和高级研究员，可视化和交互研究成员，他发明了多种信息可视化技术，其中提出的分层次的动画 3D 可视化技术，引领着可视化模式的探索与创新。而且 1989 年他与斯图尔特·卡德（Stuart K. Card）和约克·麦金利（Jock D. Mackinlay）一起创立了信息可视化的英文术语 information visualization。

Brian Johnson [30] 专家发表的文献排在第 6 位，他提出了 TreeMap 的可视化模式，设计了 TreeMap 可视化表示的核心算法，以线索（cues）进行可视化揭示的路线图对信息可视化的发展起到重要影响，如 IBMILOG、KAP IT Lab [31] 等有影响力的研究实验室都基于这一可视化模式进行了深入的研究与扩展，并且取得了一些产品。

以上相关分析再次证明表 2 中专家及其文献在信息可视化研究领域中的重要作用。

5 展望

基于本文上面的总结分析，面对信息可视化在未来的发展，做以下展望：①未来 Web 3.0 的发展，我们势必将要处理大规模的语义知识数据，如何将这些海量的结构化知识单元及其之间的逻辑关系、发展趋势、结构层次等各个维度的信息有效进行揭示，同时可以将其中的逻辑推理方法与数理统计方法进行有效融合。②实现信息可视化知识创造的集成分析平台，集机器学习、视觉分析方法及视觉展示等多方面于一体的知识发现、创造的研究环境。③如何在可视化模式方面进行突破性创新，来提升用户的视觉认知程度。④可视化模式做到通用性、易用性，特别在以后的数字科研虚拟空间中，更要做到满足任务的多样性、任务执行的分散性等特点，而且信息可视化方法不仅应用到知识发现层面，还要融入整个的科研过程，从科研问题的发现、解决方案的定制、实验操作的执行以及结果的验证，从而建立一个适应满足数字科研的新的信息环境。在以后的工作学习中，作者将对这些方面进行进一步的学习研究。

参考文献

[1] http：//www.cytoscape.org/.

[2] 陈超美. CiteSpaceII：科学文献中新趋势与新动态的识别与可视化 [J]. 陈悦，侯剑华，梁永霞译. 情报学报，2009，28（3）：401–421.

[3] Chaomei Chen, Fidelia Ibekwe. The Structure and Dynamics of Co–citation Clusters：A Multiple–Perspective Co–citation Analysis [J]. Journal of American Society for Information Science and Technology, 2010：10.

[4] Grant Osborne, Benjamin Turnbull, Jill Slay. The "Explore, Investigate and Correlate"（EIC）Conceptual Framework for Digital Forensics Information Visualisation [C]. 2010 International Conference on Availability, Reliability and Security, 2010：629–634.

[5] Maristella Agosti, Stefano Berretti, Gert Brettlecker, et al. DelosDLMS–The Integrated DELOS Digital Library Management System [J]. Lecture Notes in Computer Science, 2007, 4877：36–45.

[6] Chen YongYue, Zhang HuiPing, Xia HuoSong. Knowledge Acquisition and Knowledge Innovation Based on Visualization Technology in Digital Library [Z]. KAM'08 Proceedings of the 2008 International Symposium on Knowledge Acquisition and Modeling, 2008：74–78.

[7] Judith Gelernter. Visual Classification with Information Visualization（infoviz）for Digital Library Collections [J]. Knowledge Organization, 2007, 34（3）：128–142.

[8] Robert J. K. Jacob, Leonidas Deligiannidis. The London Walkthrough in an Immersive Digital Library Environment [Z]. Proceedings of MSV, 2005：179–185.

[9] Horn–yeu Shiaw, Robert J K Jacob, Gregory R Crane. 3D Vase Museum：A New Approach to Context in a Digital Library [C]. Proc. JCDL 2004 Joint Conference on Digital Libraries, 2004.

[10] Wan Adilah Expressive Information Visualization Taxonomy for Decision Support Environment [C]. ICCIT'08 Proceedings of the 2008 Third International Conference on Convergence and Hybrid Information Technology, 2008.

[11] Geoffrey Ellis, et al. A Taxonomy of Clutter Reduction for Information Visualization [J]. IEEE Transactions on Visualization and Computer Graphics, 2007, 13（6）：1216–1223.

[12] K. Börner, E. F. Hardy, B. W. Herr, et al. Taxonomy Visualization in Support of the Semi–automatic Validation and Optimization of Organizational Schemas [Z]. Proceedings of J. Informetrics, 2007：214–225.

[13] Felix G., Hamza–Lup, et al. Hybrid Nodes with Sensors–Architecture for Interactive Distributed Mixed and Virtual Reality Environments [C]. 8th World MultiConference on Systemics, Cybernetics and Informatics, 2004.

[14] Dr Annamaria Carusi, Dr Torsten Reimer. Virtual Research Environment Collaborative Landscape Study

[R]. VRE Landscape Report, 2009.

[15] Sun Yang, Tang Jiu-Yang, et al. An Improved Multivariate Data Visualization Technique [J]. Journal of Software, 2010, 21 (6): 1462-1472.

[16] Hagh-Shenas H.. Weaving Versus Blending: A Quantitative Assessment of the Information Carrying Capacities of Two Alternative Methods for Conveying Multivariate Data with Color [J]. IEEE Trans Vis Computer Graph, 2007, 13 (6): 1270-7.

[17] Nasser A. Mohamed Barakat. Two-dimensional Display for Multivariate Data Using All Principle Components Embedding Chemical Information by Regular Polygon Approach [J]. Journal of Chemometrics, 2007, 21 (3-4): 117-125.

[18] M. Felipe-Soteloa, L. Gustemsb, I Hernandez. Investigation of Geographical and Temporal Distribution of Tropospheric Ozone in Catalonia (North-East Spain) During the Period 2000-2004 Using Multivariate Data Analysis Methods [J]. Atmospheric Environment, 2006, 40 (38): 742-743.

[19] Di Yang, Elke A. Rundensteiner, Matthew O. Ward. Analysis Guided Visual Exploration of Multivariate Data [C]. VAST'07 Proceedings of the 2007 IEEE Symposium on Visual Analytics Science and Technology, 83-90.

[20] S North. Procession: Using Intelligent 3d Information Visualization to Support Client Understanding During Construction Projects [Z]. Proceedings of SPIE-the International Society for Optical Engineering, 2000: 356-364.

[21] Efrat Jäger, Ilkay Altintas, Jianting Zhang, et al. A Scientific Workflow Approach to Distributed Geospatial Data Processing using Web Services [C]. SSDBM'2005 Proceedings of the 17th International Conference on Scientific and Statistical Database Management Pages 87-90.

[22] Jonathan Cinnamon, Claus Rinner. Evaluating Web-based Static, Animated and Interactive Maps for Injury Prevention [J]. Geospatial Health, 2009, 4 (1): 3-16.

[23] Grünfeld K.. Integrating Spatio-temporal Information in Environmental Monitoring Data-a Visualization Approach Applied to Moss Data [J]. Science of The Total Environment, 2005, 347 (7): 1-20.

[24] Arzu Coltekin. Evaluating the Effectiveness of Interactive Map Interface Designs: A Case Study [J]. Cartography and Geographic Information Science, 2009, 36 (1): 5-17.

[25] Katy Börner, Shashikant Penumarthy. Spatio-temporal Information Production and Consumption of Major US Research Institutions [C]. International Conference of the International Society for Scientometrics and Informetrics, Stockholm, 2005.

[26] 侯剑华, 陈悦, 王贤文. 基于信息可视化的组织行为领域前沿演进分析 [J]. 情报学报, 2009, 28 (3): 422-430.

[27] E. R. Tufte. The Visual Display of Quantitative Information [M]. Graphics Press, 1983.

[28] Lorensen We Marching Cubes: A High Resolution 3D Surface Construction Algorithm [J]. Siggraph Comput. Graph, 1987, 21 (4): 163-169.

[29] Edward R. Tufte. Envisioning Information [M]. Graphics Press, 1990.

[30] Brian Johnson, Ben Shneiderman. Tree-Maps: A Space-Filling Approach to the Visualization of Hierarchical Information Structures [C]. VIS'91 Proceedings of the 2nd conference on Visualization, 1998: 284-291.

[31] http://www.adobe.com/devnet/flex/tourdeflex.html.

［32］ 张国海. 信息检索可视化研究发展规律探析［J］. 图书情报工作，2011，55（14）：42-83.

［33］ 周金侠. 基于 Citespace Ⅱ 的信息可视化文献的量化分析［J］. 情报科学，2011，29（1）：98-102.

［34］ 张金柱. 情报学学科结构及其演化分析［J］. 情报资料工作，2011（3）：34-37.

［35］ Andrienko G. L., Andrienko N. V.. Interactive Maps for Visual Data Exploration ［J］. International Journal of Geographical Information Science，1999，13（4）：355-374.

Visual Analysis of Research Hot Topics and Evolution Feature on Information Visualization

Qian Li

Abstract：Based on Bibliometrics-Citation Analysis method，using citeSpaceII tools，in this paper the author draws the scientific literature cited network structure maps of 14890 literatures on information visualization，which are downloaded from the three sub-libraries（SCI-EXPANDED，SSCI，CPCI-S）of database Web of Science during 1991-2012 period. From the aspect of research focus，knowledge structure evolution and key nodes of cited network，the author discovers the research hot points，tracks the developing course of evolution，detects the research frontiers，and masters the basic knowledge in this field，and finally gives an outlook for the future development of information visualization，according to the results of the entire analysis.

Key words：Information Visualization；CiteSpaceII；Bibliometrics；Knowledge Structure

基于情报学的"信息分析"研究 *

车 尧

【摘 要】首先，从泛学科角度概括统计得出国内外关于"信息分析"类研究文献的总体情况，给出国内与国外学界关于"信息分析"研究的大体学科类型划分特征。其次，分别从概念逻辑、服务对象、研究方法及发展历程等方面剖析情报学与"信息分析"之间的关系。最后，从核心期刊和关键词的分布情况来探究情报学学科内有关"信息分析"研究的总体情况，为我国从事信息管理、信息分析或是决策支持等方面工作的图书情报学界人士提供参考。

【关键词】情报学；信息分析；期刊；关键词

近年来，在医学、经济学、计算机科学、生命科学等领域内，"信息分析"已成为研究热点。"信息分析"是管理学研究的主要构成，更是管理学信息管理科学的子学科——情报学下的两大核心研究内容之一（信息组织和信息分析）。与其他学科整体比较，本应以"信息分析"为最大特色的情报学，对"信息分析"的研究却相对不足，针对"信息分析"可视化的研究则更为鲜见。笔者分别以"信息分析"和"Information Analysis"为题名检索词，以"Information Science & Library Science"为期刊检索源，以万方数据库和Web of Science为检索平台，检索最近20余年的论文情况，利用可视化工具对其进行外显可视化数据处理统计，并根据可视化后的输出可读统计结果，分析总结情报学界关于"信息分析"研究的总体情况。

* 作者：车尧，中国科学技术信息研究所助理研究员，博士，E-mail：chey@istic.ac.cn。
本文引自《图书情报工作》2013 年第 4 期。

1 广义"信息分析"研究的文献计量统计

1.1 信息分析的必要性

信息增长的无限性与人类精力的有限性之间形成了尖锐的矛盾，信息分析的目的是减少不确定性因素的存在，或是尽量控制不确定性因素的负面影响。信息分析的任务就是要运用科学的理论、方法和手段，在对大量的（通常是零散、杂乱无章的）信息进行搜索、加工整理与价值评价的基础上，透过由各种关系交织而成的错综复杂的表面现象，把握其内容本质，从而获取对客观事物运动规律的认识。在人类社会发展到须臾不可离开信息的今天，信息分析的意义极其重要，它不仅存在于科技和经济领域，而且还涉及广泛的社会领域，并对社会的发展和变革产生影响[1]。如果说单独划定某一特指领域或学科范畴内的信息分析活动为狭义的"信息分析"，即笔者将情报学学科范畴内所涉及的有关信息关联、信息挖掘、文献计量统计等问题定义为狭义的"信息分析"，那么广义的"信息分析"则是泛学科跨领域界限的，能够探究事物运动、发展或变化规律，可以指导人类生产生活实践的智力活动。

1.2 信息分析的基本要素

计算机技术及网络技术的普及应用，使得每一个有决策需求的个人或组织都可以在简单信息系统平台上进行相对容易的信息分析工作，信息分析的研究内容包罗万象，一项信息分析任务，总是由各种相互联系的不同领域的信息构成的。这些领域大致可以分为政治（含外交）、经济（含产业）、社会、科学技术、交通通信、军事、人物[2]等方面。就某个具体任务而言，进行信息分析时要考虑的要素包括：①政治信息分析要素，如国家的政治外交基调、国家战略导向、国家政治体制改革等相关信息；②经济信息分析要素，如企业经济运营情况、国家经济运行情况、金融证券市场运行情况以及行业市场分析等；③社会信息分析要素，如人力资源市场调研、卫生医疗事业发展状况分析、教育文化等各项事业的发展状况研究；④科学技术信息分析要素，如文献计量分析、包括作者分析、主题分析、引用情况分析等以及有关科技立项情况、科技产出、科技人才、科技战略等相关信息；⑤交通通信信息分析要素，如舟车航班信息、所有固网及移动互联网络的流量情况；⑥人物信息分析要素，如历史名人、新闻人物、领导的个人情况；⑦军事信息分析要素，如军事情报的获取破译、军队兵力及装备情况、军事后期补给条件等。

1.3 信息分析研究的基本形式

信息分析研究工作的基本形式包括：①决策研究，主要是为各级政府机构进行科技决策、发展战略研究及专题调研等提供服务；②咨询服务，大多是为企业提供市场信息咨询、技术信息咨询、决策信息咨询等[3]；③军事参谋，为国家军事机构或作战部队提供必要的军情谍报，分析国家或地区的军事动态。

1.4 文献计量统计

笔者曾于 2010 年 5 月 22 日以"信息分析"为题目，以万方数据库为检索平台，共检索得出相关文献 793 条，涉及学科领域及收录文献情况如图 1 所示[4]。

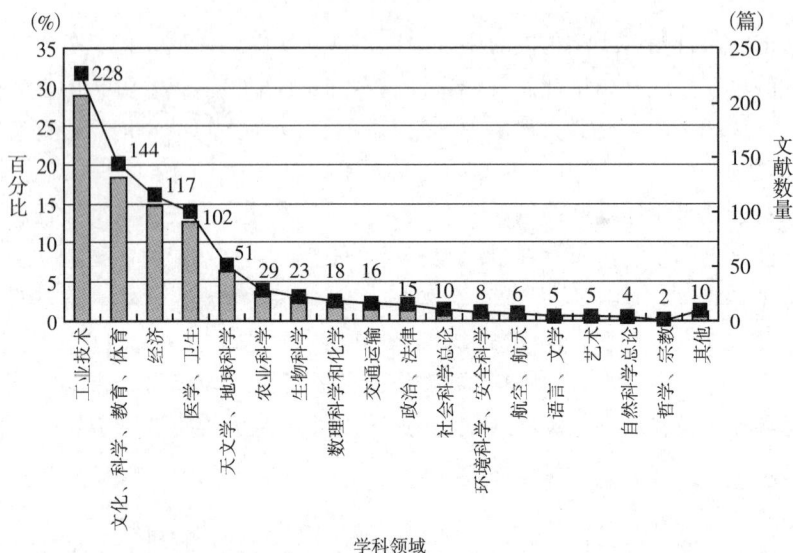

图 1 基于万方数据的学科、文献对应分布情况（2010 年 5 月）

2012 年 9 月 20 日笔者又重新以"信息分析"为检索题目，在万方数据库中共检索得出 1208 条检索结果，学科领域及收录文献情况如图 2 所示。

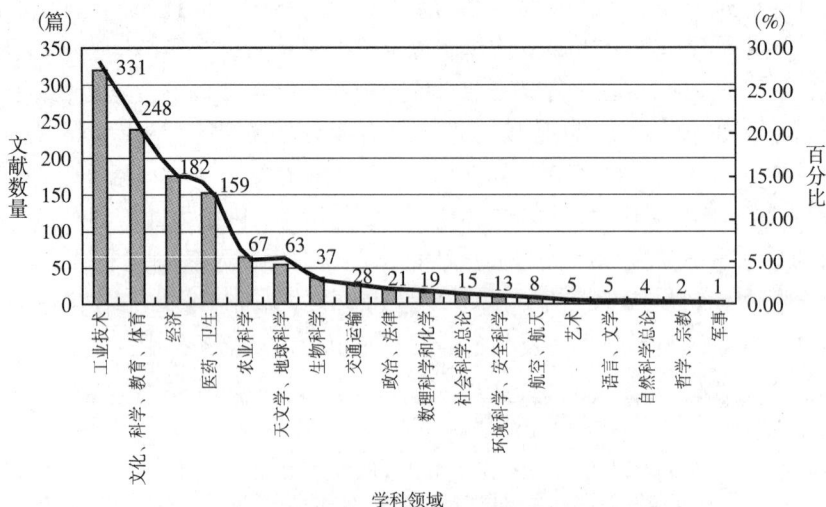

图 2 基于万方数据的学科、文献对应分布情况（2012 年 9 月）

对比之下可以清楚地发现，在不到两年半的时间里，万方数据库中收录题名中包含"信息分析"的文献，增长了 415 条，其中收录增幅最多的学科依次是工业技术领域、科教文卫领域、经济领域以及医药和卫生领域，分别增长 103 条、104 条、65 条和 58 条，共计 330 条，占总体增量的 79.5%。这说明"信息分析"已成为众多学科领域的研究热点，且学科分布基本没有变化，其中收录题名包含"信息分析"的论文的期刊按收录篇数排序如表 1 所示：

表 1　收录题名包含"信息分析"的期刊排序情况

排序	期刊名称	收录文献篇数
1	《情报杂志》	29
2	《现代情报》	27
3	《情报理论与实践》	15
4	《图书情报工作》	11
5	《科技情报开发与经济》	11
6	《情报科学》	11
7	《农业图书情报学刊》	10
8	《医学信息学杂志》	8
9	《中国发明与专利》	7
10	《情报学报》	6
11	《生物信息学》	6
12	《安徽农业科学》	6
13	《科技管理研究》	5
14	《现代检验医学杂志》	5
15	《情报探索》	5

从表 1 可以发现，15 种期刊中除了《中国发明与专利》、《生物信息学》、《安徽农业科学》、《科技管理研究》和 《现代检验医学杂志》，其他 10 种全部是情报学刊物（共收录 133 篇），其中包括《情报杂志》、《情报理论与实践》、《图书情报工作》、《情报科学》和《情报学报》5 种情报学核心期刊（共收录 72 篇）。

以 Web of Science 为检索平台，检索条件为"标题=（information analysis）；精练依据：文献类型 =（ARTICLE）；入库时间 = 所有年份 （1989~2012）；数据库 =SCI – EXPANDED，SSCI，A&HCI."共得出检索结果 1904 条（2012 年 8 月 22 日）。

题名包含"information analysis"的文章归属于诸多学科领域，包括图书情报领域、计算机科学的人工智能领域、管理科学、概率统计、医疗信息、生物技术应用以及环境科学等，其中对于"information analysis"的研究排在前三位的科学领域依次是图书情报学、计算机科学和管理学。

通过对上述不同检索过程所得检索结果的分析，可以大体得出以下结论[4]：

第一，在万方数据库所收录的题名有关"信息分析"的研究文献中，按收录文献数量排序，情报学学科居第二位，仅次于工业技术领域，经济和卫生科学分列第三、四位；而在 Web of Science 数据库中，情报学学科则位居所有学科之首，计算机科学紧随其后位居第二位，工程管理科学居第三位。

第二，万方数据库中，情报学学科范畴内题名有关"信息分析"的文献占所有学科收录文献的比重为 11%；Web of Science 数据库中，这一比重则为 12.5%，后者高于前者 1.5 个百分点。

第三，国内的学术、会议、论文等几大类数据库收录的有关题名包含"信息分析"的非重复文献数量少于国外的主流学术数据库收录数量；国内关于"信息分析"问题的研究更多的是集中于工业、计算机科学领域、图书情报科学领域和医学、卫生学领域，而国外则更侧重于图书情报科学领域、计算机领域和工程管理领域。因此，选择国外的核心学术数据库，在情报学框架下进行有关"信息分析"的文献统计研究更具有针对性。

2 情报学与信息分析的关系

2.1 逻辑概念上

根据 2010 年 7 月出版的《中国情报学百科全书》，情报学（Information Science）是研究事实、数据、信息、知识和情报的产生及其有效收集、组织、存储、传递、转换和利用规律的科学[5]。信息分析（information analysis）是指以社会用户的特定需求为依托，以定性和定量研究方法为手段，通过对社会信息的收集、整理、鉴别、评价、分析、综合等系列化的加工过程，形成新的、增值的信息产品，最终为不同信息用户的科学决策提供深层次或高层次的情报服务，是一项具有研究性质的智能活动[6]，是对情报进行定向浓缩和科学抽象的一种科学劳动[7]。笔者将其归为狭义"信息分析"范畴，即情报学范畴内的信息分析，而很多广义层面的信息分析活动是不以服务社会用户需求为导向的，而是为了发现事物本身的客观运动规律或是客观存在的，如生物信息分析、电磁信息分析等。

从概念上看，情报学和信息分析的研究对象都是信息，二者均是对数据事实类的信息或信息片段进行组织、转化、加工并予以利用。相比之下，前者更侧重于信息自身的属性、形态、运动形式、载体形式以及信息的收集与存储等方面，而后者则更多地针对信息的加工处理、分析、评价和利用。笔者认为，情报学和广义的"信息分析"在逻辑概念上存在交叉关系，即既存在包含与被包含的部分（如通过针对文献、市场的信息分析为特定用户提供信息服务），又存在各自独立的部分，如情报学关于知识组织检索等理论方法内容以及信息分析中的经济信息分析部分。

2.2 服务对象上

情报学起源于科技领域，社会需求主要来自科技领域。情报学学科的用户群体主要来自各级地方政府、国家和地区科技事务决策管理部门、科研机构等。情报学学科的社会使命主要是开发利用信息资源，帮助政府部门科学决策，或帮助科技界人士搞好科研，情报学学科与社会经济效益没有直接关联[8]。信息分析的产生是由于存在广泛的社会需求，信息分析自身通过采用情报学和软科学研究的方法，经过一系列相对程序化的分析判断环节，向不同行业企业、各级政府机关或各类社会机构提供最终增值性科学决策服务。信息分析与社会经济效益有直接关系。

情报学和信息分析（狭义）的目的都是提供信息服务，前者主要服务于科技领域，主要针对已存在的文献，通过收集、整理、组织、存储、利用、传递等编辑加工过程进行信息、知识或是情报的组织生产，不直接作用于社会经济效益；而后者主要服务于社会特定用户，包括企业、政府机构、社会团体或是个人，既可以针对未加工的原始信息，又可以针对仅经过初加工的信息内容，同时还可以针对已加工过多次的、已形成系统化知识的信息内容，利用定量统计和定性相结合及其他研究方法，进行更深层次的知识加工，形成增值性的信息产品，是解决信息需求的劳动过程，直接作用于社会经济效益。

2.3 研究方法上

从庞杂无序的信息片段中汲取具备指导借鉴作用的有序知识元素，需要较高的信息检索技术和比较完备的科学研究方法。情报学的研究方法大体上侧重于针对不同类型文献的组织检索方法和计量方法（主题法、分类法、索引编纂法、文献计量学方法等）以及从海量无序信息中提取出有价值、能揭示某种规律、问题或现象的知识情报的情报分析方法，例如内容分析法、专家调查法、层次分析法、知识地图等。信息分析的研究方法主要是借助数理统计方法和具有其他学科特色的研究方法，是能够为科学决策提供智力支持的研究手段。通常采用的方法有相关性分析、主成分分析、回归分析、时间序列、方差分析等。

2.4 发展历程上

情报学是第二次世界大战后逐步形成的一门新学科，至今仍在发展完善中。中国的情报学事业起步稍晚，始于20世纪50年代。1956年中国科学院建立了科学情报研究所，1957年出版了《科学情报工作》杂志（后改名《科技情报工作》），介绍国内外情报工作现状与发展，引起学者们探讨情报工作理论的兴趣，是中国情报学研究的开端。1978年以武衡为理事长的中国科技情报学会成立。

信息分析是在现代信息分析与咨询活动飞速发展的背景下，于20世纪50年代由情报科学中派生出来的一门新兴学科。近二三十年来，在信息的广泛传播过程中，信息分析得到了迅猛发展[9]。1998年召开的第五届中国科技情报学会理事代表大会成立了信息研究与咨询专业委员会。2003年召开的第六届理事代表大会成立了信息咨询专业委员会。

2012 年秋，中国人民大学信息资源管理学院招收首届全日制信息分析硕士生及博士研究生，标志着我国在"图书情报与档案管理"一级学科下首次开设了与图书馆学、情报学、档案学并列的信息分析专业，很多其他招收情报学硕士的院校也都开设了和信息分析或和信息分析相近的课程如表 2 所示：

表 2   国内部分院校情报学专业下"信息分析"课程设置情况

学校	课程名称
武汉大学	信息分析技术新进展
南京大学	情报预测与决策研究
北京大学	信息咨询与分析/竞争情报与信息分析
中国科学技术信息研究所	信息分析方法
中国科学院国家科学图书馆	情报分析与研究
北京师范大学	行业市场调研与信息情报
上海交通大学	情报分析与研究
四川大学	信息分析与预测研究
江苏大学	信息分析与文献计量
福州大学	情报分析与预测

笔者认为，虽然至今还没有明文规定信息分析已经独立成为一门专业，却依然会有更多院校将原情报学学科下的"信息分析"这一研究领域方向从情报学专业独立出来，成为与情报学并列的同属于"图书情报与档案管理"的二级学科的可能性，因为任何学科的发展都不是一成不变的，学科的发展变化取决于人们探知客观世界的程度，随着计算机科学的快速发展，人们对信息的需求渴望度、强度、复杂程度以及需求类别、时效性要求等均已超越情报学学科最初设立时所描述的满足用户信息需求的基本功能界定。如果信息分析成为与情报学并列的二级学科，那么一来可以进一步实现传统情报学专业意在培养从事信息组织、信息资源开发与咨询服务、知识管理及相关教学科研工作的偏理论管理型人才的目的，又可以着力培养具有较高计算机操作能力和数学计算能力的、熟悉信息管理基础理论的、面向需求的应用型信息分析人才，从而实现在理论中指导实践和在实践中丰富理论的有机结合，并迈出通过利用狭义"信息分析"的研究内容辅助广义"信息分析"研究的关键一步，实现情报学的继承延伸。

2.5   学科分类上

在我国国务院学位委员会、教育部于 2011 年 3 月 8 日公布的最新版《学位授予和人才培养学科目录（2011 年）》（以下简称"新目录"）中，情报学（学科代码 120502）的上位类一级学科是图书情报与档案管理（学科代码 1205），其学科门类是管理学。而信息分析并没有成为独立的学科，在新目录中没有体现，即使包含"信息"或"分析"字段的学科也是极少的，只有工学门类"信息与通信工程"下的"通信与信息系统"和"信号与信息处理"两个二级学科。美国国家教育统计中心（National Center for Education Statistics, NCES）于 2000 年公布的最新学科分析指导（Classification of Instructional Programs, CIP-2000）中，情报学的具体学科归类如图 3 所示。

⊖ 25）LIBRARY SCIENCE.
　⊖ 25.01）Library Science and Administration.
　　　25.0101）Library and Information Science.
　　　25.0102）Children and Youth Library Services.
　　　25.0103）Archives/Archival Administration.
　　　25.0199）Library Science and Administration，Other.
　⊖ 25.03）Library and Archives Assisting.
　　　25.0301）Library and Archives Assisting.
　⊖ 25.99）Library Science，Other.
　　　25.9999）Library Science，Other.

图 3　NCES 对于情报学的学科划分 [10]

CIP-2000 中也同样没有将信息分析列为独立的学科，但是却设立有诸多分属于"计算机信息科学和支持服务"下的与信息分析相关度很高的专业，如"计算机与信息科学"、"信息技术"、"信息研究"、"信息技术管理"等，具体如图 4 所示。

⊖ 11）COMPUTER AND INFORMATION SCIENCES AND SUPPORT SERVICES.
　⊖ 11.01）Computer and Information Sciences，General.
　　　11.0101）Computer and Information Sciences，General.
　　　11.0102）Artificial Intelligence.
　　　11.0103）Information Technology.
　　　11.0104）Informatics.
　　　11.0199）Computer and Information Sciences，Other.
　⊕ 11.02）Computer Programming.
　⊕ 11.03）Data Processing.
　⊖ 11.04）Information Science/Studies.
　　　11.0401）Information Science/Studies.
　⊕ 11.05）Computer Systems Analysis.
　⊕ 11.06）Data Entry/Microcomputer Appications.
　⊕ 11.07）Computer Science.
　⊕ 11.08）Computer Software and Media Applications.
　⊕ 11.09）Computer Systems Networking and Telecommunications.
　⊖ 11.10）Computer/Information Technology Administration and Management.
　　　11.1001）Network and System Administration/Administrator.
　　　11.1002）System，Networking，and LAN/WAN Management/Manager.
　　　11.1003）Computer and Information Systems Secunty/Information Assurance.
　　　11.1004）Web/Multimedia Management and Webmaster.
　　　11.1005）Information Technology Project Management.
　　　11.1006）Computer Support Specialist.
　　　11.1099）Computer/Information Technology Services Adrninistration and Management，Other.
　⊖ 11.99）Computer and Information Sciences and Support Services，Other.
　　　11.9999）Computer and Information Sciences and Support Services，Other.

图 4　CIP-2000 中与信息分析相关的专业分布 [11]

由此可见，在美国，信息分析活动已经成为计算机科学下的一大重要研究领域，且信息分析对于计算机科学的学科倾向性要远高于我国。我国 2011 年版的新目录中，工学门类（08）的计算机科学与技术下（学科代码 0812）共设有三个二级学科，分别是计算机系统结构（081201）、计算机软件与理论（081202）和计算机应用技术（081203），其中只有计算机应用技术这一二级学科和信息分析活动具有较高的相关性。

2.6　总体情况

情报学和信息分析两者均以客观存在的信息、事实、数据为研究主体，但情报学的研究对象主要是针对科学技术情报的收集、整理、加工、序化、转化和利用。信息分析的研究对象则更为宽泛，按照行业、产业、用户等划分更为细致。从发展历程上看，情报学和信息分析均已成为独立的学科或是研究方向，从学科建立角度讲，信息分析发端于情报学，情报学研究是开展信息分析的基础。信息分析的外延范畴更加庞杂，其交叉学科的性质特征较情报学更为明显，并已超越单纯的情报学范畴，具有显著的跨学科特色，如生物学范畴的生物信息分析、经济学范畴的经济信息分析、医学范畴的病例信息分析、统计学范畴的统计信息分析等。从研究方法上看，情报学和信息分析均利用文献信息分析法，包括信息的收集、组织序化、检索等方法，而后者更加注重借助于计算机和数理统计等定量研究方法。

情报学和信息分析各自研究的核心问题可以通过图 5 进行比较。

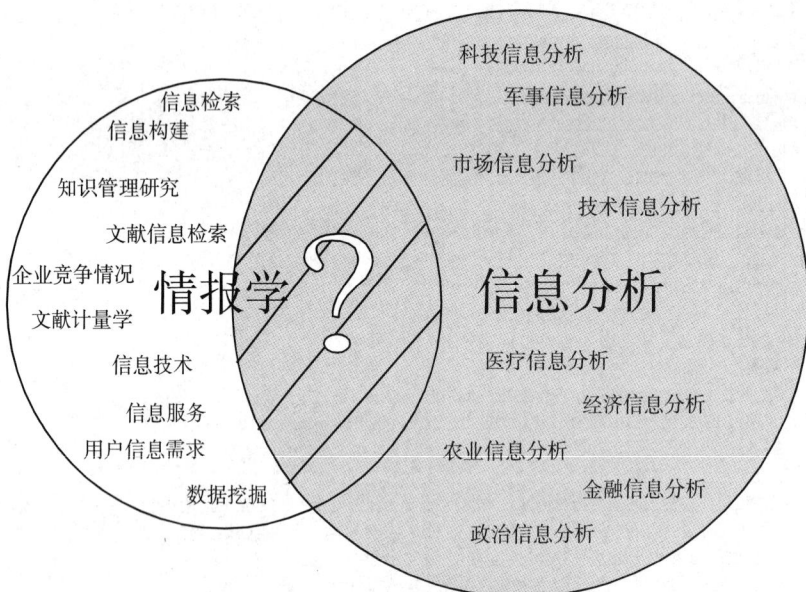

图 5　情报学和信息分析的关联情况

综合相关文献[12-14]可以得出近年来情报学的研究热点，其核心内容主要集中于信息检索、信息构建、知识管理、竞争情报、信息服务以及数据挖掘等方面。还有文献[9, 15]

指出信息分析的研究热点覆盖科技信息分析、市场信息分析、技术信息分析、经济信息分析等几大领域。上述所列的这些有关情报学和信息分析的主体研究内容，在根据信息自身的属性特征、运动规律进行信息情报的收集、重组、再造（创新）以及最终的利用（转换）时，彼此有很强的相关性，既有相互重叠部分，又在一定程度上相互独立，笔者将图5中情报学和信息分析的重叠部分定义为狭义"信息分析"。毋庸置疑，信息分析的研究对象和领域早已超越传统情报学的研究范畴，但是依然有许多存在于情报学和信息分析之间的值得深入探索的共性研究，即限定于情报学范畴内的信息分析研究。

3 情报学范畴内的"信息分析"文献计量统计

3.1 高被引期刊的分布

图6反映了2000~2011年Web of Science所收录的文章题名中包括"information analysis"的图书情报类被引期刊的分布情况（单年被引次数总体排序）。

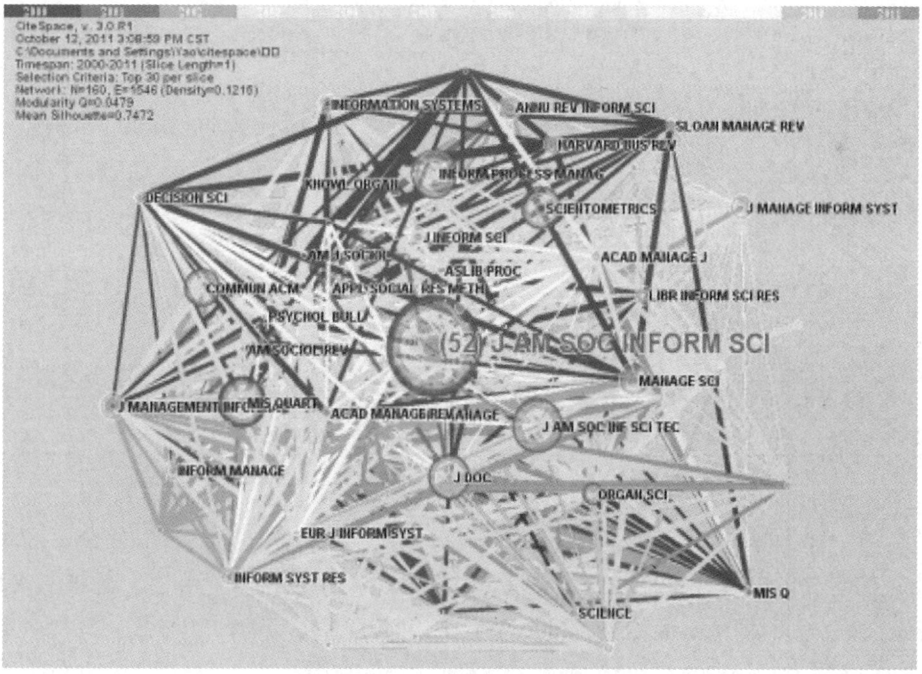

图6 高被引期刊分布情况

从图6中可以看出：JOURNAL OF THE AMERICAN SOCIETY FOR INFORMATION SCIENCE（J AM SOC INFORM SCI）的单年被引次数最高，为1998年的52次，JOURNAL

OF THE AMERICAN SOCIETY FOR INFORMATION SCIENCE AND TECHNOLOGY（J AM SOC INF SCI TEC）列居第二，为 2001 年的 32 次，MANAGEMENT INFORMATION SYSTEM QUARTERLY（MIS QUARTERLY）于 1996 年时的被引次数排名最高，当年被引次数为 30 次，总体位居第三位。其他被引次数排名较高（超过 10 次）的期刊情况如表 3 所示。

表 3　高被引期刊排名

序号	刊名	年份	被引次数
1	SCIENTIOMETRICS	1998	29
2	INFORM PROCESS MANAGE（INFORMATION PROCESSING MANAGEMENT）	1996	29
3	J DOC（JOURNAL OF DOCUMENTATION）	1997	29
4	COMMUN ACM（COMMUNICATIONS OF ASSOCIATION FOR COMPUTING MACHINERY）	1993	26
5	MANAGE SCI（MANAGEMENT SCIENCE）	1980	24
6	J MANAGEMENT INFORMA（JOURNAL OF MANAGEMENT INFORMATION）	1991	21
7	J MANAGE INFORM SYST（JOURNAL OF MANAGEMENT INFORMATION SYSTEMS）	2001	19
8	ANNU REV INFORM SCI（ANNUAL REVIEW OF INFORMATION SCIENCE AND TECHNOLOGY）	1983	19
9	INFORM MANAGE（INFORMATION MANAGEMENT）	1996	18
10	HARVARD BUS REV（HARVARD BUSINESS REVIEW）	1985	18
11	J INFORM SCI（JOURNAL OF INFORMATION SCIENCE）	1993	17
12	INFORMATION SYSTEM（INFORMATION SYSTEM）	1992	17
13	ORGAN SCI（ORGANIZATION SCIENCE）	1999	16
14	INFORM SYST RES（INFORMATION SYSTEM RESEARCH）	1999	16
15	MIS Q（MIS QUARTERLY）	1991	15
16	LIBR INFORM SCI RES（LIBRARY &INFORMATION SCIENCE RESEARCH）	1998	15
17	ACAD MANAGE REV（ACADEMY OF MANAGEMENT REVIEW）	1991	13
18	SICENCE（SICENCE）	1961	11
19	J APPL PSYCHOL（JOURNAL OF APPLIED SPORT PSYCHOLOGY）	1998	11
20	INFORM MANAGE-AMSTER（INFORMATION & MANAGEMENT）	1996	11
21	DECISION SCI（DECISION SCIENCE）	1990	11
22	INT J INFORM MANAGE（INTERNATIONAL JOURNAL OF INFORMATION MANAGEMENT）	2005	10

　　笔者将上述数据按年代划分并做进一步统计分析，得出上述题名中包含"information analysis"的国外图书情报类核心期刊在不同时期内的被引用次数之和占全部被引次数的被引比重的统计结果如下：产生于 2000 年以后的论文为 7.3%；20 世纪 90 年代论文为 67.1%；20 世纪 80 年代论文为 15.4%；20 世纪 70 年代论文为 7.3%；20 世纪 60 年代论文为 2.8%。单从文献的被引角度而言，图书情报学界对于"信息分析"类的相关问题的研究探索大致起步于 20 世纪 60 年代，发展成长于 70 年代，逐步壮大于 80 年代后期，普遍流行于 90 年代，从 2000 年至今进入了相对稳定的"滞涨"阶段。

3.2 关键词的分布

关键词的共现频率及中心度如表 4 所示。

表 4 关键词共现频率及中心度

频率	中心度	年份	关键词
15	0.41	2001	science
15	0.43	2002	technology
9	0.21	2004	system
8	0.28	2000	knowledge
7	0.09	2002	model
7	0.00	2000	retrieval
7	0.30	2000	management
5	0.08	2001	information system
5	0.19	2007	seeking
5	0.00	2011	scientists
5	0.11	2001	citation analysis
5	0.17	2000	implementation
4	0.06	2001	cocitation
4	0.00	2007	world-wide-web
4	0.31	2001	library
4	0.05	2001	internet
4	0.00	2004	mis research
4	0.10	2000	competitive advantage
4	0.00	2002	productivity
4	0.18	2002	impact

可见"science"、"technology"、"system"、"knowledge"和"model"这 5 个词汇的共现频率最高，依次是 15、15、9、8、7，但是以词汇中心度排名来看，前 5 位则是"technology"、"science"、"library"、"management"、"knowledge"，中心度分别是 0.43、0.41、0.31、0.30 和 0.28。

图 7 是笔者将上述所有关键词可视化后的分析结果。时间维度上，2000~2011 年，热度关键词逐渐由 2000~2002 年的"knowledge"、"science"、"technology"、"management"、"model"、"competitive advantage"、"retrieve"、"citation analysis"、"library"等转变为 2004 年前后的"information system"、"mis（management and information system）research"等，再到 2007 年以后的"seeking"、"word-wide-web"和"scientists"。据此可以发现，情报学领域内的"信息分析"类研究有着明显的从传统图书情报领域向信息网络领域逐渐延伸的趋势，即从单纯地以图书馆文献检索类问题、引文分析类问题、信息管理等问题，向信息系统、管理信息系统、万维网、知识挖掘等研究对象拓展。需要指出的是，2011 年

"scientists"成了 2007 年后出现频率最高的关键词,这至少能在某种程度上说明情报学内的信息分析已经不仅局限于对存在于客观世界的文献信息、网络信息、知识管理技术实现等方面的研究,而且已经延伸至对于高知人才、科技人才(如科学家、专家学者等)的研究。可以说这种现象和近年来世界主要国家相继出台新的科技人才政策计划相关,如北京就刚刚出台了"首次面向海外高级人才设立政府特聘岗位"的人才政策[16]。

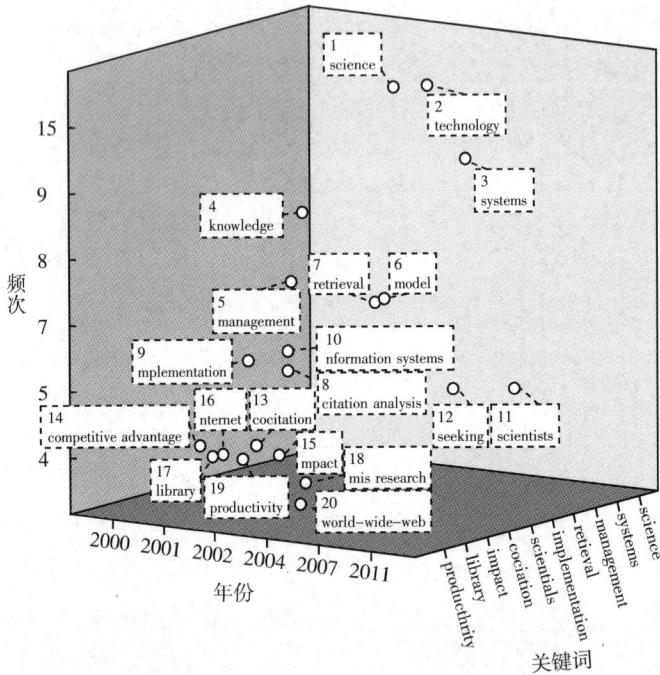

图 7 关键词年份及频率分布

4 结 语

本文首先对"信息分析"活动的必要性、要素及形式进行了较为详尽的阐述和说明,并从泛学科及情报学学科角度先后探究分析了有关"信息分析"研究的进展状况,之后从逻辑概念及覆盖内容等方面剖析了信息分析与情报学之间的联系及区别。笔者认为,未来情报学学界对于"信息分析"的研究依旧会呈现出以文献计量研究为主,并具有泛学科化的研究特点,且泛学科化趋势会随着计算机科学、数理统计学以及图像学等应用科学的日趋成熟、应用推广而加速显现,从而逐渐消弭狭义"信息分析"和广义"信息分析"的边界界限,并逐步实现对于情报学学科的继承和延伸。

参考文献

［1］田树林. 我国信息分析活动现状及其发展对策研究［J］. 现代情报，2008（3）：92–94.

［2］http：//baike.baidu.com/view/1355865.htm.

［3］董沛文. 浅析信息分析工作的现状及发展趋势［J］. 现代情报，2007（3）：60–61.

［4］车尧，张皓月. 情报学范畴内有关"信息分析"的文献计量分析——基于 CNKI、万方和 Web of Science 数据库［J］. 情报科学，2011，29（3）：456–457.

［5］《中国情报学百科全书》编委会. 中国情报学百科全书［M］. 北京：中国大百科全书出版社，2010.

［6］朱庆华，陈铭. 信息分析——基础、方法及应用［M］. 北京：科学出版社，2004.

［7］秦铁辉，王延飞. 信息分析与决策［M］. 北京：北京大学出版社，2001.

［8］陈峰，梁战平. 竞争情报与战略管理［M］. 北京：科学技术文献出版社，2004.

［9］卢小宾. 信息分析［M］. 北京：科学技术文献出版社，2008.

［10］http：//necs.ed.gov/ipeds/cipcode/brose.aspx?y=55.

［11］http：//nces.ed.gov/ipeds/cipcode/cipdetail.aspx?y=55&cipid=88073.

［12］王红. 近十年我国图书情报学科研究热点的共词分析［J］. 情报学报，2011，30（7）：765–775.

［13］王英，马海群. 美国情报学研究热点管窥——基于 BASIST 的词频统计［J］. 情报理论与实践，2009，32（9）：125–128.

［14］黄晓斌，梁颖殷. 从 ASIS&T 年会主题看情报学研究的热点及发展［J］. 情报理论与实践，2009，32（1）：6–9.

［15］沙忠勇. 信息分析［M］. 北京：科学出版社，2009.

［16］北京首次面向海外高级人才设立政府特聘岗位［N］. 科技日报，2012–09–12.

"Information Analysis" Research Based on Information Science

Che Yao

Abstract：Firstly， this paper generalizes the current document situation of "information analysis" with statistic analysis from the view of pan–discipline， and dissects the overall characteristics of discipline classification about "information analysis" in Chinese and foreign research. Secondly， it analyzes the relationship between "library and information science" and "information analysis" from the perspectives of concept logic， service objects， research method and historic development steps separately. Finally， based on the distributions of core journals and keywords， this paper studies the general research situation of "information analysis" in the domain of library and information science， in order to provide the academic reference for the professors, researchers and others who engage in information management, information analysis or decision support.

Key words: Information Science; Information Analysis; Journal; Keyword

我国云计算信息安全的理论与对策研究 *

惠志斌

【摘　要】云计算代表当今全球互联网技术和应用的最新趋势，它不仅将改变人们获取、组织、传播和开发信息的方式，推动全球信息产业和网络经济的新一轮发展，同时也将从深层次重塑全球信息资源控制与竞争的格局，给各国经济、政治、文化的持续、稳定发展带来机遇与挑战。从云计算的起源、定义和特征入手，揭示云计算下国家信息资源管理模式的嬗变和云计算信息安全机理，探索云计算信息安全的总体发展趋势，并以此为理论指导，结合全球各主要国家云计算产业发展和信息安全的现况提出我国云计算信息安全的相关对策。

【关键词】云计算；信息安全；国家安全；信息管理

1 云计算信息资源管理模式

1.1 云计算的起源、定义和特征

"云计算"的思想由来已久，早在 1961 年美国麻省理工学院的计算机专家约翰·麦卡锡（John Mccathy）就曾预言计算机最终将成为一种全球公共资源。2006 年，谷歌公司正式提出了"云计算"（Cloud Computing）术语，并向美国华盛顿大学提供 40 台 PC 组成一个小型的云，开启了云计算研究和实践的序幕。随后，亚马逊、雅虎、微软、国际商用机器公司等国际知名 IT 企业相继加入了云计算的研究和推广，云计算迅速从一个技术概念演变成技术革命，开启了一片全新的 IT 商业"蓝海"。

目前，关于云计算比较权威的定义出自美国国家标准及技术研究所（NIST），即云计

---

* 作者：惠志斌（1974—），男，江苏南京人，上海社会科学院信息研究所助理研究员，南京大学信息管理系信息安全管理专业在职博士生，研究方向为网络空间信息安全。

本文引自《科技管理研究》2013 年第 16 期。

算是一种模型，用户可以方便地通过网络按需访问一个可配置的计算资源（如网络、服务器、存储、应用和服务）的共享池，同时实现管理成本或服务供应商干预的最小化。根据上述定义，云计算将包括以下五大特征：

（1）按需自助服务（on-demand self-service）。用户能够直接根据需要获取所需计算、存储或应用能力，而不必和服务提供商进行复杂的交互。

（2）广泛的网络访问（broad network access）。客户端可以通过各种类型的终端平台访问网络，如笔记本电脑、移动电话、PDA等。

（3）资源共享（resource pooling）。计算机资源被集中起来为多客户提供服务，根据客户需要，动态分配或再分配不同的物理和虚拟资源。

（4）可伸缩性（rapid elasticity）。云计算提供的服务具有自动、快速的拓展和收缩的特点。对客户来说，这种服务是无限的、灵活的和动态的。从而改变传统模式下固定的资源配置模式，最大限度地提高资源配置效率。

（5）可度量性（measured service）。可度量性是公共资源服务的基本要求之一。云计算所提供的服务可度量，有明确的价格与收费政策，可自动控制并通过服务报告，实现资源使用的透明化。

1.2 云计算下的国家信息资源管理模式的嬗变

作为一种崭新的互联网应用模式，云计算正改变传统的互联网应用模式，从一个以桌面系统为中心的模式向以网络为中心的模式转变。它不仅将改变人们信息生产、交流和开发的方式，更将逐步改变国家的信息控制的方式，进而推动全球权力资源的重构和流动。

云计算环境下的国家信息资源管理的全新特征如下：

（1）信息内容的丰富化。云计算最大限度地降低了网络信息资源的使用成本和应用门槛，释放了用户进行信息内容创造和传播的潜能，推动了全社会范围内信息资源内容的不断丰富，信息资源管理对象的不断扩展。

（2）信息组织的集聚化。云计算使得原本分散在国家不同地域、系统和平台中的异构信息资源不断向少数云计算服务提供商集聚，为海量信息资源的整合应用和深度开发提供了可能。

（3）信息环境的模糊化。云计算的网络化和虚拟化技术突破了以国家、组织、地域为管理边界的传统模式，用户无需也无法了解信息资源的存储位置和运行环境，云计算下的信息资源管理环境呈现"黑箱化"和"模糊化"的趋势。

（4）信息开发的个性化。云计算"按需提供服务"的特性使得信息开发必须以用户为中心，通过深度挖掘用户需求和特性，提供用户各类信息服务产品，云计算环境下的信息开发更具个性化和互动性。

（5）信息传播的无缝化。云计算以定制和推送为主要特征的信息传播模式，减少了信息传播的中介环节，实现了信息与用户的无缝对接，极大地提高了全社会信息传播的精确性和实时性，充分发挥信息传播的效率和效力。

综上所述，云计算的普及应用将显著提高各国信息生产和交流的能力，全面促进全球信息空间的拓展和交融，由此也将产生全新的信息安全问题。

2 云计算信息安全的发展趋势

2.1 云计算信息安全的正向效应

信息安全的实质就是要保护信息系统或信息网络中的信息资源免受各种类型的威胁、干扰和破坏，保证信息的机密性，完整性、可用性等安全属性。云计算技术的出现对信息安全带来的机遇与挑战并存。其中，云计算对信息安全正向作用的效应和机理表现为：

（1）云计算可以提供低成本安全保障。对于个人或中小企业来说，信息安全的水平往往受制于信息安全的投入成本。云计算服务提供商采用专业化的安全策略和产品保障海量用户的信息资源，可以充分发挥规模化优势，大幅度降低用户的安全成本，节约全社会信息安全保障成本。

（2）云计算推动客户端安全管理的标准化。云计算提供商可以根据不同的业务需求和信息资产重要性制定各类信息安全标准化服务，其中也包括了安全管理的标准化。客户端功能的弱化，可以更有针对性地制定实施客户端的安全管理标准，提升客户端安全控制效果。

（3）云计算信息集中存储提升安全监测水平。通过存储在一个或者若干个数据中心，数据中心的管理者可以对数据进行统一管理，深入挖掘信息内容的变异过程、精准定义信息内容倾向性。如可以极大地提升安全公司对新病毒的响应速度，同时第一时间将补丁或安全策略分发到各个分支节点。

2.2 云计算信息安全的负面效应

任何事物都有正反两个方面，在认识到云计算为信息安全带来正向效应的同时，更应该关注其对信息安全造成的威胁，尤其是由于信息资源的高度集中所带来安全"双刃剑"效应，具体表现为：

（1）信息安全的风险效应空前放大。由于信息资源、基础设施、服务软件等计算资源整体向云计算服务商集聚，信息安全呈现威胁目标少但风险集聚的趋势，系统性故障将带来信息安全的极化效应，对云计算服务商的安全保障提出更高要求。

（2）信息安全的威胁呈现日趋隐性。云计算使得信息所有权和控制权出现分离，云计算使得人们逐步丧失了对自身信息的控制权和知情权，用户信息机密性等面临云计算的"黑箱效应"，对将法律应用到广泛的信息管理场景中提出了新的挑战。

（3）信息安全的国家控制力被削弱。信息源的普遍化和多样化，弱化了国家对信息和公民个人行为的控制力。此外，跨境的云计算服务商支持信息的跨境流动，支持用户在任意位置使用多元化终端获取应用服务，加大了国家整体的信息安全风险。

（4）行政法律管辖边界受到挑战。云计算中的信息流动是全球性的，而每个国家都拥有自己的法律以及管理要求，云计算服务提供者显然无法做到与所涉及的所有国家的规制相符，由此带来信息安全的价值导向和目标定位的冲突将进一步衍生出新的安全风险。

2.3　云计算信息安全与国家安全

信息是维持社会活动、经济活动和生产活动的重要资源和安全要素，信息时代国家安全的内涵已发生重大变化。正因如此，在中共十六届四中全会的《关于加强党的执政能力的决议》中，信息安全已经与政治、经济、文化安全并列为四大主题之一，在此层面看，云计算信息安全不仅涉及个人与企业，更将全面拓展到国家安全层面。

（1）云计算信息安全对国家政治安全的影响。网络时代，国家主权行使范围由陆地、海洋、太空扩展到了网络空间，"信息主权"成为国家主权概念中的一项重要内容，其行使能力是一个国家主权独立完整的重要体现。"信息主权"也是国家主权斗争的重要领域，特别是云计算技术和组织模式的兴起，给"信息主权"的全球博弈和平衡管理方面带来了巨大的机遇和挑战。目前以美国为首的发达国家对云计算平台建设力度不断加大，在云计算人才、技术、标准和信息资源等方面的控制力越来越强，"技术位势差"以及由此产生的"信息位势差"可能进一步加剧。这种发展趋势可能导致新型国际公共政治关系，居于信息低位势国家的政治安全将面临来自云计算信息强国的现实威胁。

（2）云计算信息安全对国家经济安全的影响。在经济全球化的背景下，信息流已不再是简单的传播，它引导着资本，左右着市场，决定着交易。云计算环境下，随着海量、离散的信息进入云计算资源共享池中，信息因为聚合而产生巨大的商业价值，当达到一定规模势必成为国家经济安全的重要保障对象。重要的经济信息若出现泄露或失控，将极大地威胁企业和国家经济的正常运作。云计算的发展将带来全球新一轮产业竞争和整合，对我国信息技术及相关产业的安全产生严峻挑战。

（3）云计算信息安全对国家文化安全的影响。网络信息传播对民众的心理和意志影响正日益重大。正如胡锦涛同志指出的，"互联网已成为思想文化信息的集散地和社会舆论的放大器，我们要充分认识以互联网为代表的新兴媒体的社会影响力"。随着云计算的发展，进一步模糊了国家、组织、领域及虚拟社区的边界，传统封闭和限制的措施在云环境下难以进行有效的信息流动控制，放大了全球思想的跨界渗透力和影响力，加速了国家间文化的传播和融合。信息强国制定信息的管理规则，操纵信息的流向和分布，可能使思想文化交流失去对等性和交互性，从而形成单向的文化产品的灌输和文化意识渗透，将从深层次影响和改变多元化的思想文化和价值导向格局，处于技术和传播弱势的国家文化安全阵线面临冲击。

3 国外云计算产业布局与信息安全规划

3.1 美国云计算产业布局和信息安全规划

美国是"云计算"技术和应用的主要推动者，其云计算环境下的信息安全是通过产业控制和安全保障等得以实现，并具有显著的扩张性特征。具体来说，在政府、企业和科研组织的共同推动下，美国全力引导和推进云计算产业布局。早在2003年，美国国家科学基金就投资830万美元，支持由七所顶尖院校提出的"网格虚拟化和云计算"项目，其后又陆续将云计算技术运用到美国航空航天局等国家重要机构和尖端行业。2006年，美国亚马逊公司推出了简单存储服务（S3）和弹性计算云（EC2），云计算服务的产业化开始走向成熟。2008年，IBM公司又正式提出"蓝云"计划，推出公有云和私有云的概念，随后发布了基于云端的协作平台。与此同时，IBM等企业开始大举进军海外市场，仅在中国市场就已投资建立了无锡云计算中心、黄河三角洲云计算中心、铁路创新中心等云计算平台。

另外，在加强云计算全球布局的同时，美国也在不断提升网络信息资源保障的战略层级。2010年5月29日，奥巴马公布了名为《网络空间政策评估——保障可信和强健的信息和通信基础设施》的报告，强调美国21世纪经济繁荣将依赖于网络空间安全。2011年5月16日，美国司法部、国土安全部等六大部门在白宫发布《网络空间国际战略》。确保云计算信息资源的控制和保障是上述信息安全战略的核心利益，其中甚至指出如果网络空间遭到严重威胁，美国将动用包括军事手段予以反击。

3.2 欧盟国家的云计算产业布局和信息安全规划

在认识到云计算对全球产业发展和信息安全的重大影响，欧盟国家对云计算产业和安全的布局正在加快。保持独立发展和强化安全规范是欧盟国家的主要特征。例如，德国投入巨资保持在4G/LTE和云计算研究的前沿地位，并于2011年1月在德国马格德堡建立了目前欧洲最大的云计算中心，启动了经由卫星实施云计算的技术方案。

同时，欧洲网络及信息安全局（ENISA）积极制定了"云计算风险评估"规范，该机构发布的《云计算：好处、风险以及信息安全建议》报告中明确指出在公共云的数据安全会面临巨大的挑战，提出并不建议用户将最敏感或者核心的数据置于云端。此外，由于欧盟国家对用户隐私保护的严格标准，欧盟提出了云计算环境下保护信息安全的《数字议程计划》，对进入云资源池中的经济信息规定了删除时间。德国更严格规定：所有入云数据，必须保存在德国境内。为了制约云计算公司的不道德行为和窃取企业商业秘密的做法，欧盟成员国通过立法程序确保企业的经济信息安全。此外，针对美国扩张性的云计算战略，欧盟开始研究封杀欧洲市场上由美国公司提供的云服务，原因是欧盟发现美国可能将其《爱国法案》应用到所有在欧洲的云计算服务。根据《爱国法案》法案，提供云计算服务的美国公司在特定情况下需要将欧洲用户的数据提交给美国相关部门。欧盟已经在讨论禁止美国公司在欧洲提供云计算服务事宜，旨在迫使美国调整其相关法规。

3.3 日、韩、印等国的云计算产业布局

日本的云计算产业发展强调经济效果与社会效果的共赢。2010 年 8 月 16 日，日本经济产业省发布了《云计算与日本竞争力研究》报告，提出将从完善基础设施建设、改善制度和鼓励创新三个方面推进云计算发展，积极鼓励在医疗、教育、电力等各个领域全面利用云计算技术，同时强调须在充分考虑个人信息匿名化与信息安全的基础上，完善信息使用与传播的规章制度。

韩国于 2009 年 12 月制定了《云计算全面振兴计划》，提出在 2014 年前成为世界最高水准的云计算强国，计划提出通过政府公共部门先行投资及政企合作等方式，将韩国云计算市场规模扩大到现有水平的四倍，并要将在世界市场的占有率提高到 10%。

印度已将云计算产业列为其未来五年重要的发展战略之一。印度政府于 2010 年 3 月宣布，将打造全球首个向市民提供使用云计算技术的电子政府服务系统。此外，印度政府积极通过"政府云计算论坛"来推进云计算产业的发展。由于印度的基础设施不完备，其云计算市场尚处于发展的初级阶段，但云计算在印度的发展已经呈现了良好的发展态势，个人、家庭用户以及中小企业将正成为云计算市场增长的主要动力。但受安全性、可靠性等因素影响，大多数大型企业在短时间内仍对云计算持保守态度。

综上所述，全球各国围绕云计算发展与安全的规划布局。美国的"扩张型"信息安全战略，强调通过向全世界进行"信息疆域扩张"来保障和维护本国的安全和利益；欧盟的"集聚型"信息安全战略，强调"各成员协调一致，共同保障整体及各成员的信息安全"，日、韩、印等信息技术强国全力培育本国云计算产业，并积极向国外拓展。

4 我国云计算产业发展与信息安全对策

4.1 我国云计算产业的产业发展现况

2008 年伊始，我国加快了云计算发展的步伐。国内部分省市和大型企业纷纷投入云计算产业发展。2008 年，我国首个"商用云计算中心"落户无锡，2010 年北京启动了云计算的"祥云工程"。2010 年 10 月，发改委和工信部研究确定：北京、上海、深圳、杭州、无锡为云计算试点省市，指出发展试点示范工作要与区域产业发展优势相结合，与国家创新型城市建设相结合，与现有数据中心等资源整合利用相结合，立足全国规划布局，

推进云计算中心（平台）建设，进一步明确了国家发展云计算的总体思路和战略布局。2010 年底，上海发布了《上海推进云计算产业发展行动方案（2010~2012 年）》，确定重点发展六项重大工程，力争三年内实现云产业基地产值 50 亿元，初步形成有影响力的云计算产业雏形。但是，总体来看国内云计算产业仍主要停留在基础架构平台的建设上，在公共云计算运营方面（包括应用软件部署、按需定价收费模式等）方面处于探索阶段，而围绕云计算安全的国家战略、法律法规、技术标准等方面的研究和实践仍十分匮乏，从长远看将制约我国云计算产业的健康发展。

4.2 我国云计算信息安全的对策初探

当前我国云计算产业发展和普及应用正面临全面布局阶段，为了在新一轮的竞争中占领制高点并保障国家安全，我国云计算安全总体目标应定位为积极参与全球云计算标准、技术和平台的建设，获取云计算产业链各个环节的控制权，培育国内规模化、专业化的信息服务提供商，建立自主可控国家信息安全体系。具体路径包括：

（1）研究和制定国家层面的云计算安全战略，指导各地政府规划和产业发展，制定符合国际通行规则又具有中国特色的云计算信息安全规划，不断建立和完善信息安全风险预警、防范和应急的综合保障体系。

（2）尽快推进云计算信息安全法律规范的建设。一是研究制定国家、商业机构和个人的核心数据云端管理规范，解决云计算模式下的知识产权、用户隐私保护、商业保密信息等一系列法律归位。二是尽快建立云计算服务平台的建设规范、运营服务软件的验收规范，建立云服务资格许可证制度，建立云计算产品技术准入制度。三是对于涉及国家政治、经济、国防、社会公共安全的云计算信息系统的引进和建设，应建立行政审核机制，引导采用自主品牌的产品和技术。

（3）提高技术核心竞争力，支持和培育自主知识产权的云计算关键技术、装备的研发和推广应用。目前由于国外企业对核心技术的垄断，很少有国内企业进行操作系统、芯片以及底层硬件等基础技术的开发，而侧重于云计算的建设和应用。因此要努力把云计算整个产业链上的技术自主性，争取云计算平台的控制权，否则我国的信息安全乃至国家安全就可能长期受制于人。

（4）加强和完善我国云计算信息安全标准体系建设。一是要主动研究梳理国内云计算应用及标准化的需求，解决云计算的规划设计、系统建设、服务运营和质量保障等各个环节的问题。二是标准化工作需要产业链上各方的共同参与，包括政府、行业协会、专家学者、第三方研究机构、云计算相关软硬件和服务提供商，以及最终用户。三是要应积极参与包括国际组织 ISO/IEC JTC1 SC38 及 SC7 等的标准化工作，在与国际标准的交流和产业发展的实践中不断修改完善标准，用标准指导产业的有序建设和运行。

参考文献

［1］Vivek Kundra. Federal Cloud Computing Strategy［EB/OL］. http://www.cio.gov/documents/Federal-

Cloud–Computing–Strategy.pdf，2011–08–15.

　　［2］黄维真，何荷. "云计算" 时代的国家安全［N］. 中国国防报，2010–02–11.

　　［3］王燕，王煦. 云计算时代对我国信息安全的思考［J］. 现代管理科学，2011（2）：85–86.

　　［4］赛迪顾问股份有限公司. 中国云计算产业发展白皮书（2011）［EB/OL］. http：//tech.ccidnet.com/zt/cwb/images/cloudbook.pdf，2011–09–10.

　　［5］王汝林. 发展云计算必须高度重视 "云安全"［J］. 信息系统工程，2011（3）：15.

　　［6］卢新德. 构建信息安全保障新体系——全球信息战的新形势与我国信息安全［M］. 北京：中国经济出版社，2007.

An Analysis of the Theories and Strategies of China Information Security in Cloud Computing

Hui Zhibin

Abstract：Cloud computing represents the latest trends of today's global internet technology and applications. It will not only change the way people acquire, organize, disseminate and develop the information, but also promote a new round of development of the global network economy and information industry. And at the same time, it will reshape the deeper landscape of global information resource control and competition, and bring the opportunities and challenges for the sustained and stable development of economy, politics and culture in each country. This paper starts from the analysis of the origin, definition and characteristics of cloud computing, then, reveals the evolution of state information resource management model and the mechanism of information security in the cloud. After that, the paper explores the overall trends in information security in cloud computing. And under the above theoretical guidance, combined with the global major countries'cloud computing industry and the current status of information security, the paper proposes related strategies for China information security in cloud computing.

Key words：Cloud Computing；Information Security；State Security；Information Resource Management

基于数据挖掘的产品研发显性知识地图构建研究 *

郝占刚　毛荐其　王　桐

【摘　要】产品研发本质上是不同知识相互作用的结果。因此，产品研发的关键在于如何有效利用知识。首先，提出了基于知识来源的产品开发过程模型，对产品研发过程模型各阶段所涉及的知识进行了分析；其次，提出了基于数据挖掘构建产品研发显性知识地图的步骤；最后，以汽车研发为例，构建了汽车产品研发显性知识地图。

【关键词】数据挖掘；产品研发；显性知识地图；过程模型；知识管理

0　引言

产品研发是一个知识融合、传递和共享的过程，不同知识之间的嫁接、变异、融合能形成新的技术，从而诞生新的产品。因此，产品研发的关键在于对知识的有效利用。知识管理方法众多，其中知识地图作为一种有效的知识管理工具，对于产品研发具有十分重要的价值。知识地图是对已经获取的知识以及知识之间关系的可视化描述，它可以使具有不同背景知识的寻求者在不同详细程度上学习知识，并同其他人进行交流[1]。知识地图主要是对已有知识的描述，使得人们可以像查其他地图那样获取知识信息，增强对已有知识的使用[2]。

知识地图在某些领域已经获得了广泛应用，如情报研究[3]、知识管理与组织业务流程的有效结合[4]、学科知识地图构建[5]、企业知识管理[6] 等。在产品开发中对知识地图

* 基金项目：国家自然科学基金项目（71172086；70971077）；山东省自然科学基金项目（ZR2009HQ005）。

作者：郝占刚（1976—），男，河北邢台人，博士，山东工商学院工商管理学院副教授，研究方向为产品研发、数据挖掘；毛荐其（1963—），男，安徽桐城人，博士，山东工商学院工商管理学院教授，研究方向为产品研发；王桐（1977—），女，辽宁营口人，山东工商学院工商管理学院讲师，研究方向为技术创新。

本文引自《科技进步与对策》2013 年第 17 期。

的应用研究较少，苏海等[7] 针对机械产品开发的特点，提出一种基于元知识和 XML 可视化方法用于产品开发知识管理。即利用元知识统一描述知识内容及背景，并利用可视化技术生成基于 XML 的概念图、流程图和能力图，以减少知识孤岛现象，推动知识的应用。

波兰尼认为，人类知识包括两类：一类是通常被描述的知识，即以书面文字、地图和数学公式等形式加以表达的，称为显性知识；另一类是未被表述的知识，如我们在实践过程中所拥有的隐性知识。两类知识在产品研发过程中起着非常关键的作用，因此都应该是知识地图所包含的知识。但是，两类知识都有自己明确的特性，放在一起研究会有一定难度，从而难以构建有效的知识地图。因此，本文着重研究产品研发过程中显性知识地图的构建问题。

1　基于知识来源的产品开发过程模型

过程管理是指为了达到某种目的，对企业或组织过程进行设计、改进、监控、评估、控制和维护[8]。产品研发过程管理是在知识采集和运用的基础上，对企业各种资源进行优化配置，使企业能够完成产品研发，实现从概念产品到新产品上市的过程，包含产品研发流程中的组织管理和内容管理。

20 世纪 60 年代以前，西方市场经济还不发达，顾客对于产品的直接需求和间接需求较少，而企业也没有对市场进行研究，因此大部分产品创新来自于技术发展。当时，在西方技术创新理论中占主导地位的产品研发模式是技术推动式，由于忽视了顾客需求而导致很多研发失败。随着市场经济的发展，越来越多的企业开始意识到顾客才是决定企业生存的根本，企业产品必须为顾客所接受，才能盈利。在这一压力下，更多企业开始研究市场和顾客需求，在顾客需求基础上进行产品研发，以获得满足市场需求的产品。如北大方正的四次技术创新都直接来源于市场强烈的需求刺激。在这种研发模式中，顾客需求成为企业产品研发的动力，为企业产品研发指明了方向，激励企业开发更加符合市场需求的产品。

总之，无论是技术推动的产品研发还是需求拉动的产品研发，都存在某些缺陷。因此，傅家骥等[9] 构建了技术推动和需求拉动相结合的复合产品研发模型（见图 1）。

在对产品研发过程进行的研究中，很多学者提出了自己的产品研发过程模型。Rogers 等[10] 认为，产品研发管理发展经历了 5 个阶段；1986 年，Kline 和 Rosenberg[11] 构建了创新过程集成模型；1992 年，Roy Rothwell[12, 13] 提出了一种衡量创新过程的新模型——系统集成和网络模型；翟丽[14] 将产品开发过程模型分为结构化过程模型、权变模型和信息模型三种。为了能更好地梳理产品研发过程所包含的知识并体现产品研发过程，综合以上研究成果，本文构建了新的产品研发过程模型（见图 2）。

企业在进行产品研发时，首先要有自己的构想，构想是否合适，对于以后产品研发能

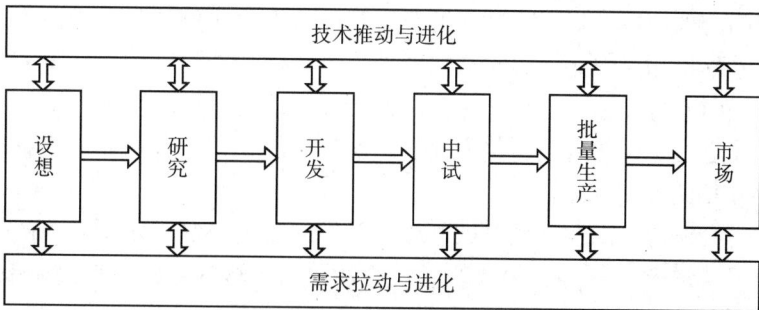

图 1 产品创新复合环状过程

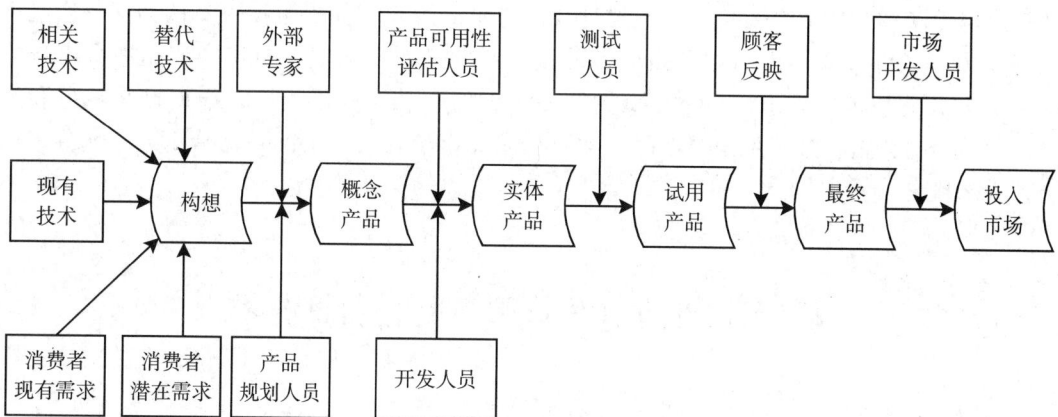

图 2 基于知识来源的产品开发过程模型

否成功起关键作用。不合适的构想不但会浪费企业很多的人力、物力、财力，还会延长企业产品研发时间，使企业失去产品投放最佳时机。本文认为，影响产品研发构想的因素有五个：现有技术、相关技术、替代技术、消费者现有需求、消费者潜在需求。现有技术是产品研发的基础，任何产品研发都必须在现有技术基础上进行。因此，产品构想的提出首先要对现有技术有一个清晰的了解。相关技术是指新产品与现有技术产品具有相关关系的技术，如互补技术等，相关技术对于企业产品研发也具有相当大的影响。替代技术是指新产品与现有技术产品形成替代关系的技术。如果替代技术产品具有超越现有技术产品的趋势，那么依靠现有技术进行产品研发就不可行；如果替代技术产品和现有技术产品相似度很低，那么现有技术才具有进行产品研发的价值。企业产品研发的最终目的是提高企业核心竞争力，而要做到这点，必须使企业的研发产品得到消费者认可，因此消费者需求是企业必须重点考虑的因素。消费者需求分为现有需求和潜在需求两种。消费者现有需求是指消费者对于产品性能的明确需求是基于消费者现在的生活和工作而产生的一种需求；消费者潜在需求是指消费者对产品某方面的需求，基于消费者现在的生活和工作，但这种需求还不清晰，需要企业去挖掘，去唤醒消费者的这种需求。

在产品研发过程中，当研发人员明确了构想之后，下一步骤就是提出概念产品。概念产品是实体产品的理论模型，一个理想的概念产品是产生实体产品的必要前提。这一阶段需要对相关技术理论相当熟悉、有深入研究的人员，而在理论方面，一些高校和研究机构具有很大优势，因此可以与之进行合作。除此之外，还需要产品规划人员的参与。产品规划人员是对产品进行定义的人员，他们通过跟踪市场用户，做市场调研，看行业报告，从而确定产品 3~5 年的发展规划。

实体产品是在概念产品理论模型的基础上开发出来的产品。对于实体产品的开发，除了有产品研发人员的参与，还必须有产品可用性评估人员的参与，他们应保证产品可用、易用，而且能够被用户接受。当实体产品研制成功后，企业需要测试人员对产品进行测试。测试人员的工作应独立完成，不能受其他任何人的影响。在某些情况下，要设身处地地把用户需求和利益放在首位，甚至要把自己想象成用户。如果测试人员认为某一产品无法获得用户认可，就要重新对产品进行设计和开发。如果测试人员认为产品适合市场需求，则进入下一阶段，小批量生产试用产品。试用产品投放市场后，根据顾客意见和反映，对其进行调整，并确定最终产品。最终产品经市场开发人员的各种营销策略和营销渠道，最终投入市场。

2　产品开发过程模型各阶段知识分析

（1）构想阶段。由上文可知，影响企业构想的因素有五个，这五个因素也是这一阶段知识的五个来源。现有技术、相关技术、替代技术都是技术知识，按照其包含的内容可分为理论知识和应用知识两类：①理论知识包括原理描述类知识、公式描述类知识和规则描述类知识三类。其中，原理描述类知识是对技术相关理论进行表述、分析、讲解的知识，公式描述类知识是对技术相关公式进行表述、分析、讲解的知识，规则描述类知识是对技术相关规则进行表述、分析、讲解的知识。②应用知识是对技术相关原理、公式、规则进行应用的知识。一项技术往往包含若干原理类知识、公式类知识和规则类知识，但这些知识如何有机交融并形成一项新技术却非常困难。理论知识属于显性知识，应用知识属于隐性知识。技术知识按照其载体，可以分为文本知识、数据库知识、视音频知识、存在于人的知识、存在于组织的知识四种。其中，文本知识、数据库知识、视音频知识属于显性知识，存在于人的知识和组织的知识属于隐性知识。消费者现有需求属于显性知识，消费者潜在需求属于隐性知识。

（2）概念产品产生阶段。概念产品的产生需要外部专家和产品规划人员的共同努力。一般而言，外部专家对理论知识掌握得更为深刻、更为广泛，其对概念产品的产生具有非常重要的作用，所选择的知识内容为显性知识。如何运用这些知识去产生概念产品，则为隐性知识。产品规划人员要有前瞻性，不仅能看到现在市场是什么样的，还要能看到 3~5年以后会是什么样的。产品规划人员对未来进行判断要有一定依据，这些依据主要通过以下途径获得：大量研究、跟踪市场用户、做市场调研、看行业报告。产品规划人员从以上途径所获得的判断依据属于显性知识，而对这些依据的运用，从而对概念产品产生起重要指导作用的知识和能力则属于隐性知识。

（3）实体产品产生阶段。该阶段知识来源于产品可用性评估人员和开发人员。产品可用性评估人员需要对产品进行评估，要保证产品可用、易用，而且能够被用户接受。这就需要一个客观评价标准、评估人员运用标准进行客观评价的能力。评价标准属于显性知识，评估人员运用标准的能力属于隐性知识。开发人员是开发实体产品的人员，其知识构成分为两部分：一部分是客观的、应用于产品开发的知识，属于显性知识；另一部分来自对产品进行开发的能力，属于隐性知识。

（4）生产试用产品阶段。测试人员对产品的最终评价是产品生产试用能否成功的关键。测试人员要根据自己的独立判断，对产品是否适用作出客观评价。这需要测试人员站在用户和产品两个角度，因此评价标准来源于用户和产品两个方面，评价标准属于显性知识。同时，测试人员还会有自己的判断和运用标准进行评价的能力，这种能力属于隐性知识。

（5）最终产品生产阶段。这一阶段顾客反映是最终产品形成的关键。顾客要从产品性能、产品质量、产品外观等方面对产品进行评价，其对产品是否认可主要由自己的主观愿望决定，因此顾客知识主要以隐性知识为主。但也有一些可以明确表述的评价内容，构成了显性知识。

（6）投入市场阶段。这一阶段需要市场开发人员的参与。市场开发人员需要采用适当的营销方法和手段把产品推向市场，还可以运用已经成熟的营销策略或创新策略进行市场开发，推出企业的研发产品，这其中要用到大量知识。已经形成的营销策略和手段、创新形成的营销策略和手段都属于显性知识，而运用这些营销手段进行产品推广、市场开发的能力则属于隐性知识。

由以上分析可知，在企业产品研发过程的每一阶段都有知识，大量的显性知识和隐性知识构成了一个复杂的知识体系。为了能更好地认识知识、了解知识、利用知识，本文构建了一个关于产品研发的显性知识地图。

3 基于数据挖掘的产品研发显性知识地图

知识地图作为一种有效的知识管理工具，应保证知识的正确性和适用性，因此需要采用数据挖掘方法对所获得的原始数据进行分析、加工，以获得企业研发所需要的知识。在知识地图构建方面，需要把相似性较高的知识放在一起，形成某一类知识，同时也要考虑各类知识之间的关联性，构建步骤如图 3 所示。

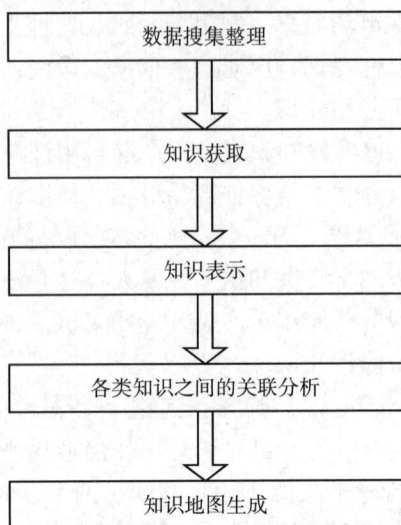

图 3 基于数据挖掘的产品研发显性知识地图构建步骤

3.1 数据搜集整理

在企业中存在大量与研发相关的数据，这些数据主要有以下几个来源：企业平时积累的数据；从外部相关数据库或其他载体中搜集到的相关数据；企业内外部调研得到的数据；从网络或其他途径得到的相关研发数据。这些纷繁复杂的数据都可能对企业研发起到某些作用，有些甚至是关键作用。因此，为了保证企业研发能够顺利高效地运行，必须搜集尽可能全的原始数据，才能保证知识地图的有效性。

3.2 知识获取

通过原始数据搜集，可以获得大量数据资料，但是从大量数据中获取适用知识难度很高。鉴于此，本文采用数据挖掘技术对原始数据进行处理，以获得对企业研发有价值的知识。数据挖掘中的聚类方法可以对企业中的大量数据进行聚类处理，形成若干个数据类别，类内数据相似度高，类间数据相异度高，从而能形成体现不同信息的数据类。本文主要采用两种算法进行聚类：第一种是基于遗传算法和 k-medoids 算法相结合的聚类算法[15]，主要对数据信息进行聚类；第二种是基于混沌社会演化算法的文本聚类算法[16] 及其他算法[17-21]，主要对文本信息进行聚类。

通过聚类算法可以把原始数据划分为若干个不同的种类，通过每一类数据的典型特征，可以知道每一类数据在整个产品研发中所起的作用。剔除对产品研发没有太多作用的数据，通过深入分析，形成产品研发所需的知识。

3.3 知识表示

知识必须被清晰地表示出来才能够被研发人员了解和使用，从而发挥其本身应有的作用。知识表示是知识组织的前提和基础，任何知识组织方法都要建立在知识表示的基础上。因此，要构建知识地图，也必须首先把获取的知识用某种形式清晰简要地表示出来。具体包括：①知识粒子。知识粒子是最小的知识颗粒，表示一个最小的基本知识元素。知识粒子包含自己的属性，其属性可以是对象或某类事物的形态、特性等，也可以是某一类问题的解决方案或者解决过程，如长度、重量、方式、置信度、加工工艺工程等。②知识因素集。知识因素集用来描述问题、对象或任何一个实体的属性取值，可以定义为由一个因素集名和一组知识粒子构成的对。③知识关联项。知识关联项用来表示各知识因素集之间的联系，这种联系可以是一对一的联系、一对多的联系，也可以是多对一的联系。④知识表示式。知识表示式用来描述一个完整的知识，它有一个表示式名，包含一个或若干个知识关联关系集。⑤元知识。元知识是关于知识的知识，可以简要描述各类知识所包含的内容、所使用的结构、所具有的特征。BNF（BNF：Backus-Naur Form，巴科斯范式）描述的知识表示结构如下[22]：

<知识粒子>：：=<属性名>=<属性值>

<知识因素集>：：=<知识因素集名>，（知识粒子）

<知识关联项>：：<知识因素集>

（<知识关联项名>，（<知识因素集［名集］>））OP

<知识因素集［名］集>

<知识表示式>：：（知识表示式名）（知识关联项集）

（知识表示式名）（知识关联项名集）

<元知识>：：=<知识要点描述><作用原理描述>

<关联关系描述><类别描述>

3.4 各类知识之间的关联性

知识往往不是孤立的，各类知识之间都有相互联系。对于产品研发者而言，了解各类知识之间的联系非常必要，可以采用数据挖掘中的关联规则对各类知识之间的联系进行研究。关联模式是数据项之间存在的关联规则，是在同一事件中出现的不同项之间的相关性，如顾客在同一次购买活动中购买不同商品之间的相关性。最著名的关联规则挖掘算法是由 Agrawal 等于 1994 年提出的 Apriori 算法。Apriori 算法的基本思想是：统计多种商品在一次购买中共同出现的频数，然后将出现频数最多的搭配转换为关联规则。Apriori 算法的核心是：用前一次扫描数据库的结果产生本次扫描的候选项目集，从而提高搜索效率。通过关联规则挖掘可以分析各类知识之间的联系，从而提高知识利用率。

3.5 知识地图生成

从上述步骤中可以获得企业产品研发需要的知识，并且这些知识已经有了很好的特征和表示。本文将采用基于过程/任务的方法[23]来构建知识地图。将已经获取的不同类的知识按照面向对象的方法封装存储，并将这些知识的知识——元知识存储到元知识库中。

4 实例研究

汽车工业作为国民经济支柱产业，是技术创新不断且竞争日益加剧的行业。为了提升汽车产业的竞争力，就必须提高汽车研发水平，这是汽车企业中最核心的业务部分。因此，构建显性知识地图，提高企业研发知识管理水平，对于汽车研发企业非常迫切。具体可从以下几个方面着手：①对汽车研发所需的大量原始数据进行搜集，包括与造型设计、结构设计、研发管理、法律法规、相关专利、工作模板、零件、用户、相关利益者等相关的数据。②采用遗传算法和 k-medoids 算法相结合的聚类算法、基于混沌社会演化算法的聚类算法以及其他算法[18-21]对所获数据进行挖掘，从中找到与研发相关的知识。③对所获知识采用本文提出的知识表示方式予以表示。④研究所获知识之间的关联关系。⑤在上述基础上，生成汽车研发显性知识地图（见图 4）。

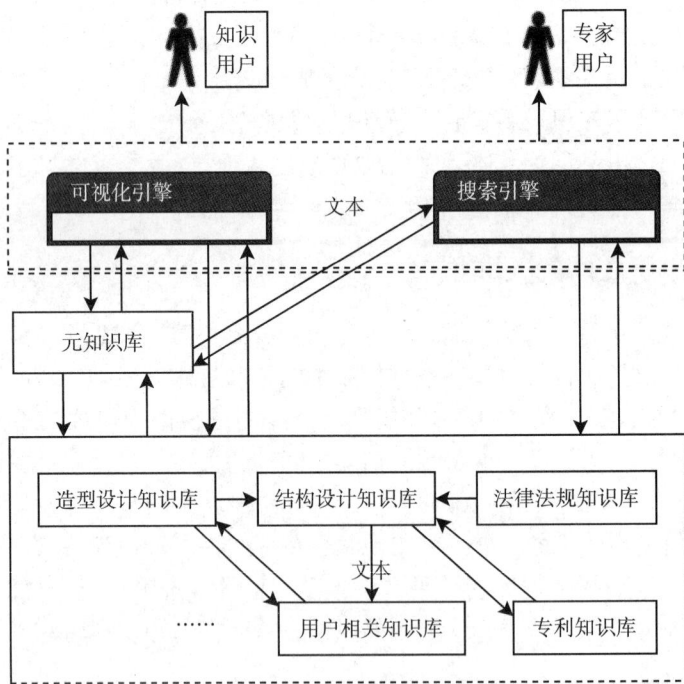

图 4　汽车产品研发显性知识地图

5 结 语

产品研发是一个知识融合、传递和共享的过程，不同知识之间的嫁接、变异、融合能形成新技术，从而诞生新产品。因此，产品研发的关键在于对知识进行合理利用。本文提出了基于知识来源的产品开发过程模型，并对产品开发过程模型各阶段的知识进行了分析，进而构建了基于数据挖掘的显性知识地图，最后实例构建了汽车研发显性知识地图。

参考文献

［1］VAIL Ⅲ，EDMOND F.. Knowledge mapping：Getting started with knowledge management［J］. Information Systems Management，1999，16（4）：16–23.

［2］D Amorer，Konchadym，Obrstl. Knowledge mapping aids discovery of organizational information［EB/OL］. http：//www.miter.org/news/theedge/april00/damore.html，2007–03–23.

［3］王曰芬，邵鹏等. 情报研究中知识地图的应用探索［J］. 图书情报工作，2006，5（12）：83–87.

［4］苑忠磊，张成洪等.面向流程的企业知识地图及其本体实现［J］.计算机集成制造系统，2006，12（9）：1524–1530.

［5］邓三鸿，金莹，杨建林.学科知识地图的构建——以图书、情报学为例［J］.情报学报，2006，25（1）：3–8.

［6］陈远，钟晓星.基于工作流的知识地图及其在企业知识管理中的应用［J］.中国图书馆学报，2005（2）：92–94.

［7］苏海，蒋祖华，伍宏伟.面向产品开发的知识地图构建［J］.上海交通大学学报，2005，39（12）：2034–2039.

［8］Miller W. L.，Morris L.. 4th generation R&D：Managing knowledge，technology，and innovation［M］. New York：John Wiley & Sons，Inc.，1999.

［9］傅家骥等. 技术创新学［M］. 北京：清华大学出版社，1998.

［10］Debra M.，Rogers A. The challenge of fifth generation R&D［J］. Research Technology Management，1996（7–8）：33–41.

［11］Kline S. J.，ROSENBERG N.. An overview of innovation［C］//Landau R.，Rosenberg N. The positive sum strategy–harnessing technology for economic growth. Washington，D. C.：National Academy Press，1986.

［12］Rothwell R. Successful industrial innovation：Critical factors for the 1990s［J］. R&D Management，1992，7（3）：191–206.

［13］Rothwell R. Issues in user–producer relations：Role of government［C］. Special Annual Issue of the International Journal of Technology Management，1993.

［14］翟丽. 集成产品开发过程及其概念模型［J］.科研管理，1999，20（1）：100–107.

［15］Hao Zhangang. Building text knowledge map for product development based on CSEP method［J］. 2009 International Conference on Computer Network and Multimedia Technology，2009（12）：1081–1085.

［16］ Hao Zhangang, Yang Jianhua. Building knowledge map for product development based on Gakme method［J］. The Second International Workshop on Education Technology and Computer, 2010（3）：696–699.

［17］ Henry Anaya–Sanchez, Auroar Pons–Porrata, et al. A document clustering algorithm for discovering and describing topics［J］. Pattern Recognition Letters, 2010, 31（6）：502–510.

［18］ G. Forestier P., Ganrski C. Wemmert. Collaborative clustering with background knowledge［J］. Data & Knowledge Engineering, 2010, 69（2）：211–228.

［19］ Linghui Gong, Jianping Zeng, Shiyong Zhang. Text stream clustering algorithm based on adaptive feature selection［J］. Expert Systems with Applications, 2011, 38（3）：1393–1399.

［20］ Argyris Kalogeratos, Aristidis Likas. Document clustering using synthetic cluster prototypes［J］. Data & Knowledge Engineering, 2011, 70（3）：284–306.

［21］ 郝占刚. 数据与文本挖掘及其在研发决策中的应用［M］. 北京：经济管理出版社，2011.

［22］ 温有奎，徐国华，赖伯年等. 知识元挖掘［M］. 西安：西安电子科技大学出版社，2005.

［23］ Jennex M. E., Olfman L.. Assessing knowledge management success effectiveness models［C］. Hawaii：IEEE Conference Proceeding, 2004：236–245.

基于数据复杂性的信息系统复杂度测量 *

刘　伟　葛世伦　王念新　尹　隽

【摘　要】信息系统的复杂度测量是进行信息系统成本核算和信息系统报价等的前提。为了更加全面、动态地测量信息系统复杂度，首先，提出了数据复杂性的概念，将数据复杂性分为数据结构、数据量和数据操作三个维度，构建了基于数据复杂性的信息系统复杂度的测量模型；其次，建立了数据复杂性三个子维度的信息熵模型，同时利用复杂性格空间理论对数据复杂性进行了整体测量；最后，对两家中型制造企业的物资和经营销售管理信息系统进行了实证研究，验证了该测量模型和计算方法的有效性。

【关键词】信息系统复杂度；数据复杂性；信息熵；格空间

1　引言

准确测量信息系统复杂度是进行信息系统成本估算和信息系统报价的基础，也是合理规划信息系统开发、运维进度以及工作量考核的前提。信息系统复杂度的测量已经成为学术界和实践界关注的热点话题之一[1]，已有的研究主要从系统结构[2-5]、配置过程[6-9]和应用软件[10-13]等角度测量信息系统复杂度。从系统结构角度，主要将信息系统进行结构层次划分，然后针对层内及层间的基本单元和相互关系进行复杂性测量，主要利用 Petri 网、熵等方法，而熵也在其他领域的结构复杂性研究中同样发挥着不可取代的作用[14]。配置复杂性是由 IBM 公司 Thomas J. Watson 研究中心提出的，并运用于多种信息系统实践中，而对配置复杂性测量模型的研究主要是按照原子配置行为和配置行为数量建立起来的，并针对整个配置流程[6-9]。在应用软件复杂性研究方面，基于控制流的 McCabe 环复杂

---

* 基金项目：国家自然科学基金（70971056，71331003，71271104，71101065）。

作者：刘伟、葛世伦。葛世伦（1963—），男，浙江天台人，教授，博士，博士生导师，研究方向为企业建模、信息系统运维、船舶制造企业信息化等。

本文引自《系统工程理论与实践》2013 年第 12 期。

度法是一种结构化程序度量方法，它通过计算线性独立路径条数来度量程序的复杂性[10]；基于程序体积的 Halstead 法通过计算程序中运算符和操作数的数目对程序复杂性加以度量[11]；面向对象的 C&K 度量法和 MOOD 法则主要聚焦了类内部及类之间继承和耦合的复杂性[12]。除了这些传统的方法外，近年来复杂性理论[15] 和复杂网络理论[16] 逐渐应用到软件复杂性研究中，主要通过建立具有复杂拓扑结构的图/网络模型来描述软件系统的复杂性[13]。另外，Xia 和 Lee 提出了信息系统开发项目复杂性框架，对 ISDP 复杂性的影响因素进行了实证研究[17]。

现有研究从不同角度构建了信息系统复杂度的测量模型，为科学测量信息系统复杂度进行了有益尝试。但是上述研究仍然存在一些局限，一方面，测量模型不够全面，难以准确测量信息系统复杂度，如从系统结构、配置过程和应用软件角度测量信息系统复杂度，主要测量的是信息系统的结构复杂度，没有考虑用户行为对信息系统复杂度的影响；另一方面，现有研究主要是对信息系统复杂度进行静态测量，其测量模型缺乏动态性因素。为了更加全面、动态地测量信息系统复杂度，论文从数据复杂性角度，将数据复杂性分为数据结构、数据量和数据操作三个维度，构建了基于数据复杂性的信息系统复杂度的测量模型，并利用信息熵和复杂性格空间开发了数据复杂性的计算方法，最后利用两个企业的物资和经营销售管理信息系统验证论文提出的测量模型和计算方法的有效性。

2 数据复杂性的测量模型

从信息处理论的角度来看，信息系统本质上是数据处理系统，其主要功能就是对数据进行采集、加工、存储和传播[18]。数据既是信息系统的输入和输出，也是信息系统的管理对象，信息系统运行过程中会不断累积各类数据，反映组织的状态、特征、行为、绩效等[19]。因此，从这个角度讲，数据的复杂性将决定对其进行管理的信息系统的复杂度，合理准确地界定数据复杂性的内容和范围，是测量信息系统复杂度的一个新的视角。

2.1 数据复杂性测量模型

数据复杂性是指信息系统在运行过程中，从数据的静态性和动态性两个层面所反映的数据本身以及用户对数据对象操作的复杂程度。它包含了数据结构、数据量和数据操作三个维度，数据的静态性包含了数据结构和数据量，而数据操作则表征用户行为的数据动态性。

数据复杂性测量空间 {数据结构，数据量，数据操作} 是一个三元组的测量域，而对于每一个测量域又由不同的测量指标构成，同时每一个测量指标对数据复杂性的影响程度是不同的。具体数据复杂性测量模型如图 1 所示。

复杂性测量域	复杂性测量因素	构成指标的熵信息量
数据结构	实体	实体集数 H_c
	联系	联系集数 H_r
		二元联系 H_d
		M∶N 联系 H_{ab}
		1∶N 联系 H_{tb}
		IsA 联系数 H_{ttb}
	属性	属性数 H_c
		属性类型 H_{ss}
数据量	记录	元组数 H_t
数据操作	访问量	访问数 H_{pv}
	访问频度	用户访问率 H_{rv}
	并发	并发数 H_{cv}

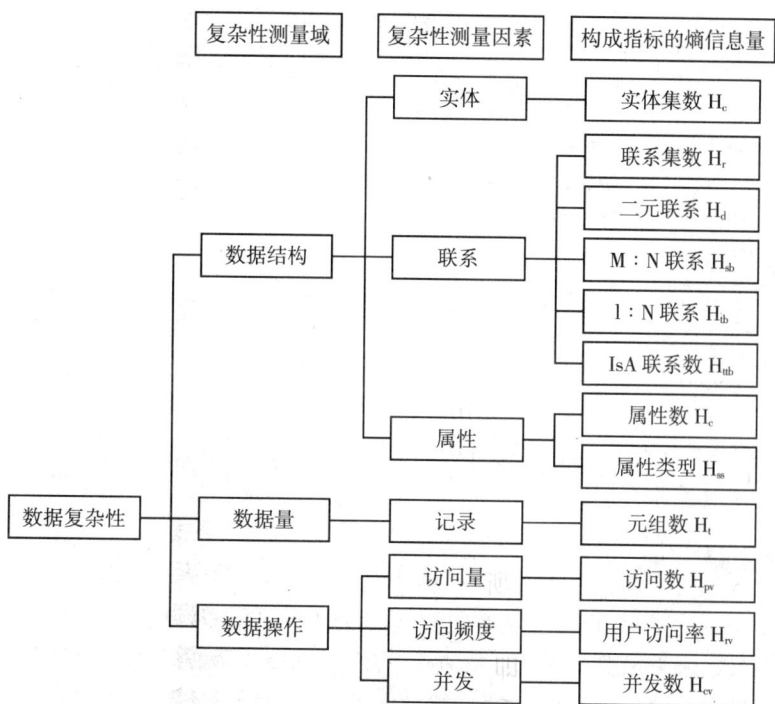

图 1　数据复杂性测量模型

2.2　数据结构

在信息系统中，数据结构是指系统存储、组织数据的方式。通常情况下，良好的数据结构可以带来更高的运行或者存储效率。数据结构的基础是数据模型，数据模型是一个描述数据、数据联系、数据语义以及一致性约束的概念工具的集合，而其中实体联系模型（E-R 模型）是由 Peter Pin-Shan Chen 于 1976 年提出的，被视为目前最适用的描述数据结构的方法[19]，所以应用 E-R 模型来描述数据结构是最佳的选择。

E-R 模型中主要有实体、联系和属性三个维度的 8 个指标，其中实体中主要是实体集数对数据复杂性的影响。联系中主要包含了联系集数、二元联系、M∶N 联系、1∶N 联系和 IsA 联系等指标，其中联系集数和 IsA 联系这两个因素主要是数量大小的影响，而二元联系指的是二元联系在联系中所占的比例，M∶N 联系和 1∶N 联系是指两者在二元联系中的比例，这几个指标是指半个基本要素对整体要素不同的信息贡献对数据复杂性的影响。属性有属性数和属性类型两个指标，属性数是各个实体集和联系集中属性数的总和，同时每一个属性可能会对应不同的数据类型。数据类型的不同也使得数据可取值的域是不同的，按照存储空间的字节大小将 SQL 常用的 24 个划分为八个属性类型：$k_1 = 0.01$、$k_2 = 0.02$、$k_3 = 0.04$、$k_4 = 0.08$、$k_5 = 0.09$、$k_6 = 0.1$、$k_7 = 0.16$、$k_8 = 0.5$。属性类型的分类如表 1 所示。

其余 sysname、SQL-variant、table 等类型在这里没有讨论。用户自定义类型 sysname

表 1 属性类型的分类

属性类型	所包含的数据类型
$k_1 = 0.01$	char，tinyint，bit
$k_2 = 0.02$	smallint
$k_3 = 0.04$	int，real，smalldatetime，smallmoney
$k_4 = 0.08$	bigint，flout，datetime，money，timestamp
$k_5 = 0.09$	decimal，numeric
$k_6 = 0.10$	nchar
$k_7 = 0.16$	text，ntext，image，uniqueidentifier
$k_8 = 0.50$	binary，varninary，varchar，nvarchar

如果存在，可根据实际情况添加到模型中，同样对于某些数据类型的存储空间大小有较明显变化而达到其他属性类型的值时，可按实际情况进行重新设定，如 char 和 varchar 等。

2.3 数据量

数据量是指信息系统中二维表所包含记录数的多少，因数据库的行数有对应着元组数，所以用元组数来测量其复杂性。数据结构已经确定了数据库的"宽度"，它的"高度"主要是由数据量的不同所决定的，即元组数的大小，数据量直接影响了信息系统中所含内容多少，是测量静态数据复杂性的重要指标。

2.4 数据操作

从数据的动态性分析，数据操作是由用户对数据对象的访问而产生对数据的操作，主要包含了访问量、访问频度和并发三个指标。访问量是指访问数据的用户总数，从时间维度来考虑既可以是用户访问的时间点上的数量，也可以是一个时间段的访问数量，这主要根据复杂性测量的需要来确定；而访问频度是用户对数据的访问速率，是在一个时间间隔期内用户的平均访问速率，即单位时间内用户的访问数。同时，在同一时点上，多个用户对同一数据对象的操作会引起并发现象，这对动态的数据复杂性会产生很大影响。在复杂性测量时间点上，并发数是测量动态的数据复杂性非常重要的指标。

3 基于信息熵与复杂性格空间理论的数据复杂性计算方法

3.1 数据复杂性的信息熵计算方法

信息熵最早由信息论之父 Shannon[20] 提出，信息熵是指把信息中排除了冗余后的平均信息量。

定义 1　若一个 X 的值域为 $\{x_1, x_2, \cdots, x_n\}$，每个基本的测量要素对总体的复杂性的平均信息量贡献为 $f(x_i) = n_i/n$，则数据复杂性信息熵函数可以表示为：

$$H(X) = \sum_{i=1}^{n} f(x_i)I(x_i) = -\sum_{i=1}^{n} f(x_i)\log_b f(x_i) = -\sum_{i=1}^{n} \frac{n_i}{n}\log_b \frac{n_i}{n} \qquad (1)$$

其中，通常 $b=2$，$I(x_i)$ 为随机变数；H 表示复杂性信息含量值。

3.1.1　数据结构的信息熵模型

现实世界是由实体及实体间的联系构成的，实体联系模型是表达数据结构的有效方式，论文利用 ER 模型来测量数据结构的复杂性。数据结构复杂性测量因素空间 = ｛实体，联系，属性｝= ｛实体集数；联系集数、二元联系、M：N 联系、1：N 联系、IsA 联系数；属性数、属性类型｝。对每一个进行复杂性测量如下：

（1）实体。实体是在现实世界中区别于其他对象的"事物"或"对象"，数据库中实体的测量因素主要是实体集的数量对数据复杂性的影响，则：

定义 2　设信息系统 E-R 模型中实体集数为 n_m。则实体集的复杂性信息量为：

$$H_e = n_m\left[-\frac{1}{n_m}\log_2 \frac{1}{n_m}\right] = -\log_2 \frac{1}{n_m} \qquad (2)$$

（2）联系。联系是实体间的相互关联，联系对于数据复杂性的影响因素主要有：联系集数、二元联系、M：N 联系、1：N 联系和 IsA 联系。其中，对每一项的复杂性测量如下：

1）联系集数。联系集数指 ER 模型中联系集的总数量，也就是 ER 模型中"菱形"的总个数，则：

定义 3　设信息系统 E-R 模型中联系集数为 n_p，则联系集的复杂性信息量为：

$$H_r = n_p\left[-\frac{1}{n_p}\log_2 \frac{1}{n_p}\right] = -\log_2 \frac{1}{n_p} \qquad (3)$$

2）二元联系。ER 模型中联系有递归联系，二元联系和三元及以上等联系类型，并不是所有的非二元联系都能转化为二元联系。联系的度不一样将会影响数据结构的复杂性，所以二元联系数量不同，数据结构的复杂性也不同。将 E-R 模型中二元联系数与联系集数的比定义为二元联系的复杂性平均信息贡献量，则：

定义 4　设信息系统 E-R 模型中联系集数为 n_p，二元联系数为 n_q，则二元联系的复杂性信息量为：

$$H_b = -\frac{n_q}{n_p}\log_2 \frac{n_q}{n_p} \qquad (4)$$

3）M：N 联系。影射基数是指一个实体通过一个联系集能同时与多少个实体相关联，它在二元联系中包含了三种情况：一对一、一对多（多对一）和多对多，可以将其概括为 1：N 和 M：N 两种情况，其中 1：N 联系的总数，包含了一对一和一对多的情况，所以对联系的复杂性测量，主要是对 M：N 联系和 1：N 联系进行测量。则：

定义 5　设信息系统 E-R 模型的联系集中 M：N 联系数为 n_s，二元联系数为 n_q，则

M：N 联系的复杂性信息量为：

$$H_{sb} = -\frac{n_s}{n_q}\log_2\frac{n_s}{n_q} \tag{5}$$

4）1：N 联系。1：N 联系包含了联系中一对一和一对多的情况，则：

定义 6 设信息系统 E-R 模型的联系集中 1：N 联系数为 n_s，二元联系数为 n_q，则 1：N 联系的复杂性信息量为：

$$H_{sb} = -\frac{n_s}{n_q}\log_2\frac{n_s}{n_q} \tag{6}$$

5）IsA 联系数。实体集中有时包含一些子集，子集中的实体在某些方面区别于实体集中的其他实体。这是对于实体集内部的一种分组，用父类子类联系也就是 IsA 联系来测量其复杂性，则：

定义 7 设信息系统 E-R 模型中 IsA 联系数为 n_u，第 i 个 IsA 联系中有 1 个父类实体，n_{ui} 个子类实体，则第 i 个 IsA 联系的复杂性信息量为：

$$h_{iu} = -\frac{1}{n_{ui}}\log_2\frac{1}{n_{ui}} \tag{7}$$

则信息系统 E-R 模型中总的 IsA 联系复杂性信息量为：

$$H_u = \sum_{i=1}^{n_u} h_{iu} = -\sum_{i=1}^{n_u}\frac{1}{n_{ui}}\log_2\frac{1}{n_{ui}} \tag{8}$$

（3）属性。在数据库中，实体和联系都有属性，每个属性都有一个可取值的域，属性是把实体集或联系集映射到域的函数上，用来描述实体或联系的属性值是存储在数据库中数据的重要组成部分。属性有复合属性、多值属性和派生属性等，其集中体现在实体集属性和联系集属性中，主要包含了属性数和属性类型两个指标。

1）属性数。属性数是指实体集和联系集中属性的个数总和，则：

定义 8 设信息系统 E-R 模型中实体集和联系集总和为 n_a，则 $n_a = n_m + n_p$，第 i 实体集或联系集的属性数为 N_i，则 i 中的属性复杂性信息量为：

$$h_{ia} = n_i\left[-\frac{1}{n_i}\log_2\frac{1}{n_i}\right] = -\log_2\frac{1}{n_i} \tag{9}$$

则信息系统 E-R 模型中总的属性复杂性信息量为：

$$H_a = \sum_{i=1}^{n_a} h_{ia} = -\sum_{i=1}^{n_a}\log_2\frac{1}{n_i} \tag{10}$$

2）属性类型。在信息系统中数据有两种特征：类型和长度。所谓类型就是以数据的表现方式和存储方式来划分的数据种类，属性类型是根据数据类型的不同来进行划分，则：

定义 9 设属性中的八个属性类型 k_1，k_2，k_3，k_4，k_5，k_6，k_7 和 k_8 所对应每种分类中包含的数据类型出现的总个数为：n_1，n_2，n_3，n_4，n_5，n_6，n_7 和 n_8，则总的属性个数为：$n = n_1 + n_2 + n_3 + n_4 + n_5 + n_6 + n_7 + n_8$，则总的属性类型的复杂性信息量为：

$$H_{ta} = \sum_{i=1}^{8} k_i\left[-\frac{n_i}{n}\log\frac{n_i}{n}\right] = -\left(k_1\left[\frac{n_1}{n}\log\frac{n_1}{n}\right] + \cdots + k_8\left[\frac{n_8}{n}\log\frac{n_8}{n}\right]\right) \tag{11}$$

3.1.2 数据量的信息熵模型

信息系统中数据量的大小对数据复杂性有最直接的影响。数据结构决定了数据库的"宽度",而数据库的"高度"就是由数据量的大小决定的。数据库的一行对应着一个元组,所以从数据库中元组数的角度来对数据量的复杂性进行测量,则:

定义 10 设信息系统中的第 i 张表的元组数为 m_i,共有 n 张表,则表 i 中的数据量复杂性信息量为:

$$h_{it} = m_i\left[-\frac{1}{m_i}\log_2\frac{1}{m_i}\right] = -\log_2\frac{1}{m_i} \tag{12}$$

则信息系统总的数据量复杂性信息量为:

$$H_t = \sum_{i=1}^{n} h_{it} = -\sum_{i=1}^{n}\log_2\frac{1}{m_i} \tag{13}$$

3.1.3 数据操作的信息熵模型

在完成了对数据的静态性分析之后,动态的数据复杂性就主要体现在了由用户对数据对象访问引起的数据操作,而从数据操作的角度分析,访问量、访问频度和并发这三个方面影响了其复杂程度。在对数据操作的复杂性测量中,访问量和并发既可以用来测量时间点上的复杂性,又可以测量信息系统的一个时间间隔期内,甚至是整个信息系统生命周期的复杂性,而访问频度是一个平均值,根据测量的需要选择适当时间段内的平均访问速率,这三个指标的测量模型如下:

(1)访问量。访问量的大小主要取决于在复杂性测量时间点上的用户访问信息系统的数量,论文选择对某一测量时间点进行复杂性测量,则:

定义 11 设在复杂性测量的时间点 t 时刻,用户对信息系统的访问数为 n_q,则访问量的数据复杂性信息量为:

$$H_{qv} = n_q\left[-\frac{1}{n_q}\log_2\frac{1}{n_q}\right] = -\log_2\frac{1}{n_q} \tag{14}$$

(2)访问频度。访问频度是指单位时间内用户对数据库的访问数,也就是在时间间隔期 t 内,用户对信息系统访问的平均速率。在这里,时间间隔 t 是根据具体的测量要求和测量对象实际情况决定的,则:

定义 12 设在复杂性测量时间间隔期 t 内,用户对信息系统的访问总数为 n_k,访问速率为 r_k,则:

$$r_k = \frac{n_k}{\Delta t} \tag{15}$$

访问频度的复杂性信息量为:

$$H_{rv} = -r_k\left[-\frac{1}{r_k}\log_2\frac{1}{r_k}\right] = -\log_2\frac{\Delta t}{n_k} \tag{16}$$

(3)并发。在同一个时间点上,多个用户同时对同一数据对象进行操作,会造成并发。在这样的系统中,必须提供一定的并发机制以确保用户访问的互不干扰,所以并发的多少会影响动态数据的复杂性。并发主要是由对同一数据对象进行操作的用户数以及并发对象的数量两个方面所决定，则：

定义 13 设在复杂性测量时间间隔期 t 内，产生并发的操作对象的数量为 c_c，第 i 个操作对象中用户访问的并发数为 n_{ci}，则第 i 个操作对象的并发数复杂性的信息量为：

$$h_{ic} = n_{ci}\left[-\frac{1}{n_{ci}}\log_2\frac{1}{n_{ci}}\right] = -\log_2\frac{1}{n_{ci}} \tag{17}$$

总的并发数复杂性的信息量为：

$$H_{cv} = \sum_{i=1}^{n_c} h_{ic} = -\sum_{i=1}^{n_c}\log_2\frac{1}{n_{ci}} \tag{18}$$

3.2 数据复杂性的格空间计算方法

根据上面的研究过程可以求出各个测量指标的信息量熵值，由图 1 可以看出，对数据复杂性的测量是一个多维的测量问题，可以运用复杂性格空间理论来建立数据复杂性熵尺度的多维矢量空间测量模型[21-22]来统一测量。

3.2.1 多维矢量空间复杂性信息量模型

设 $X_n(x_i, i = 1, 2, \cdots, n)$ 为 H 熵空间上的 n 维矢量空间，即 $X_n(x_i, i = 1, 2, \cdots, n) \rightarrow H^n$，分量 $x_i \in H^n$。对于这个在多维概念空间的管理信息力场，借助了功的原理与多维矢量空间的欧几里得关系，则可以得到分量 w_i 在其特定矢量空间中的能量方程式：

$$w_i = x_{in}\sqrt{\|\vec{F}\|^2 - x_{in}^2} = x_{in}\sqrt{x_1^2 + x_2^2 + \cdots + x_{i(n-1)}^2} \tag{19}$$

那么，全部广义信息 F 的能量信息量为：

$$W = \sum_{i=1}^{n} X_i = \sum_{i=1}^{n} x_{in}\sqrt{\|\vec{F}\|^2 - x_{in}^2} \tag{20}$$

3.2.2 基于复杂性格空间理论的尺度模型

由复杂性格空间 w_i 的元格空间 w_{ij} 可定义 $\|w_{ij}\|$：$w_i \rightarrow H$ 表示元格空间 w_{ij} 的长度或单位 j 的所含信息内容。$\|w_{ij}\|$，$\|w_{ij} - w_{i(j+1)}\|$ 是 w_{ij} 的尺度或是 w_i 到 $w_{i(j+1)}$ 的距离，它的位置由其长度和前趋单位中顺序的位置关系所给出，则 $\|w_{ij}\| = \left[\sum_{k=1}^{n_{ij}}(x_{ij}^k)^2\right]^{1/2}$ 和 $\|w_{ij} - w_{i(j+1)}\| = \left[\sum_{k=1}^{m_i}(x_{ij}^k - x_{i(j+1)}^k)^2\right]^{1/2}$，其中 $m_i = \max\{n_{ij}|j = 1, 2, \cdots, n_i\}$。

为获得全部复杂性信息量值，定义一个 $W_1 \times W_2 \times W_3 \times \cdots \times W_i \times \cdots \times W_n$ 的 n 维熵尺度空间，W_i 的维度第一次被划分为 n 维，其中分量 W_i 的维度为 n_i。若假设 $\cup$ 是一个影像，定义 $\cup$ 为：$W_1 \times W_2 \times W_3 \times \cdots \times W_i \times \cdots \times W_n \rightarrow H^n$，$\cup$ 是 H^n 上的 n 维张量，定义这个张量为 $K_n(H)$，也是 H 上的一个矢量空间。如果定义一个 $n \times m$ 矩阵 S_i（$m = \max\{m_1, m_2, \cdots, m_n\}$；$i = 1, 2, \cdots, m$）由 $W_1 \times W_2 \times W_3 \times \cdots \times W_i \times \cdots \times W_n$ 上的分量 $W_{ki}(a_{ij}^k)$（$i = 1, 2, \cdots, n_i$；$j = 1, 2, \cdots, m_i$；$k = 1, 2, \cdots, n$）的矢量对应行所构成，如果未行的列数小于 m 则用补齐，那么 $\|\cup_i\| = \|\cup_i(W_{ki})\| = \|S_i\|$ 是张量的形式。表示信息能分量 W_i 的统一管理信息能的量值。

若设集合 $(K_n(H), \|U_i\|)$ 为管理信息能 n 维空间，则 H 上的尺度或从 W_i 到 W_{i-1} 的距离定义为下式：

$$\|U_i(W_{ki}) - U_i(W_{k(i-1)})\| = \|U_i(W_{ki} - W_{k(i-1)})\| = \|S_i - S_{(i-1)}\| \tag{21}$$

这是信息能分量 W_{i-1} 的之后分量 W_i 需要产生的全部复杂信息能信息量，则：

$$\|W\|_T = \sum_{i=1}^{n} \|U_i\| = \sum_{i=1}^{n} \|U(W_{ki})\| = \sum_{i=1}^{n} \|U_i\| \tag{22}$$

$$\|W\|_E = \sum_{i=1}^{n} \|U(W_{ki} - W_{k(i-1)})\| = \sum_{i=1}^{n} \|S_{ki} - S_{k(i-1)}\| \tag{23}$$

是全部张量的熵值，为全部需要产生的信息能信息量。

4 实证研究——X 公司和 Y 公司物资和经营销售管理信息系统复杂度测量

4.1 X 公司和 Y 公司管理信息系统介绍

X 公司和 Y 公司是两家中型的制造企业，物资和经营销售管理信息系统是公司两个子系统，本文对这两家公司的两个子系统的数据复杂性进行计算和分析。其中，数据结构主要考虑了 E-R 模型中各自的主体结构以方便比较，取值时间为 2011 年 9 月 6 日 10：10。

表 2　X 公司物资管理信息系统各子维度相关指标取值

	元组数	属性类型								属性数	并发数	访问频度	访问量
		1	2	3	4	5	6	7	8				
wzdm	937607	10	0	1	2	41	0	2	33	89	0		
wzyc	937607	1	0	0	1	15	0	0	14	31	0		
wzycpd	3101	5	0	0	2	12	0	0	26	45	0		
wzcght	8841	1	0	1	3	15	0	0	38	58	0		
wzrkdwj	237461	13	0	1	7	35	0	0	58	114	23		
wzrkdwjmx	235480	5	0	0	2	11	0	0	16	34	0	652 次/天	238
qtfyb	4627	1	0	1	1	8	0	0	8	19	0		
fp	26367	7	0	0	5	14	0	1	21	48	4		
wzlldwj	971455	10	0	4	5	22	0	1	57	99	11		
wzlldwjmx	745308	5	0	1	2	6	0	0	13	27	0		
合计		58	0	9	30	179	0	4	284				

表3　X公司经营销售管理信息系统各子维度相关指标取值

| | 元组数 | 属性类型 | | | | | | | | 属性数 | 并发数 | 访问频度 | 访问量 |
		1	2	3	4	5	6	7	8				
jyht	2680	8	0	0	10	18	0	0	49	85	0		
jyhtfk	7899	2	0	2	2	2	0	0	7	15	21		
jyhtfj	1023	1	0	1	0	0	0	1	1	4	0		
htright	918	0	0	0	0	0	0	1	3	4	0		
xgry	7	0	0	0	1	1	0	1	13	16	0		
khdm	2102	5	0	0	4	1	0	3	34	47	0	376次/天	114
khhk	1616	7	0	0	0	8	0	1	24	42	13		
khhkmx	2587	1	0	0	2	4	0	0	4	11	0		
xsfp	639	7	0	0	4	19	0	0	38	48	0		
xsfpgd	1125	1	0	0	2	6	0	0	8	17	0		
jzds	126	0	0	0	1	4	0	1	24	30	0		
jzdscp	261	0	0	0	0	4	0	1	9	14	0		
合计		32	0	3	26	67	0	9	214				

表4　Y公司物资管理信息系统各子维度相关指标取值

| | 元组数 | 属性类型 | | | | | | | | 属性数 | 并发数 | 访问频度 | 访问量 |
		1	2	3	4	5	6	7	8				
wzdm	8223	10	0	1	3	41	0	2	34	91	0		
wzyc	141147	1	0	0	1	15	0	0	8	25	0		
wzyepd	1416	5	0	0	2	12	0	0	26	45	3		
wzcght	3025	1	0	0	3	14	0	0	26	44	0		
wzrkdwj	70722	15	0	2	6	32	0	0	49	104	11	135次/天	38
wzrkdwjmx	70428	5	0	0	2	11	0	0	9	27	0		
qtfyb	73	1	0	1	1	8	0	0	8	19	0		
fp	9126	7	0	0	4	12	0	1	20	44	0		
wzlldwj	526177	10	0	2	5	22	0	1	56	96	7		
wzlldwjmx	503718	5	0	1	2	6	0	0	8	22	0		
合计		60	0	7	29	173	0	4	244				

表5　Y公司经营销售管理信息系统各子维度相关指标取值

| | 元组数 | 属性类型 | | | | | | | | 属性数 | 并发数 | 访问频度 | 访问量 |
		1	2	3	4	5	6	7	8				
jyht	5454	7	0	0	11	18	0	0	64	101	0		
jyhtfk	8089	2	0	2	2	2	0	0	7	15	10		
jyhtfj	2139	0	0	0	0	1	0	1	2	4	0	73次/天	26
htright	1601	0	0	0	0	0	0	1	3	4	0		
xgry	7	0	0	0	1	1	0	1	13	16	0		
khdm	1085	4	0	0	3	1	0	3	26	37	0		

	元组数	属性类型								属性数	并发数	访问频度	访问量
		1	2	3	4	5	6	7	8				
khhk	1283	8	0	0	4	9	0	1	25	47	0		
khhkmx	3143	2	0	0	2	6	0	0	1	24	0		
xsfp	2168	7	0	0	4	19	0	0	40	70	0	73 次/天	26
xsfpgd	732	1	0	0	2	6	0	0	8	17	0		
jzds	135	0	0	0	1	4	0	1	24	30	0		
jzdscp	272	0	0	0	0	4	0	1	9	14	0		
合计		32	0	2	30	71	0	9	235				

4.2 物资和经营销售管理信息系统数据复杂性测量值计算

4.2.1 数据复杂性分量信息量

由表 2 可以得到 X 公司物资管理信息系统各数据复杂性测量指标的相关取值，并根据论文第 3 部分各测量公式可以计算出各复杂性量值，如表 6 所示。

表 6　X 公司物资管理信息系统各指标复杂性信息量

X 公司物资管理信息系统各子维度构成指标复杂性信息量值 H	
实体集数：10	3.3219
联系集数：7	2.8074
二元联系比例为：5/7	0.3467
m∶n 联系比例为：1/5	0.4644
1∶n 联系比例为：4/5	0.2575
属性数	55.9173
属性类型	0.3298
元组数	166.3479
时间点访问量：238	7.8948
访问频度：652 次/天	9.3487
并发	9.9830

表 7　X 公司经营销售管理信息系统各指标复杂性信息量

X 公司经营销售管理信息系统各子维度构成指标复杂性信息量值 H	
实体集数：12	3.5850
联系集数：10	3.3219
二元联系比例为：9/10	0.1368
m∶n 联系比例为：1/9	0.3522
1∶n 联系比例为：8/9	0.1510
属性数	51.6118
属性类型	0.3081

X公司经营销售管理信息系统各子维度构成指标复杂性信息量值 H	
元组数	114.4772
时间点访问量：114	6.8329
访问频度：376 次/天	8.5546
并发	8.0928

表 8　Y公司物资管理信息系统各指标复杂性信息量

Y公司物资管理信息系统各子维度构成指标复杂性信息量值 H	
实体集数：10	3.3219
联系集数：7	2.8074
二元联系比例为：5/7	0.3467
m：n 联系比例为：1/5	0.4644
1：n 联系比例为：4/5	0.2575
属性数	54.3100
属性类型	0.3375
元组数	141.6494
时间点访问量：38	5.2479
访问频度：135 次/天	7.0768
并发	7.8517

表 9　Y公司经营销售管理信息系统各指标复杂性信息量

Y公司经营销售管理信息系统各子维度构成指标复杂性信息量值 H	
实体集数：12	3.5850
联系集数：10	3.3219
二元联系比例为：9/10	0.1368
m：n 联系比例为：1/9	0.3522
1：n 联系比例为：8/9	0.1510
属性数	52.8451
属性类型	0.3028
元组数	117.6985
时间点访问量：26	4.7004
访问频度：73 次/天	6.1898
并发	5.6439

求出 X 公司物资管理信息系统分量构成指标的复杂性量值后，需要通过多维统一的复杂性计算模型来求出系统分量的复杂性量值，用表 6 计算的各复杂性信息量值代入式（19），求出数据结构复杂性信息量值为：

$$w_1 = x_{1n} \sqrt{x_{11}^2 + x_{12}^2 + \cdots + x_{1(n-1)}^2} = 18.4983$$

其中，数据量复杂性测量只有唯一一个子维度，即：

$$w_2 = 166.3479$$

数据操作的复杂性信息量值为：

$$w_3 = x_{33}\sqrt{x_{31}^2 + x_{32}^2} = 122.1548$$

其中，w_1，w_2，w_3 为 X 公司物资管理信息系统的数据复杂性分量数据结构、数据量和数据操作三者的复杂性信息量值。

同样可以求出 X 公司经营销售系统的数据复杂性分量数据结构、数据量和数据操作三者的复杂性信息量值分别为：

$$w_4 = 15.9730, \quad w_5 = 114.4772, \quad w_6 = 88.6035$$

Y 公司物资管理信息系统的数据复杂性分量数据结构、数据量和数据操作三者的复杂性信息量值分别为：

$$w_1' = 18.3896, \quad w_2' = 114.6494, \quad w_3' = 69.1766$$

Y 公司经营销售管理信息系统的数据复杂性分量数据结构、数据量和数据操作三者的复杂性信息量值分别为：

$$w_4' = 16.0703, \quad w_5' = 117.6985, \quad w_6' = 43.8655$$

4.2.2 数据复杂性统一信息量

由表 6 的数值以及式（22）可以求出 X 公司物资管理信息系统的数据复杂性多维统一信息量，即：

$$\|W\|_{1T} = \sum_{i=1}^{n} \|U_1\| = \sum_{i=1}^{7} \|U(W_{k1})\| = \sum_{i=1}^{7} \|U_1\| = 56.0907$$

$$\|W\|_{2T} = \sum_{i=1}^{n} \|U_2\| = \|U_2\| = 166.3479$$

$$\|W\|_{3T} = \sum_{i=1}^{n} \|U_3\| = \sum_{i=1}^{3} \|U(W_{k3})\| = \sum_{i=1}^{3} \|U_3\| = 13.0457$$

由式（23）可以得出 X 公司物资管理信息系统数据复杂性多维统一的信息量为：

$$\|W\|_{1E} = \sum_{i=1}^{n} \|U(W_{ki} - W_{k(i-1)})\| = \sum_{i=1}^{n} \|S_{ki} - S_{k(i-1)}\| = \|S_2 - S_1\| + \|S_3 - S_2\| = 263.5594$$

同样地，可以求出 X 公司经营销售管理信息系统的数据复杂性多维统一的信息量为：

$$\|W\|_{2E} = 163.4944$$

Y 公司物资和经营管理信息系统数据复杂性多维统一的信息量分别为：

$$\|W\|_{1E}' = 217.0089, \quad \|W\|_{2E}' = 172.7187$$

4.3 结果分析与讨论

本文对数据复杂性的分量和整体分别进行了复杂性信息量值的计算，显然，信息量值越大表示其复杂程度越高。从算例来看，由于 X 公司和 Y 公司都是制造企业，物资系统作为制造企业最主要的部门，显然物资系统的数据复杂性都大于经营销售的数据复杂性。从单个信息系统来看，数据量的复杂性量值大于数据结构和数据操作的复杂性，而数据操作的复杂性大于数据结构的复杂性，这说明数据量对数据复杂性的贡献量最大，数据操作次之，而数据结构对数据复杂性的贡献量最小。因此数据操作是测量数据复杂性时不可缺少的重要因素，忽略数据操作维度测量数据复杂性将导致结果的不全面。

从数据复杂性三个维度的复杂度来看，无论是 X 公司还是 Y 公司，无论是物资系统还是经营销售系统，数据量的复杂度都大于数据操作的复杂度，造成这种结果的原因主要有两个：第一，相对数据量而言，数据操作的取值局限于某一时间段，计算其访问量、访问频度和并发数，没有考虑这一时间段之外的访问量、访问频度和并发数，导致数据操作的复杂度偏小；第二，某些数据操作，会导致数据量迅速增加，如单一的物料需求计划（MRP）计算，会导致成千上万条数据记录，从而导致数据量复杂性大于数据操作的复杂度。

从单一公司的两个子系统的比较看，对 X 公司和 Y 公司而言，由于物资系统的数据量较大，使得物资系统数据量的复杂性量值大于经营销售系统。虽然经营销售系统要比物资系统所涉及的 E-R 模型更复杂，但相对更大的属性数使得物资系统的数据结构复杂度略大于经营销售系统的数据结构复杂度。同时，由于物资系统拥有访问权限的人数更多，较高的访问量使得物资系统的数据操作复杂性大于经营销售系统。

从不同公司相同系统的比较来看，X 公司物资系统的数据复杂性各分量都大于 Y 公司，说明 X 公司物资系统更为复杂。Y 公司经营销售系统的数据量和数据结构的复杂性量值都大于 X 公司，说明了从数据的静态性来看，Y 公司的经营销售系统要比 X 公司更复杂，而 X 公司的拥有访问权限的人数要远远大于 Y 公司，较高的访问频度使得经营销售系统的数据操作复杂性大于 Y 公司，从最终的计算结果可以看出 Y 公司经营销售系统整体的数据复杂性量值更大。

5　结　论

论文基于数据复杂性进行信息系统复杂度的测量，从数据的静态性和动态性两方面将数据复杂性划分为数据结构、数据量和数据操作三个维度，构建了基于数据复杂性的测量模型，并建立了数据复杂性三个子维度的信息熵模型，同时利用复杂性格空间理论对数据复杂性进行了整体测量。从数据复杂性角度来测量信息系统的复杂度是论文提出的新方法，它弥补了传统方法中缺少对用户行为的考虑，并在维度上和广度上有所拓展，使得测量模型更加完善和准确。

信息系统从形成开始到运维阶段，许多关于信息系统的难题都与其复杂性有着密切的关系[23]，如信息系统成本估算、信息系统报价以及工作量考核等问题。基于数据复杂性的信息系统复杂度测量将为以上问题的解决提供理论的基础和量化的参考，也为信息系统的复杂性研究拓展了新的空间。

参考文献

［1］Al-Hajjaji M., Alsrnadi I., Samarah S. Evaluating software complexity hased on decision coverage ［J］. Informatica Economica，2012，16（1）：5-13.

［2］Wang J. G., Gan R. C.. Structural complexity analysis of information systems hased on petri nets ［J］. Journal of Beijing Institute of Technology，1999，8（4）：1-10.

［3］Luo A. M., Huang L., Luo X. S.. Entropy based complexity analysis for architecture of information system ［C］. 2008 IEEE International Conference on Networking and Control. Sensing and Control，2008，2：1734-1738.

［4］张文，刘刚，朱一凡. 信息系统体系结构复杂性度量方法研究 ［J］. 计算机应用研究，2011，28（11）：4081-4085.

［5］王忠杰，徐晓飞，战德臣. 基于熵的信息系统业务模型复杂性度量 ［J］. 计算机科学，2006，33（1）：104-107.

［6］Brown A. B., Hellerstein J. L.. An approach to benchmarking configuration complexity ［C］. Proceedings of the 11th Acm Sigops European Workshop, Leuven, Belgium：ACM Press，2004.

［7］Brown A. B., Keller A., Hellerstein. J. L.. A model of configuration complexity and its application to a change management system ［C］. Proceedings of the 9th IFIP/IEEE International Symposium on Integrated Network Management，2005：631-644.

［8］Eilam T., Kalantar M. H., Konstantinon A. V., et al. Managing the Configuration complexity of distributed application in internet data centers ［J］. Network and Service Managcment/IEEE Communications Magazine，2006：166-177.

［9］韩峰，王建新，肖刚等. 配置复杂度模型在系统运维中的应用［J］. 计算机工程，2010（3）：37-40.

［10］Coskun E., Grabowski M. Software complexity and its impacts in embedded intelligent real-time systems ［J］. The Journal of Systems and Software，2005，78（2）：128-145.

［11］孙世温，夏承遗，王莉. 基于复杂网络的软件结构度量方法综述 ［J］. 智能系统学报，2011，6（3）：208-212.

［12］李兵，王浩，李增扬等. 基于复杂网络的软件复杂性度量研究 ［J］. 电子学报，2006，34（12）：2371-2375.

［13］马于涛，何克清，李兵等. 网络化软件的复杂网络特性实证 ［J］. 软件学报，2011，22（3）：381-407.

［14］何天祥. 企业管理结构复杂度评价的新方法——熵正交投影法 ［J］. 系统工程理论与实践，2005，25（4）：115-119.

［15］狄增如. 探索复杂性是发展系统学的重要途径 ［J］. 系统工程理论与实践，2011，31（增刊1）：37-42.

［16］杨建梅. 复杂网络与社会网络研究范式的比较 ［J］. 系统工程理论与实践，2010，30（11）：2046-2055.

［17］ Xia W. D., Lee G. H.. Complexity of information systems devclopment projects：Conccptualization and mcasurcment devclopment ［J］. Journal of Management Information Systems，2005，22（1）：45–83.

［18］ Denzer R.. Integrating heterogcneous systems using meta information networks ［J］. Environmental Modeling and Software，2001，16（5）：427–431.

［19］ 葛世伦. 企业管理信息系统——理论、方法、模型 ［M］. 北京：科学出版社，2010.

［20］ Shannon C E. A mathematical theory of communication ［J］. Bell System Technical Journal，1948，27（3）：379–423.

［21］ 宋华岭. 复杂性测度理论、方法与实证研究——基于格空间熵尺度的企业复杂系统 ［M］. 北京：经济管理出版社，2010.

［22］ 宋华岭，温国锋，刘丽娟等. 复杂信息度量的安全系统结构复杂性评价 ［J］. 管理科学学报，2012，15（2）：83–96.

［23］ 葛世伦，尹隽. 信息系统运行与维护 ［M］. 北京：电子工业出版社，2012.

Measuring the Complexity of Information System Based on the Data Complexity

Liu Wei, Ge Shilun, Wang Nianxin, Yin Jun

Abstract：Mcasuring the complcxity of information systcm（IS）is a prcrequisite for information systems cost estimating and information systems pricing. For measuring the IS complcxity more comprchensive and dynamically, one new constrnct of data complexity is brought forward and is divided into three dimensions, which are data structure, data volume, and data manipulation. Then, information entropy models are used to computc the complexity of data structure, data volumc, and data manipulation, and the grid spacc theory is cmployed to caleulate the overall data complcxity. Finally, and cmpirical study is conducted with the matcrial management system and sale management systems in two mannfacturing firms, and the results indicatc that the measurement model and computation mcthod of data complexity are useful to measure the complcxity of information system.

Key words：Complexity of Information System；Data Complexity；Information Entropy；Grid Space

工程管理组织知识管理体系的构建研究 *

——以代建单位为例

倪国栋　　王建平　　王文顺

【摘　要】 知识管理对于组织绩效具有重要的促进作用，而完善的知识管理体系有利于组织提高知识管理水平，因此，各类工程管理组织均有必要建立适合于自己的知识管理体系。以代建单位为例来研究知识管理体系的构建问题，提出从知识管理的活动系统、组织系统和信息系统三个方面构建代建单位知识管理体系的思路，并讨论了具体的构建方法。从知识识别与审计、知识获取与加工、知识存储与积累、知识共享与交流和知识应用与创新五个方面构建了代建单位的知识管理活动系统；从组建知识管理组织和知识联盟、建设知识导向型组织文化、完善知识管理激励机制和制订知识管理配套制度四个方面构建了代建单位的知识管理组织系统；并构建了基于 Web 的代建单位知识管理信息系统框架。

【关键词】 知识管理；代建单位；活动系统；组织系统；信息系统

在知识经济时代，知识已经成为一个组织最为关键的投入要素和核心资产，对于组织价值的创造已占据了主导地位。因此，组织必须采用各种有效手段对知识进行管理，以最大限度地发掘和利用知识资产的潜力和价值。由于当前国内外许多研究均表明知识管理对于组织绩效具有重要的影响作用[1-4]，因此，知识管理在工程管理领域也越来越受到研究人员的重视。

例如，王众托院士在 21 世纪初就开始了项目管理领域知识管理的基础研究工作[5]。林纪宗等[6]提出了工程项目质量管理知识库的构建方法。徐森[7]则构建出以团队为基础的工程项目知识管理网络组织。高照兵[8]设计出项目管理知识体系框架。刘晓东[9]

---

* 基金项目：住房和城乡建设部软科学研究项目（2011–R3–13）；中央高校基本科研业务费专项资金项目（2013W22）；中国矿业大学力建学院青年科技基金项目（LJ2010QNJJ02）。

作者：倪国栋（1980—），男，副教授，博士，硕士生导师，研究方向为工程项目管理。王建平（1955—），男，教授，博士，博士生导师，研究方向为工程项目管理。王文顺（1973—），男，教授，博士，博士生导师，研究方向为工程项目管理。

本文引自《工程管理学报》2013 年第 5 期。

分析了知识管理对工程项目进度管理的持续改进问题。

目前，工程管理组织的知识管理问题仍旧是一个研究热点。知识管理是一项系统工程，本文认为，构建完善的知识管理体系，并在知识管理过程中严格落实，对于提高工程管理组织的知识管理水平，充分发挥知识管理对工程管理组织管理水平的促进作用具有重要作用。因此，各类工程管理组织均有必要研究构建适合自己的知识管理体系。

1 代建单位知识管理体系构建思路

1.1 代建单位知识管理模型

作为政府投资项目工程管理主体，代建单位在全寿命周期的代建工作中，需要充分利用组织内外部现有的知识资源，对实施代建项目所需的知识和组织内部知识进行识别与审计，然后有针对性地获取缺口知识，必要时进行加工处理，将组织中形成的知识和经验进行积累和储存，并促进组织内部知识的共享和交流，及时运用各类知识解决各类工程问题，积极鼓励组织成员进行知识创新，并将创造出的新知识进行凝练，形成新的知识资源以便于在后续工作中利用，使得各类知识得以不断的继承和发展。

代建单位知识管理模型如图 1 所示，可见知识管理伴随着代建工作的整个过程，代建单位通过开展知识管理活动，能够有效改善其工程管理水平，而完善的知识管理体系有利于代建单位做好知识管理工作。

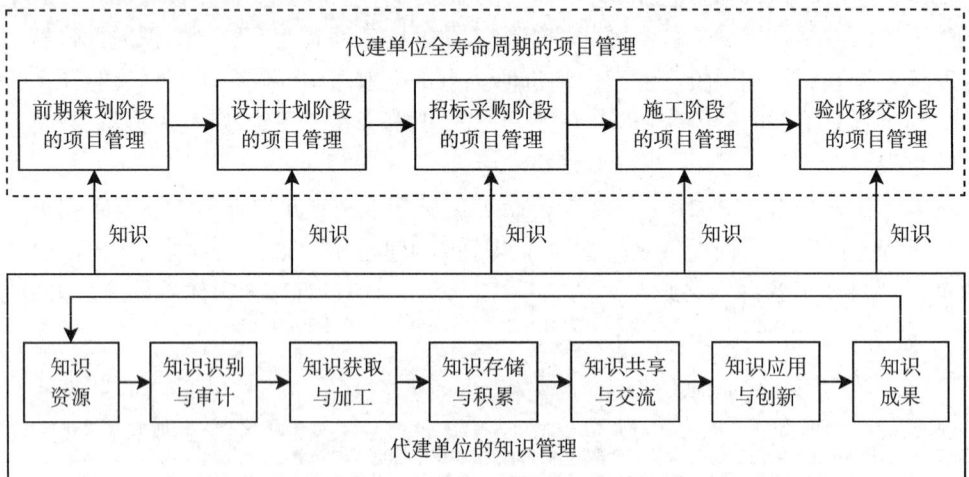

图 1　代建单位知识管理模型

1.2 知识管理体系的系统分析与构建思路

根据知识管理相关理论，知识管理组织系统、知识管理活动系统和知识管理信息系统对于组织知识管理成效具有重要影响作用，而且三大系统之间存在密切的相互作用关系[10]。主要体现在以下三个方面：

（1）知识管理组织系统建设可以有效规范知识管理活动开展，而知识管理活动的开展情况又可以反过来不断健全知识管理组织系统中的制度和措施。

（2）知识管理信息系统可以对知识管理活动的开展起到重要的支撑作用，而知识管理活动的开展情况又可以反过来不断修改完善知识管理信息系统。

（3）知识管理组织系统可以支持知识管理信息系统的开发、建设和维护，而完善的知识管理信息系统反过来可以优化知识管理组织系统中的各类资源，节约管理成本。

知识管理三大系统之间的关系如图2所示。可见，通过三大系统的有机结合，可以更好地完善和丰富组织的知识管理体系，不断促进知识管理水平的提高。因此，本文根据上述分析结果以及代建工作特点，从知识管理的活动系统、组织系统和信息系统三个方面来构建代建单位的知识管理体系。

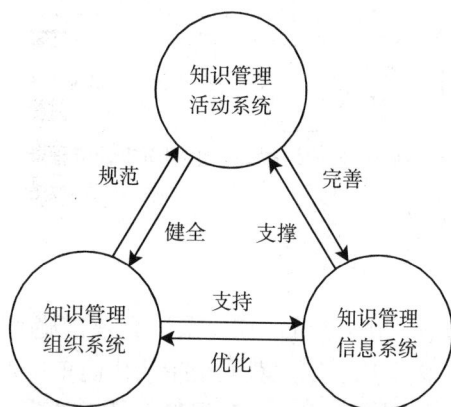

图2 三大系统之间的关系

2 代建单位知识管理活动系统的构建

2.1 知识识别与审计

知识识别是指代建单位根据代建工作可能用到的各类知识，按照知识的分类方法进行梳理和分析，按不同类型编制形成知识清单的工作过程。而知识审计是指代建单位对组织内部已有的各类知识进行系统、科学的考察与评估，了解掌握组织内部的知识环境和状况，并建立代建单位现有的知识资源清单，与识别出的代建工作所需的知识清单进行对比，指出哪些是已有知识，哪些为缺口知识或待完善知识，最终提出反映代建单位知识现状的审计报告的过程。

代建单位知识识别的工作可以采用头脑风暴法，由既熟悉代建单位内部知识状况，又有代建管理经验的中高层管理人员进行充分分析和讨论加以完成，然后通过深度访谈和小组讨论法对组织内部现有的知识资源和环境状况进行知识审计工作。值得说明的是，知识的识别与审计是一个逐步深入的动态的持续循环过程，贯穿于整个代建管理过程和知识管理过程中，代建单位需要定期开展知识识别与审计工作。代建单位知识识别与审计的流程如图3所示。

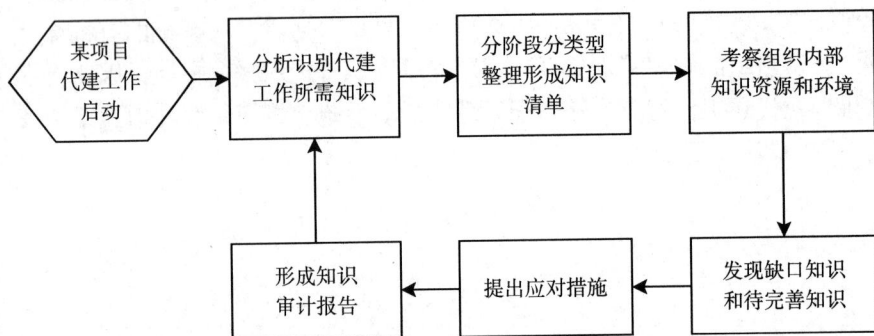

图3 代建单位知识识别与审计流程

2.2 知识获取与加工

代建单位完成知识识别和审计之后，需要采取有效措施来获取缺口知识和待完善知识，以便于在后续工作中加以运用。知识获取是指从代建单位外部环境中获得代建工作所需的各类缺口知识和待完善知识的过程；而知识加工是指对获取到的各类知识进行规整和优化处理，以满足其能够直接或更加方便地被组织使用的过程。

代建单位首先需要对缺口知识和待完善知识的获取进行初步策划，列出知识获取的时间计划和方式途径，然后采取措施逐步进行落实并获取知识，以保证在代建工作需要时及时得到应用。知识获取途径包括直接获取和间接获取，其中，直接获取途径包括：查阅图书文献、网络检索、查阅规范和工具书、向同行或专家咨询、接受外部培训等；间接获取途径包括：雇用新的员工、进行战略合作、座谈交流、学习归纳、调研总结、经验类推总结等。

2.3 知识存储与积累

项目管理组织往往是动态的、不稳定的，一方面随着项目任务的实施，不同专业的管理人员和技术人员会根据工作需要先后加入到某个代建项目部，在完成任务后又会被派往其他工地；另一方面，也存在因员工辞职跳槽需要补充新员工的情况。代建项目部的动态性和不稳定性，使得组织知识含量往往会随着组织成员的变动而不断变化，很容易造成组织知识的流失。因此，组织内部已有的知识资源需要进行合理有效的储存和保管，另外，在管理过程中获取和创造的新的知识也需要及时储存，不断进行积累，扩大组织的知识储量，以便于使用时进行查询和检索。

代建单位需要在组织中建立起功能强大的知识库和知识管理系统平台，实现对知识的有效储存和积累，并为知识共享与交流奠定基础。代建单位进行知识储存与积累的步骤包括：①在代建单位内部建立知识库；②对已有知识进行分类编码；③实现各类知识的分阶段、分类型存储；④将新获取和创造的知识及时进行编码储存；⑤定期对储存的知识进行更新，剔除过期知识，该项工作可以在开展知识审计时进行。

2.4　知识共享与交流

知识共享是指知识提供者通过一定的传递渠道，将知识传递给知识接受者且被知识接受者所吸收的过程。知识共享包括：知识提供、知识传递和知识吸收三个过程[10]。知识交流是指知识提供者与接受者之间对知识进行的讨论。

代建单位的知识共享主要包括以下两个层面：

（1）为代建项目部之间的知识共享，代建单位在不同地点同时承担多个代建项目任务时，各个代建项目部之间通过充分的知识共享可以有效提高代建管理水平，避免出现同一类型的工作失误。代建项目部之间的知识共享平台是代建单位建立的知识库或知识管理系统，代建项目部之间也可以通过工作交流会的形式进行知识共享。

（2）代建项目部内部的知识共享，代建项目部是一个相对独立的派出机构，其内部各组织成员之间需要通过开展广泛的知识共享与交流活动，来提高项目管理能力，各成员之间的共享平台可以是代建单位的知识库或知识管理系统，也可以是代建项目部内部的局域网，还可以通过工作经验交流或言传身教来直接分享知识和经验。

代建单位的知识共享模型如图 4 所示。

2.5　知识应用与创新

知识应用是指组织成员将知识用于管理实践，为组织创造价值的过程。组织成员在获取知识或通过共享拥有知识后，需要适时有效地将知识加以应用。知识创新是指在组织现有知识资源的基础上开发、产生新知识的过程。知识应用的过程往往伴随着知识创新。知识创新包括：知识发现、知识推导和知识转化三种类型。Nonaka 等[10] 基于 SECI 知识转化模型提出了一个知识创造模式。

本文在此基础上，结合代建单位知识转化与创新的特点，提出了代建单位知识转化与创新模型，如图 5 所示。代建单位的四种知识转化模式并不是一种静态的循环，而是一种知识螺旋，它表现在隐性知识与显性知识的相互作用通过知识转化的四种模式被放大、增强。

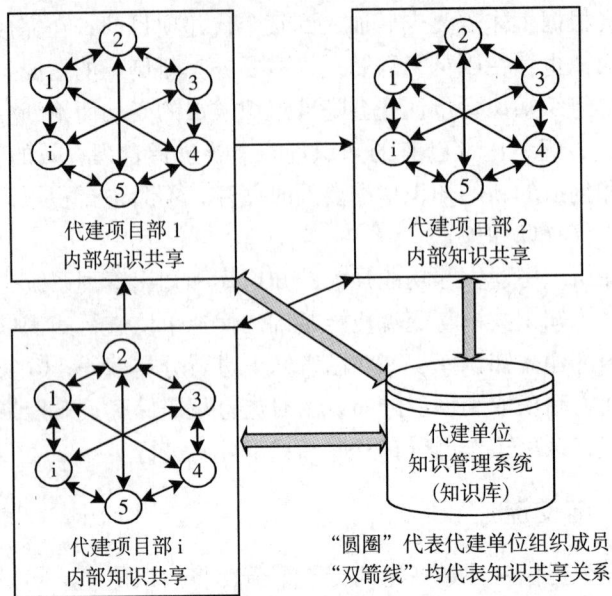

图 4　代建单位知识共享模型

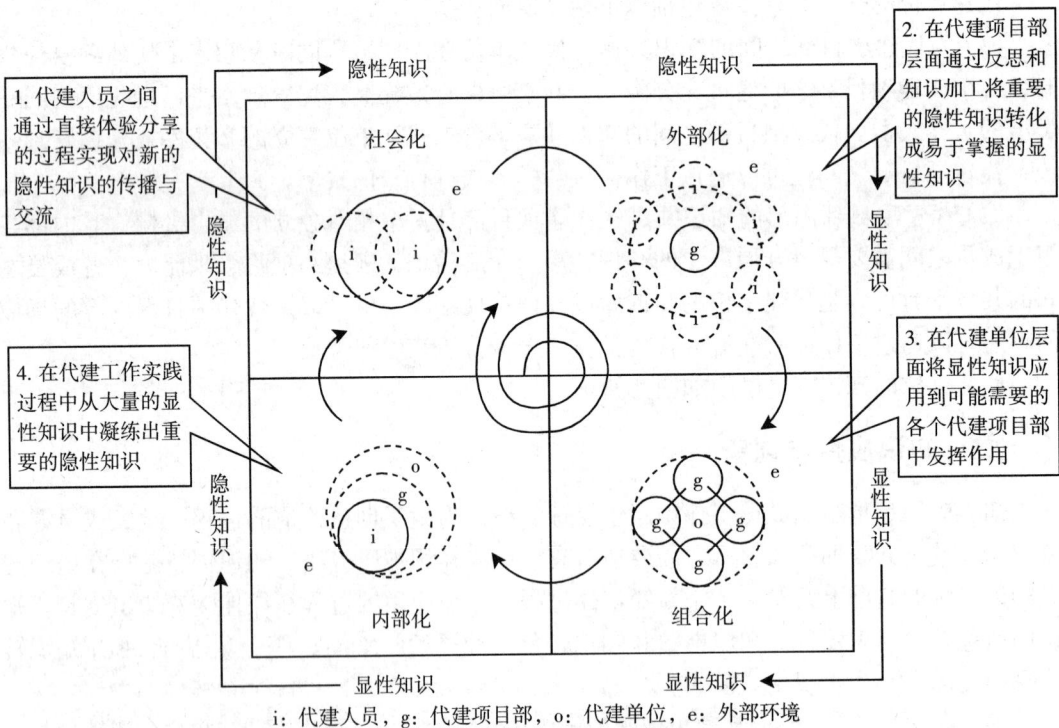

i：代建人员，g：代建项目部，o：代建单位，e：外部环境

图 5　代建单位的知识转化与创新模型

3 代建单位知识管理组织系统的构建

3.1 组建知识管理组织和知识联盟

代建单位的知识管理工作涉及每个部门的每一个人，需要代建单位的全员参与，而知识管理工作作为一项工作任务，需要有计划、有组织地进行。因此，有必要在代建单位内部设置知识管理的组织机构和主管部门。为了避免组织膨胀，出现管理和执行两张皮的现象，最初可以在代建单位内部设置寄生式知识管理组织，即在原有代建单位管理组织的基础上，设置专门的知识管理主管，并以代建项目部和各职能部门为中心，成立若干知识管理小组，由代建项目经理和职能部门负责人担任知识管理小组长，而作为知识管理的重要参与者，广大代建人员都是知识管理组织的一员。在知识管理的思想和方法被组织成员熟悉和掌握后，代建单位可成立专门的知识管理机构，提升知识管理在组织工作中的地位，让知识管理发挥更大的作用。

代建单位可以借鉴动态联盟的概念和特点，构建一个代建单位动态知识联盟，来有效拓展和充分利用各类知识资源。对于代建单位内部层面，可充分发挥在法规政策、管理方法、施工技术及工程造价等方面拥有丰富经验的高水平人才的知识资源优势，使其能够根据工程需要同时为多个代建项目提供支持与帮助，充分发挥高水平人才的知识价值。对于代建单位外部层面，代建单位可以通过与某些专业机构或部门（如高校科研院所、金融机构、行业协会、图书馆、工程咨询企业、法律咨询机构、综合型设计院、软件商等）通力合作，来充分利用它们的专业知识资源优势，及时解决代建工作过程中遇到的各类工程问题。

3.2 建设知识导向型组织文化

（1）通过广泛宣传和引导，让组织成员充分认识到知识在组织发展和个人成长过程中的重要作用，树立"知识就是力量，知识就是效益，知识就是财富"的观念，产生对知识和知识拥有者的尊重，并能以拥有知识和贡献知识为荣。

（2）凝练知识管理的理念和思想，通过集中培训和实践摸索，让组织成员掌握知识管理的内容、方法和流程，并能够将知识管理过程和行为融入到日常代建工作中，逐步形成自觉参与和实践知识管理的习惯。

（3）在组织内部大力宣扬团队精神和集体力量的重要性，在创造出一种团结、互信、合作的工作氛围基础上，培育形成知识共享的价值观，不断强化代建人员的知识共享意识，自觉分享自己的工作心得和体会。

（4）为组织成员充分提供知识获取、共享和储存的条件和环境，支持组织成员更加有效地获取、共享和积累知识，将组织成员的知识贡献与个人业绩挂钩，并充分宣传树立学习榜样。

（5）鼓励知识的运用与创新，为知识创新提供条件，并能够容忍因知识创新导致的失败，使得大家能够减少顾虑，勇于尝试和创新。

3.3 完善知识管理激励机制

（1）代建单位不但要注重对表现优秀的知识贡献者、分享者、创新者和应用者进行物质奖励，而且还应当作为学习的典型和榜样加以宣传，充分尊重他们的工作岗位和业绩，满足其进一步发挥潜能和超越自我的需要，并以此来带动和改善表现差的员工行为。

（2）代建单位应重视对代建人员知识资本的投入，提供知识获取、交流和储存的设施和平台，健全人才培养机制，为员工提供继续教育和提高自身技能的培训及学习的机会与环境。另外，代建单位要不断了解代建人员的个人需求和职业发展意愿，为其提供符合自身发展的成长道路，通过将代建人员的个人成长与知识管理工作有机结合，来提高其知识管理工作的主动性。

（3）代建单位可以在组织内部引入岗位竞争机制来调动组织成员的工作积极性，将知识管理工作情况和成绩纳入岗位竞聘内容中，突出知识管理工作的重要地位，以此来诱导代建人员重视并主动实践各项知识管理工作内容。

3.4 制定知识管理配套制度

（1）知识管理组织建设方面。代建单位应制定出知识管理组织建设实施办法，明确知识管理组织结构形式、部门设置、职能定位、人员配备、工作目标和主要任务，知识主管和知识管理小组长应承担其知识管理的领导者和组织者的角色，负责知识管理的计划、组织、实施、监督和评价等工作。同时，应明确与各知识联盟单位合作的途径与方式，以及建设知识导向型组织文化的具体措施。

（2）知识管理规程方面。代建单位应编制适合于本单位的知识管理规程，对知识识别与审计、知识获取与加工、知识存储与积累、知识共享与交流、知识应用与创新等知识管理的内容和执行方式加以明确和规范，并需要编制出知识管理信息系统使用手册，以便于组织成员使用。

（3）知识管理培训方面。代建单位应制定知识管理培训制度，定期组织开展形式多样的知识管理培训与交流活动，不断提高组织成员的知识管理水平。可以请国内知名的知识管理培训机构负责定期培训，也可以通过组织内部开展的知识管理经验交流会的形式来总结经验教训。

（4）知识管理绩效考评方面。代建单位应制定知识管理绩效考评实施办法，通过定期的知识管理绩效考评，来衡量知识管理工作成效，一方面，可以发现知识管理实施过程中存在的问题；另一方面，可以实现员工之间的横向比较，并以此为依据对组织成员进行奖惩，具体奖惩措施需要制定相关实施办法加以明确，起到激励先进，鞭策落后的作用。

4 代建单位知识管理信息系统的构建

从对代建单位各项知识管理活动的分析可以看出，代建单位进行知识储存与积累、知识共享与交流等都需要有一个平台——知识管理信息系统。代建单位应以现代信息技术和网络技术为手段，结合管理组织结构和代建工作流程构建知识管理信息系统，并设计出知识管理信息系统的运作模式。另外，知识管理信息系统的开发必须与知识库的建设相协调，满足代建单位进行知识管理的具体需求，其服务的主要对象为代建人员和代建项目经理，代建企业经理和职能部门人员也可以使用，系统维护和管理任务由专门的系统管理员承担。本文构建出基于 Web 的代建单位知识管理信息系统框架如图 6 所示。

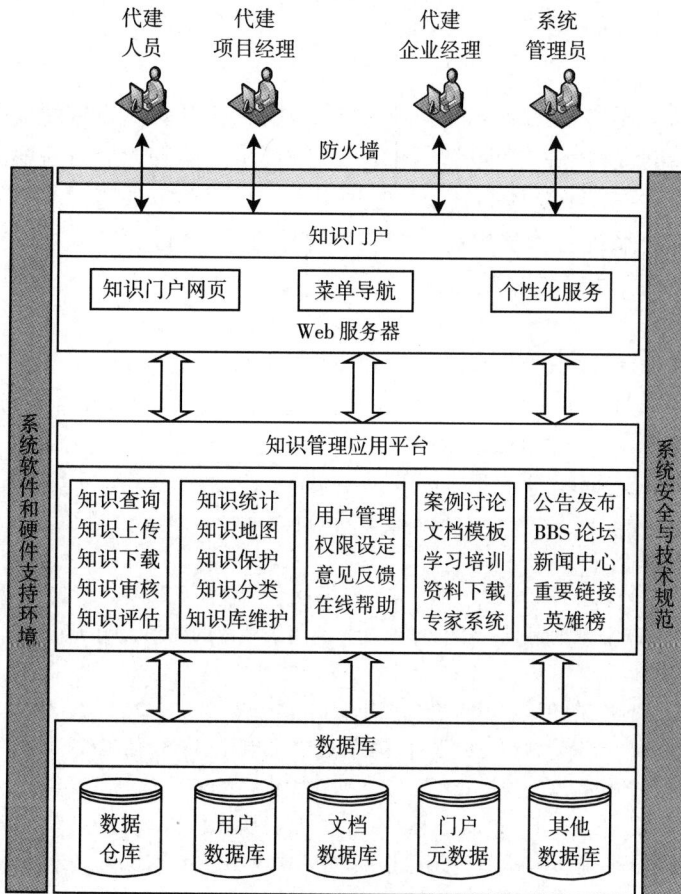

图 6 代建单位知识管理信息系统框架

代建单位知识管理信息系统的基本功能包括：知识查询、知识上传、知识下载、知识审核、知识评估、知识统计、知识地图、知识保护、知识分类、知识库维护、用户管理、权限设定、意见反馈、在线帮助、案例讨论、文档模板、学习培训、资料下载、专家系统、公告发布、BBS 论坛、新闻中心、重要链接、英雄榜等内容。

另外，为了满足整个系统的正常运行，还需要提供系统软件和硬件支持环境，并遵循有关系统安全与技术规范。代建单位通过知识管理信息系统可以快速实现和完成组织内部的知识发布、查阅、分享、交流、应用、反馈以及改进等知识管理活动，可以对知识管理活动的有效开展起到重要的支撑作用。开发一个功能完善的知识管理信息系统，需要用到多种关键技术，如网络技术、程序设计语言、数据库技术、知识仓库和知识挖掘技术等。因此，代建单位的知识管理信息系统可以委托专业公司进行设计和实现。

5　结语

随着"代建制"在我国的深入推广，越来越多的企业开始从事代建业务，而许多代建单位管理水平不高的现状与代建业务高标准的管理需求之间的矛盾日益明显，代建单位亟待通过有效的知识管理来不断提高其项目管理水平。代建单位通过建立知识管理的活动系统、组织系统和信息系统，构建出完善的知识管理体系，可以有效地提高知识管理水平，进而促进其项目管理能力和水平的提升。

参考文献

［1］Marques D. P., Simon F. J. G.. The effect of knowledge management practices on firm performance ［J］. Journal of Knowledge Management, 2006, 10（3）: 143-156.

［2］Timothy S.. Kiessling, R.. Glenn Richey, Juan Meng, Marina Dabic. Exploring knowledge management to organizational performance outcomes in a transitional economy ［J］. Journal of World Business, 2009, 44（4）: 421-433.

［3］李浩，韩维贺. 知识管理、信息技术与多元化绩效［J］. 预测，2007，26（3）: 26-32.

［4］朱瑜，王雁飞. 知识管理战略、企业核心能力与组织绩效的互动影响研究［J］. 科技进步与对策，2010，27（2）: 132-135.

［5］王众托. 项目管理中的知识管理问题［J］. 土木工程学报，2003，26（3）: 1-6.

［6］林纪宗，张其春. 知识管理在工程项目质量管理中的应用［J］. 价值工程，2005（11）: 53-55.

［7］徐森. 工程项目知识管理组织模式研究［J］. 基建优化，2006，27（6）: 24-27.

［8］高照兵，徐保根. 论项目管理的知识体系［J］. 项目管理技术，2008，6（7）: 22-27.

［9］盛小平. 知识管理：原理与实践［M］. 北京：北京大学出版社，2009: 129.

［10］Nonaka I., Toyama R.. The knowledge-creating theory revisited: Knowledge creation as a synthesizing process［J］. Knowlege Management Research & Qractice, 2003, 1（1）: 5.

Research on the Knowledge Management System of Project Management Organization
—The Vicarious Management Corporation as an Example

Ni Guodong, Wang Jianping, Wang Wenshun

Abstract：Knowledge management plays an important role to promote the organization performance, and knowledge management system can help organizations to improve the level of knowledge management. Therefore all kinds of engineering management organization are necessary to establish the suitable knowledge management system of their own. This paper studies the establishment of the knowledge management system of vicarious management corporation as an example, puts forward the thinking to establish the knowledge management system of the vicarious management corporation from three aspects including the activity system, organization system and information system of the knowledge management, and discusses the concrete establishing method. The knowledge management activity system of vicarious management corporation is established from five aspects including knowledge identification and audit, knowledge application and processing, knowledge storage and accumulation, knowledge sharing and exchange, and knowledge application and innovation; and the knowledge management organization system of vicarious management corporation is established from four aspects including building the knowledge management organization and knowledge alliance, establishing the knowledge oriented organization culture, improving the incentive mechanism of knowledge management, designing the knowledge management supporting system; then the knowledge management information system framework of vicarious management corporation is established based on the Web.

Key words：Knowledge Management; Vicarious Management Corporation; Activity System; Organization System; Information System

基于微本体构建的微博信息管理机理研究 *

崔金栋　　徐宝祥　　王新媛

【摘　要】文章对微博的信息组织架构、传播模式和影响力形成机理进行了研究，利用微本体技术改善微博信息资源的组织方式，寻找利于微博管理的最合适的信息架构，分析微博产生裂变式传播能量和海量信息的动因，提出基于微本体建模的微博信息管理体系，所有这些将有效地丰富现有微博信息传播研究的理论体系和信息资源管理相关理论。

【关键词】微本体；微博信息；信息架构；组织方式

微博核心价值是建立在独特的信息发布机制、信息获取机制及信息传播机制基础上的，这些机制满足了用户及时、简单沟通的需求，迎合了网络社会中"碎片化"的生活方式。发现微博发展的规律和模式，帮助微博用户充分且全面地理解微博媒体的性质和功能，对微博信息进行有效的筛选与甄别，对微博的信息传播特征进行准确的判断和认知，可以避免由于微博使用不当造成的危害，成为微博信息管理的主要内容。

1　微博信息管理国内外研究综述

国内外关于微博信息管理的研究泾渭分明。国外在微博信息管理方面的研究以应用为主，笔者在 CALIS 外文期刊网等英文数据库中，使用 microblog、information management 等主题词进行交叉搜索。发现在 2006~2012 年，CALIS 外文期刊网篇名中包含微博信息组织或者微博信息传播的文章共 293 篇，其中有 247 篇的篇名中同时提到了 Twitter。由此可

* 基金项目：本文系吉林省教育发展"十二五"规划项目"微博信息架构与传播机理研究"（编号：GH12173）和教育部人文社会科学研究项目"高耗能行业碳排放指标构建与对策研究"（编号：12YJA630035）的研究成果。

作者：崔金栋（1980—），男，东北电力大学副教授，硕士生导师。徐宝祥（1950—），男，吉林大学教授，博士生导师。王新媛（1976—），女，吉林大学博士研究生。

本文引自《情报资料工作》2013 年第 5 期。

见，国外 Twitter 就是微博的代名词。由于 Twitter 在国外的微博领域一家独大，Twitter 成为微博的代名词，Twitter 的信息管理也是学术界的直接研究对象，这些研究鉴于 Twitter 在互联网舆情中充当的角色越来越重要，加强微博舆情的预警和管理势在必行，其针对 Twitter 自身的特点，建立一套 Twitter 专用的舆情监测指标体系，迅速捕获到 Twitter 中扩展迅速的敏感舆情信息，将负面的网络舆情影响控制在警戒线以下，便于管理者针对敏感舆情信息早做决策[1-7]。国内对于微博信息管理的研究真正起始于 2010 年，关注点集中在微博信息传播与引导两个方面，其中在微博信息传播研究方面的成果占了大多数，其中具有代表性的有田占伟等[8-13]。尽管国内外关于微博信息管理的研究取得了很多成果，但是这些研究中存在明显的不足，很多实质性的问题并没有解决，最突出的就是微博信息组织管理方面的研究严重匮乏，微博信息管理主要包括两个方面的内容，即微博信息组织管理与微博信息传播管理。国内外对微博信息管理的内因——微博信息组织架构的研究少之又少，研究重点本末倒置。微博信息内容及组织架构是微博信息传播的基础，可目前国内外的研究几乎全部集中在微博信息传播的分析与仿真上，研究多是在传播学的视角关注规范微博用户的使用和进行信息引导从而实现微博信息的管理，微博信息组织管理方面却很少涉及。

2 Folksonomy 与 Ontology 的融合及微本体

Folksonomy（自由分类法）以标签来标注资源信息，可以满足用户个性化需要，是目前微博信息组织的基本方式，基于标签的方法能够简单有效地实现同类资源的聚合，但语义控制和类目间关系的缺乏给微博信息管理带来了不便。Ontology（本体）作为一种有效表现概念结构形式化的语义模型，被广泛地应用在知识发现、知识组织、知识推理、知识检索等多个领域，本体具有很强的语义性，可弥补 Folksonomy 信息组织方法的不足。但是本体的构建却相当复杂，首先通过获取相关领域的知识加以规范，形成形式化的定义，提供对该领域知识的共同理解，为建模提供明确定义。当前，Ontology 与 Folksonomy 的融合研究是发展的必然趋势，已成为国内外学界所广泛关注并深入研究的热点之一。国外学者提出可以通过对 Folksonomy 进行统计分析，抽取潜在语义关系[14-15]。国内的张云中等剖析 Ontology 与 Folksonomy 间的异同，寻找两者融合的机理，提出一种结合 FCA 和 Folksonomy 的本体构建方法[16]；张有志、滕广清尝试从 Folksonomy 框架中提取语义构建相关本体片段，从而提出解决 Folksonomy 信息组织方法缺失的问题[17]。

微本体又称局部本体、轻型本体，其本质上是一种 Folksonomy 和 Ontology 融合下的产物。微本体是在本体构建技术遇到瓶颈的时候，有关学者提出利用 Folksonomy 广大用户参与的特点，利用群体的力量构建本体的一种技术框架。利用微本体的特性提高微博信息组织的语义性是本文的主要研究思路，可以想象，经过本体技术规范化的微博信息，具有明确的含义和结构化的特点，不仅有利于信息的组织和检索，更利于微博信息的监管。本文研究中为了满足利用 Folksonomy 构建微本体的需要，笔者对本体的架构进行了简化，只保留概念、属性、实例及相关的语义信息，这种基于 Folksonomy 构建的微本体结构只能保证微博信息这种小规模语段的语义性，被笔者称为"微博微本体"。

3　微博信息组织中的微本体构建研究

目前的微博在技术上采用自由分类法对微博信息进行组织，自由分类法通过 Tag（标签）技术帮助用户存储和管理自己的微博信息，这样的信息组织方式具有两个明显的特征：一是在对微博信息添加 Tag 的过程中，用户不需要遵循任何事先制定的分类法或者词表；二是每个用户的活动空间不是孤立的、封闭的，而是开放的、共享的，因此也是互相影响的[18]。如语义模糊、一词多义、同义词、概念的专指性、语法错误、多语种交互等问题将不可避免，微博微本体的构建就是为了克服这一点。

3.1　微博信息组织中微本体构建原理

微博信息组织环节的微本体构建的主要思路是通过基于相同信息的标签进行聚类，把一组标签映射成由"概念、属性和实例"组成的本体架构，从而首先呈现标签间的语义关系，使得标签结构化，进而从微博信息的具体内容中抽取其他信息进行本体填充。微本体是本体与 Folksonomy 两种信息组织方式在微博中应用的折中，作为一种中间产物，既有利于本体构建，又增强了 Folksonomy 的语义。

笔者构建的微博微本体为了达到信息管理的目的，以事件为本体架构基础对微博平台的各类信息进行有效组织，由此构建的微博微本体包括六个组成部分：①事件主体：某则微博的执行者和参与者；②事件类型：根据不同微博描述行为对应的类型；③事件发生时间：微博描述行为发生的时间；④发生地点：微博描述行为发生的具体地点；⑤信息单元内容：每个主体发布的信息内容，对应用户发布的每条微博；⑥关联资源：微博信息单元中引用的各类资源的总称。

图 1 描述了笔者所提出的微本体架构，这种微本体架构主要包含主要语义信息、补充语义信息和推理规则三个部分：①主要语义信息包含所构建微本体的属性信息，主要包含 Objectproperty 和 Datetypeproperty 两组信息，可由 RSS 推送直接得到；②语义补充信息则由信息内容单元里的文字内容和关联资源提取而成，将在下文中进行较为详细的描述；③推理规则只保留 Oneof、daterange、disjiontwith、equivalentclass 和 rdfs：subclassof。这种本体架构能够提取微博的主要信息，并能够利用简单规则进行推理归类，与正常的本体架构相比，只是一种局部本体，无论在语义信息内容还是在推理规则上简化了很多，正常的本体架构可参考笔者 2012 年发表于《情报科学》第 12 期的文章——《基于改进 LDAP 的

网格本体的自动构建研究》。这样得到的微本体原型虽然丧失了部分语义功能和大部分的推理能力，但是对于不超过 140 字的微博信息描述来说，其功能足以满足具体需要。

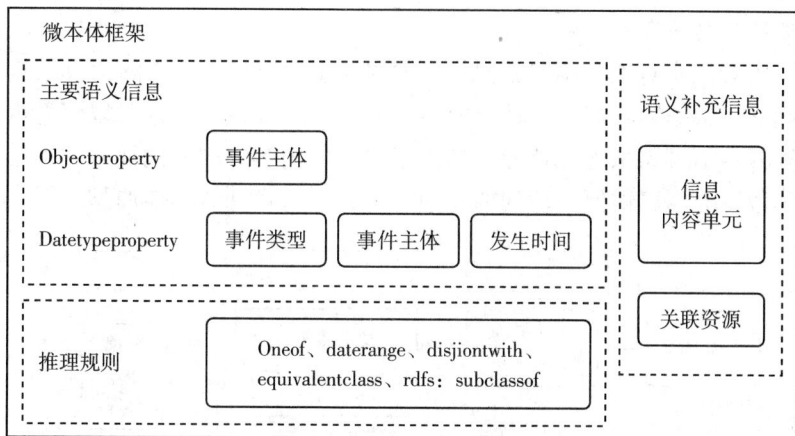

图 1　微本体信息架构

3.2　微博信息组织中微本体构建过程

3.2.1　微博标签信息的本体化

在具体实现上，首先用户通过 Folksonomy 对自己或者他人的微博信息进行标注，即为微博信息资源加上 Tag，这些 Tag 能够在一定程度上反映微博信息资源的属性和特征，因此它实质上是一种由用户产生的元数据，并且具备多种类型元数据的功能，包括资源的描述、定位、权限管理等，只是这种信息既不规范又缺乏结构性。

微博微本体的构建具体方法如下：

首先，进行标签的清洗。因为用来描述微博信息的 Tag 数量众多且不断变化，每一个 Tag 都参与到微博微本体构建中是不可能的，只能优选那些热门的标签，这是因为自由分类法的运行机制使标签在使用量上呈现出无标度现象，即标签的添加和使用遵循幂律分布：热门微博使用的标签被多数用户使用，并能成为热门类目被"推荐"给更多的用户，而那些冷门微博信息标注和检索价值低的标签只能用来满足用户的个性化需求，可以被用户以协作的形式"过滤"，从而实现标签的清洗[19-20]。

其次，标签的优化是重要的环节。标签的优化主要是解决标签的重复、包含等问题，现有很多方法可以有效解决这个问题，如利用 FAC（形式概念分析）技术[21]，笔者在后文实验中使用 WordNet 来处理微博标签中的包含关系，利用哈工大的 LTP 自然语言处理软件进行词性处理。在词性处理的过程中，对于单个词汇可以利用标注软件对各个词汇的词性进行标注。

最后，微本体框架的构建。利用微博标签构建本体框架的主要方法是通过统计方法、聚类工具等技术对标签进行聚类，获取标签之间类层次关系，并选择合适的、有代表性的标签为聚类后的概念命名，最后标签成为微本体的主要框架，即微本体中的类及属性。标签语义关系抽取是采用一定的方法生成标签间等级结构，主要的方法包括聚类分析、概率模型和网络分析等。

3.2.2 微博信息内容的本体化

微博信息内容中含有大量语义信息，本环节就是按照 3.1 节中的信息架构对类的属性和实例进行确立，根据实际需求，补充上节中标签不能提供的属性，以信息内容对类的属性、属性值和其他语义关系进行补充。具体来说，其内容中的名词插入到类结构中充当属性；形容词和数字充当属性值；动词抽取为具体关系，得到微本体原型。微本体的构建过程如图 2 所示。

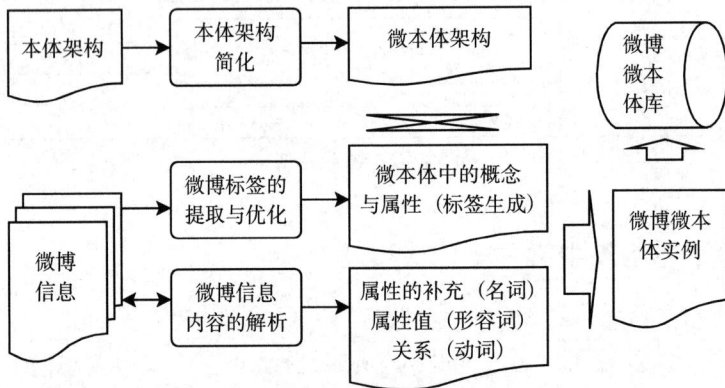

图 2 微博微本体的构建过程

3.3 微博信息组织中微本体的更新

目前网络环境下本体获取概念时存在概念更新的时滞问题，使得本体构建与本体使用相分离，无法形成有效的反馈。微本体的出现将有效地解决这一点，微本体的更新由 RSS 来实现[22]。由于 RSS 提供的信息是动态的，一般按照信息发布时间进行排序，保证了微博信息的最新汇聚，形成了真正意义上的实时性。微博微本体关注的是社会的热点话题，基于某个社会热点新产生的微博信息无外乎两种情况：一种是对已有的子主题（话题）进行讨论；另一种是热点发展产生了新的子主题。对于第一种情况，只需找到新产生消息所属于的微博微本体并在其基础上增加一个微博微本体实例即可；对于后一种情况，我们需要创建新的子微本体，然后把这些新的子微本体插入到已有的父类微本体中，并且可能需要对总体的层次结构进行调整。至于新的热点话题，则需要构建新的微博微本体。这一过程让微本体架构聚合的内容不断地被打破重组，构成了持续优化和改进的内容组织形式，实现了微本体的优化更新。

4 基于微本体架构的微博信息管理机理

微博信息管理受信息组织技术的影响，微博信息组织技术与方法可以促进微博信息分享、信息挖掘、舆情分析等，对微博信息生态链动态生成以及生成之后的平衡和净化都具有重要影响。

系统科学认为任何系统都存在一个"临界点"，微博系统更是如此，在以临界点为中心的附近区域内，微博上各种操作行为变化对传播范围的影响很大，即在临界点附近，传播范围对微博上的各种操作行为变化的灵敏度较高。因此，在临界点附近通过控制微博上相关事件的演化，或实施有效的网络传播控制措施，将更容易达到事半功倍的微博信息管理效果。从上面可以看出，微博信息的传播一旦超越临界点便难以控制，因此在临界点产生前对传播信息进行分析和鉴别，可以做到对恶性信息传播的规范和抑制。笔者从信息建模的角度，通过对微博信息抽取而成的微博微本体进行监测从而达到对微博信息传播进行预警的目的。

在微博信息传播环节，为了实现对微博信息传播管理的需要，笔者把微博信息的发布、转发、评论、回复作为主要的监测对象，构建不同的微博微本体，在保留微博信息组织中微本体主框架不变的基础上，重构四种微本体，其主要语义信息如下：①发布微本体：主体、时间、地点、信息单元、资源列表；②转发微本体：主体、时间、地点、信息单元、参考信息单元；③评论微本体：主体、时间、地点、信息单元、参考信息单元、资源列表；④回复微本体：主体、时间、地点、信息单元、参考信息单元、资源列表。

以上四种微本体是微博微本体的一个子本体，可在微博微本体架构的基础上利用类的衍生构造。在 RSS 推送技术的支持下，微博微本体的更新也较好地保持了实时性。新的微博信息出现后，首先通过微本体架构抽象成微本体实例，通过本体匹配技术与微博微本体映射解析出来的四种子微本体，即发布微本体、转发微本体、评论微本体和回复微本体进行匹配，具体匹配过程可参考文献 [23]。在以上背景下，笔者提出的对微博信息传播的监管转化成对微博微本体库中的四种子微本体实例进行监测，对任意子微本体实例中原有实例个数、新增实例个数和实例快速增加的累积时间（存储在微博微本体实例统计库中）进行监控，尤其是对单位时间内暴增实例的微本体实例进行关注，一旦发现其有突破临界点的趋势便予以报警。基于微本体的微博信息监管机理如图 3 所示。

实际上，根据微博信息传播的特点，对于网络信息传播的非热点问题，无需去监管，毕竟其所受的关注度有限，而对于微博信息传播的热点才是需要应该控制和预警的内容。上文已说过，热门话题必然形成热门标签，热门标签与微博信息在上节的讨论中已抽象成微本体实例，所以我们只需要对微本体在一定时间内实例的增加数进行检测就可以知道微博信息的传播情况，从而可以有效地监管热门微博信息的传播，并采取相应措施，如减少

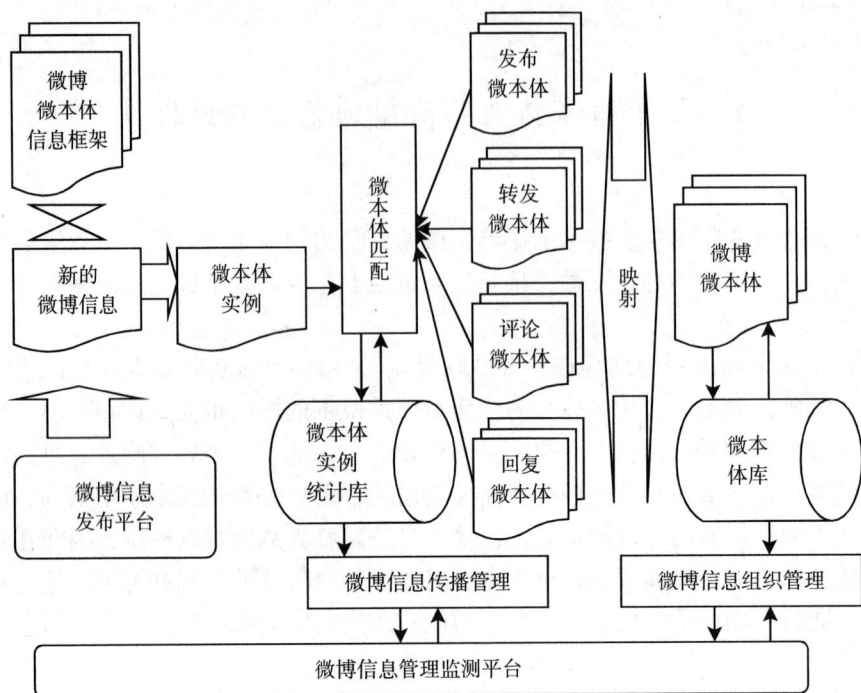

图 3　基于微本体架构的微博信息管理机理

RSS 信息推送等，在技术层面控制微博信息的传播。图 3 是本文构造的微博信息监管模型，此模型提出了在技术层面监管微博信息的模式和方法，把微博信息传播的管理转化为对微博微本体实例统计库的监测来实现，技术上有很强的可行性。

5　验 证 与 结 语

　　笔者利用本体建模思想对微博信息的组织和传播进行了规范，有效地提高微博信息描述的规范性，同时利用自由分类法和本体技术构造的微本体来组织微博信息，实现微博信息组织和传播中的可检测性和可控性，为微博信息管理在信息内容层面上提供了具体的实现方法。

　　笔者为了验证上述思想的可行性，依托教育部人文社会科学研究规划基金项目——"高能耗行业碳排放预警指标体系及对策研究"构建了一个低碳频道的网站，并在网站上构建了一个微博模拟系统，利用 WordNet、Galicias[24-25] 等作为构建的辅助工具，对标签词与微博信息进行词汇处理、词间关系处理等，由于在构建微本体的时候最大的障碍就是确定标签词间的关系，而 Word Net 已经提供了非常严格和良好的词语关系构架，因此，可以借助于 WordNet 来进行标签词间关系的构建。实验中创建了一种应用的微本体形式——碳排放指标本体，从低碳参与者对预警体系的描述中抽取碳排放预警的相关信息并构建碳排放预警指标本体，并以分层指标的形式反映在网站上。在具体实现上，引导碳排放领域专家在低碳频道网站的模拟微博上对自己支持的碳排放指标作出评论，并以标签形式加以标注。把低碳专家提供的具体指标名称作为微博微本体的名字（简单以类处理），利用 RSS 推送专家编号作为 Objectproperty 属性，提取微博时间和类型作为 Datetypeproperty 属性，从而构成主要语义信息；利用统计方法对其指标所做的标注进行净化，清洗掉重复率低于 20% 关注的标签，利用 WordNet 梳理标签间的关系作为第一次补充语义信息；利用 WordNet 对低碳专家的微博信息内容进行分析，其内容中的名词插入到类结构中充当属性；形容词和数字充当属性值，忽略掉动词信息作为第二次语义补充信息；推理规则只保留 Oneof、disjiontwith、equivalentclass 和 rdfs：subclassof。利用本体构建工具——protégé 构建微博微本体，构建后的指标微本体用 OWL 语言存储，利用 Galicias 再次呈现到低碳网站上，对于专家关注比较高的指标排序在前列，如图 4 所示。由于实验过程中所使用的几种软件不兼容，数据在不同软件之间的转移由人工实现。由于技术的局限性，笔者在微博信息传播的管理上还没有做实证研究，这将是今后的研究方向。

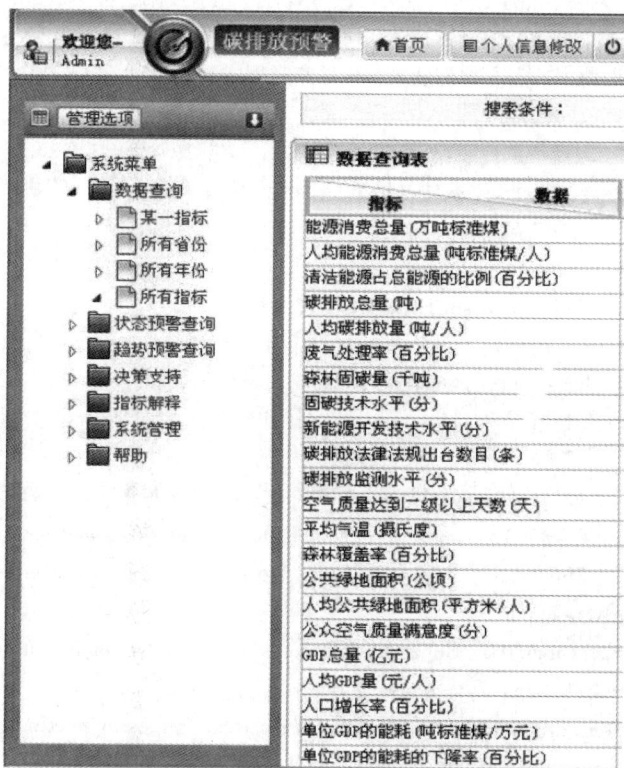

图 4　利用指标本体构建的碳排放指标体系

参考文献

［1］Kwak H., Lee H., Park H., et al. What is Twitter, A social network or a news media［C］. Proceedings of the 19th International Conference on World Wide Web. New York：ACM，2010：591–600.

［2］Lerman K.. Social information processing in news aggregation［J］. IEEE Internet Computing，2007，11 (6)：16–28.

［3］Jansen B. J., Zhang M., Sobel K., et al. Twitter power tweets as electronic word of mouth［J］. Journal of the American Society for Information Science and Technology，2009，60 (11)：2169–2188.

［4］Tayal D., Komaragiri S.. The impact of microblog on market performance［J］. International Journal on Computer Science and Engineering，2009，1 (3)：176–182.

［5］Rybalko S., Seltzer T.. Dialogic communication in 140 characters or less：How Fortune 500 Companies engage stakeholders using Twitter［J］. Public Relations Review，2010，36 (4)：336–341.

［6］Lariscy R., Avery E. J., Sweetser K. D., et al. An examination of the role of online social media［J］. Public Relations Review，2010，35 (3)：314–316.

［7］Golbeck J., Grimes J. M., Rogers A.. Twitter use by the US congress ［J］. Journal of the American Society for Information Science & Technology，2010，61 (8)：1612–1621.

［8］田占伟，隋场. 基于复杂网络理论的微博信息传播实证分析［J］. 图书情报工作，2012，26 (8)：42–46.

［9］平亮. 基于社会网络中心性分析的微博信息传播研究［J］. 图书情报知识，2012，32 (6)：92–97.

［10］高承，实荣星. 微博舆情监测指标体系研究［J］. 情报杂志，2011，30 (9)：66–70.

［11］于洪，杨显. 微博中节点影响力度量与传播路径模式研究［J］. 通信学报，2012，33 (Z2)：97–102.

［12］陈远，袁艳红. 微博信息传播效果实证研究［J］. 信息资源管理学报，2012 (3)：28–34.

［13］许晓东，肖银涛，朱士瑞. 微博社区的谣言传播仿真研究［J］. 计算机工程，2011，37 (10)：272–274.

［14］Halpin H.. The dynamics and semantics of collaborative tagging［EB/OL］．［2008–02–14］．http：// ftp.informatik.rwthaachen.de/Pub lications /CEUR–WS/Vo 1209/.

［15］Heymann P.. Collaborative creation of communal hierarchical taxonomies in social tagging systems ［EB/OL］．［2008–02–14］．http：//heymann.stanford.edu/tagh ierarchy.html.

［16］张云中. 一种基于 FCA 和 Folksonomy 的本体构建方法［J］. 现代图书情报技术，2011 (12)：17–23.

［17］张有志，王军. 基于 Folksonomy 的本体构建探索［J］. 图书情报工作，2008，52 (12)：122–125.

［18］Michlmaye E., Cayzer S.. Learning user profiles from tagging data and leveraging them for personalized information access ［EB/OL］．［2010 –05 –01］．http：//citeseerx.ist.psu.edu/viewdoc/download？ doi = 10.1.1.72.810 1&rep=rep1&type=pdf.

［19］Rrmanathan K., Giraudi J., Gupta A.. Creating hierarchical user profiles using Wikipedia［EB/OL］. ［2010–06–22］．http：//www.hpl.hp.com/techreports/2008/HPL–2008–127.pdf.

［20］Godoy D., Amandi A.. Hybrid content and tag–based profiles for recommendation in collaborative tagging systems ［C］. Proceedings of Latin American Web Conference. Washington, DC：IEEE Computer Society，2008：58–65.

［21］Shepitsen A., Gemmell J., Mobasher B., et al. Personalized recommendationin social tagging system susing hierarchical clustering [C]. Proceedings of the 2008 ACM Conference on Recommender Systems. New York: ACM, 2008: 259–266.

[22] Hottho A., Jaschke R., Schmitz C., et al. Information retrieval in folksonomies: Search and ranking [C]. The Semantic Web: Research and Applications, LNCS 4011. Berlin: Springer, 2006: 411–426.

[23] 崔金栋, 徐宝祥. 基于虚本体构建的网格领域本体匹配研究 [J]. 图书情报工作, 2012, 56 (20): 132–136.

[24] Conexp-clj [EB/OL]. [2011–12–20]. http: //daniel.kxpq.de/math.

[25] Galicias features [EB/OL]. [2010–08–12]. http: //www.iro.umontrea.lca/galicia/features.Html.

Research on Microblog Information Management Mechanism Based on the Micro—ontology Construcion

Cui Jindong, Xu Baoxiang, Wang Xinyuan

Abstract: The paper studies the mechanism of microblog organizational structure, mode of transmission, and the influence of information, uses micro—ontology technology to improve microblog information resources organization, finds the most appropriate information architecture conducive microblog management, analyzes the motivation of fission—propagation energy and mass information for microblog, and then proposes the microblog information management system based on micro—ontology modeling, all of which will be effective to enrich existing microblog dissemination theoretical system and information resource management theory.

Key words: Micro—ontology; Microblog Information; Information Architecture; Organization Mode

第二节

英文期刊论文精选

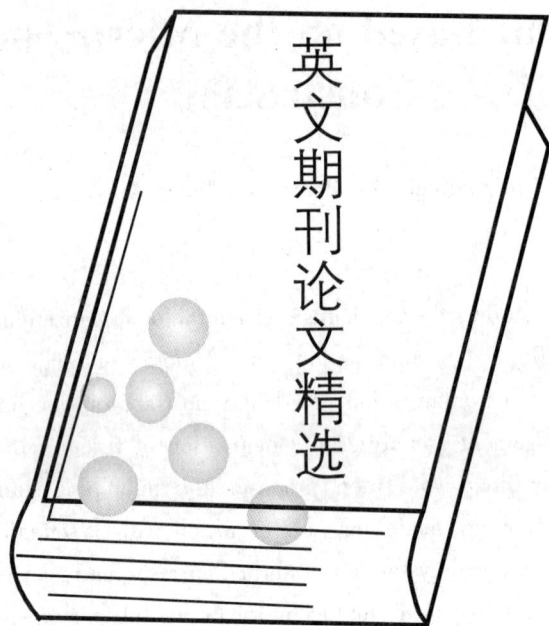

2013 年，国外学者在本学科的研究成果颇多，本部分选择的具有代表性的文章主要集中在以下几个方面：信息系统、信息技术、信息用户、信息资源管理以及信息应用等方面。所选取的文章基本上都是在信息管理类国际权威期刊发表的，如管理信息系统季刊、管理信息系统杂志、信息与管理、管理科学等。

Topic: Sensemaking and Sustainable Practicing: Functional Affordances of Information Systems in Green Transformations

Author: Seidel Stefan, Recker Jan, vom Brocke Jan

Source: MIS Quarterly, 2013, 37（4）

Key words: Business Transformation; Case Study; Environmental Sustainability; Functional Affordances; Green IS; Sensemaking; Socio-technical Systems Theory; Sustainable Practicing

Abstract: This paper explores how a world-wide operating software solutions provider implemented environmentally sustainable business practices in response to emerging environmental concerns. Through an interpretive case study, we develop a theoretical framework that identifies four important functional affordances originating in information systems, which are required in environmental sustainability transformations as they create an actionable context in which（1）organizations can engage in a sensemaking process related to understanding emerging environmental requirements, and（2）individuals can implement environmentally sustainable work practices. Through our work, we provide several contributions, including a better understanding of IS-enabled organizational change and the types of functional affordances of information systems that are required in sustainability transformations. We describe implications relating to①how information systems can contribute to the creation of environmentally sustainable organizations, ②the design of information systems to create required functional affordances, ③the management of sustainability transformations, and ④the further development of the concept of functional affordances in IS research.

标题：意义建构和可持续性实践：绿色转型中信息系统的功能可供性

作者：Seidel Stefan, Recker Jan, vom Brocke Jan

来源：《管理信息系统季刊》2013 年第 4 期

关键词：业务转型；案例研究；环境可持续性；功能可供性；绿色信息系统；意义建构；社会技术系统理论；可持续实践

摘要：文章探讨全球操作软件解决方案提供商如何实现环境可持续业务实践，以应对新兴的环境问题。通过解释性案例研究，我们设计了一个理论框架，针对环境可持续性转型问题，确定了信息系统的四个重要功能可供性，创建可操作的环境。其中，组织可以参与意义建构过程，理解新兴环保要求；个人可以实现环境可持续性的工作实践。我们在以下方面提供帮助：①信息系统如何促进环境可持续性组织的建设；②设计信息系统，构建功能可供性；③可持续转型的管理；④信息系统研究中功能可供性概念的进一步发展。

Topic: An Empirical Study of Information Contribution to Online Feedback Systems: A Motivation Perspective

Author: Tong Yu, Wang Xinwei, Tan Chuan-Hoo, Teo Hock-Hai

Source: Information & Management, 2013, 50 (7)

Key words: Economic Rewarding Mechanism; Electronic Word-of-mouth; Motivation Theory; Online Feedback System; Product Review

Abstract: Online feedback systems (OFSs) are increasingly available on online shopping websites; they allow consumers to post their ratings and consumption reviews for products. We employed motivation theory and a goal attainment perspective to model a set of motivating and inhibiting factors that could influence a consumer's intention to contribute to an OFS. Our experiment, which involved 168 university students, showed that a consumer's intention to contribute product reviews is influenced by perceived satisfaction gained in helping other consumers, perceived satisfaction gained in influencing the merchant, perceived probability of enhancing self-image, and perceived executional costs. In addition, the presence of an economic rewarding mechanism was found to promote a contribution when a consumer's perceived probability of enhancing self-image was relatively high or when perceived cognitive cost was relatively low. Implications of our findings are discussed.

标题: 信息对在线反馈系统贡献的实证研究: 动机视角

作者: Tong Yu, Wang Xinwei, Tan Chuan-Hoo, Teo Hock-Hai

来源: 《信息与管理》2013 年第 7 期

关键词: 经济奖励机制; 电子口碑; 激励理论; 在线反馈系统; 产品审核

摘要: 在线反馈系统 (OFS) 越来越多地出现在购物网站上, 它们允许消费者发布评级信息和进行消费产品评论。我们使用动机理论, 从目标实现的角度, 构建包括影响消费者在线反馈意图的激励和抑制因子的模型。我们的实验涉及 168 名大学生。结果表明, 消费者产品评论意图受其他消费者的感知满意度、影响销售的感知满意度、提高自我形象的感知概率和感知的执行成本的影响。此外, 当消费者增强自我形象的感知概率相对较高或当感知认知成本相对较低时, 经济奖励机制的存在也具有影响。本文对研究结果进行了讨论。

Topic: An Investigation of Information Systems Use Patterns: Technological Events As Triggers, The Effect of Time, and Consequences For Performance

Author: Ortiz de Guinea Ana, Webster Jane

Source: MIS Quarterly, 2013, 37 (4)

Key words: Affect; Automaticity; Behavior; Cognition; Continuance; EKG; Emotion; Heart Rate; IS Use; Pattern; Performance; Physiological Arousal; Physiology; Technological Effects; Usage

Abstract: Information systems use represents one of the core concepts defining the discipline. In this article, we develop a rich conceptualization of IS use patterns as individuals' emotions, cognition, and behaviors while employing an information technology to accomplish a work-related task. By combining two novel perspectives—the affect-object paradigm and automaticity—with coping theory, we theorize how different patterns appear and disappear as a result of different IT events—expected and discrepant—as well as over time, and how these patterns influence short-term performance. In order to test our hypotheses, we conducted two studies, one qualitative and the other quantitative, that combined different methods (e.g., open-ended questions, physiological data, videos, protocol analysis) to study the influence of expected and discrepant events. The synergistic properties of the two studies demonstrate the existence of two IS use patterns, automatic and adjusting. Most interactions are automatic, and adjusting patterns, triggered by discrepant IT events, fade over time and transition into automatic ones. Further, automatic patterns result in enhanced short-term performance, while adjusting ones do not. Our conceptualization of IS use patterns is useful because it addresses important questions (such as why negative IT perceptions persist) and clarifies that it is how (rather than how much) people use IT that is pertinent for performance.

标题: 信息系统使用模式调查: 技术事件触发、时间效应及绩效影响

作者: Ortiz de Guinea Ana, Webster Jane

来源:《管理信息系统季刊》2013 年第 4 期

关键词: 影响; 自动性; 行为; 认知; 延续; 心电图; 情感; 心率; 信息系统使用; 模式; 性能; 生理唤起; 生理学; 技术效果; 使用

摘要: 在文章中, 我们将信息系统使用模式概念化, 像个人的情绪、认知和行为, 使用信息技术来完成工作任务。通过结合两个新的观点——影响—对象范式和自动性应对理论, 推理不同的信息技术预期事件, 随着时间的推移, 不同的模式是如何出现和消失的, 以及这些模式如何影响短期绩效。为了测试我们的假设, 我们进行了定性和定量研究, 组合不同的方法 (如开放式的问题、生理数据、视频、协议分析) 研究预期事件和矛盾事件的影响。这两项研究的协同性质表明自动和调整两种使用模式的存在。大多数交互是自动

和调整模式，由矛盾事件引发，都会随着时间过渡到自动模式。此外，自动模式提高短期业绩，而调整模式不会。概念化的使用模式是有用的，因为它解决了重要的问题（如为什么信息技术负面观点存在），并澄清人们如何（而不是多少人）使用与绩效相关的信息技术。

Topic：The Effect of Knowledge Management in Enhancing the Procurement Process in the UK Healthcare Supply Chain

Author：Al-Karaghouli Wafi, Ghoneim Ahmad, Sharif Amir, Dwivedi Yogesh K.

Source：Information Systems Management, 2013, 30 (1)

Key words：Healthcare Sector; Knowledge Requirements Framework; Knowledge Sharing and Communication; Supply Chain; Tacit (Sticky) and Explicit (Fluid) Knowledge

Abstract：This article investigates the gap of diverse knowledge and misunderstanding between different parties in supply chain procurement in two West-London hospitals. The case studies identified communication as an issue in sharing and transferring the different knowledge between the two parties at the requirements stage and throughout the supply chain management. The developed framework facilitates sharing both tacit medical knowledge and tacit technical knowledge to be treated as continuous processes in matching requirements and specifications.

标题：知识管理在提升英国医疗供应链采购过程中的作用

作者：Al-Karaghouli Wafi, Ghoneim Ahmad, Sharif Amir, Dwivedi Yogesh K.

来源：《信息系统管理》2013 年第 1 期

关键词：医疗行业；知识需求框架；知识共享和交流；供应链；隐性（黏性）和显性（流体）知识

摘要：本文研究了两个西伦敦医院的供应链采购过程中不同知识的差距和不同主体之间的误解。案例研究表明，在需求阶段和整个供应链管理中，沟通对于双方不同知识的共享和转移是重要问题。本文设计框架，促进隐性医学知识和隐性技术知识的共享，被视为匹配需求和规范的连续过程。

Topic：User Expertise in Contemporary Information Systems：Conceptualization，Measurement and Application

Author：Sedera Darshana，Dey Sharmistha

Source：Information & Management，2013，50（8）

Key words：Affective；Cognitive Competence；Enterprise Systems；Expertise；User Competence

Abstract：The development of user expertise is a strategic imperative for organizations in hyper−competitive markets. This paper conceptualizes，operationalises and validates user expertise in contemporary Information Systems（IS）as a formative，multidimensional index. Such a validated and widely accepted index would facilitate progression of past research on user competence and efficacy of IS to complex contemporary IS，while at the same time providing a benchmark for organizations to track their user expertise. The validation involved three separate studies，including exploratory and confirmatory phases，using data from 244 respondents.

标题：当代信息系统中用户知识：概念化、衡量和应用

作者：Sedera Darshana，Dey Sharmistha

来源：《信息与管理》2013 年第 8 期

关键词：情感；认知能力；企业系统；专业技能；用户能力

摘要：组织在激烈竞争的市场环境中，用户知识开发战略势在必行。文章实施并验证了用户知识在当代信息系统中是形式化的多维索引。这样被验证和被广泛接受的索引将促进关于用户能力和信息系统有效性研究的发展。同时，为组织提供一个基准，来跟踪用户知识。验证涉及三个独立的研究，包括探索性和验证阶段，使用来自 244 名受访者的数据。

Topic: Theorizing the Concept and Role of Assurance in Information Systems Security

Author: Spears Janine L., Barki Henri, Barton Russell R.

Source: Information & Management, 2013, 50 (7)

Key words: Assurance; Information Systems Security; Institutional Theory; Organizational Legitimacy; Process Maturity; Regulatory Compliance

Abstract: Assurance has different meanings, depending on the source, audience, and interpretation. We applied institutional theory and the Capability Maturity Model to concept-ualize assurance: its symbolic aspects to gain social acceptance, and its substantive aspects to improve organizational capability and effectiveness in performing IS security risk management (SRM). An empirical study examined assurance-seeking behavior and outcomes for regulatory compliance. Some degree of process maturity in SRM was found necessary for producing convincing verbal accounts and compliance evidence. Findings suggest that unless an organization's assurance claims are based on achieving Level 4 maturity, assurance will be based more on symbolism than effectiveness.

标题：信息系统安全保障的理论和作用

作者：Spears Janine L., Barki Henri, Barton Russell R.

来源：《信息与管理》2013 年第 7 期

关键词：保障；信息系统安全；制度理论；组织合法性；过程成熟度；法规遵从性

摘要：安全保障具有不同的含义，这取决于来源、受众和具体解释。我们应用制度理论和能力成熟度模型概念化安全保证：其象征性方面获得社会认可，其实质性方面在执行安全风险管理（SRM）中提高组织能力和有效性，实证研究安全保障获取的行为和结果。安全风险管理中某种程度的过程成熟度被发现是必要的，产生令人信服的语言记录和遵从性的证据。研究结果表明，除非一个组织的安全保障诉求是基于实现四级成熟度，安全保障都是基于象征意义的而不是有效性。

Topic：Horizontal Allocation of Decision Rights for On-Premise Applications and Software-as-a-Service

Author：Winkler Till J., Brown Carol V.

Source：Journal of Management Information Systems，2013，30（3）

Key words：Agency Theory；Application Governance；Cloud Computing；Field Survey；IT Governance；Knowledge-based View；Multigroup Analysis；Software-as-a-service；Transaction Cost Economics

Abstract：This study addresses a major gap in our knowledge about the allocation of information technology (IT) decision rights between business and IT units at the application level, including the governance of applications delivered on-premise versus those delivered with a software-as-a-service (SaaS) model. Building on the findings from a multicase qualitative study of organizations that had adopted the same SaaS application, we draw on three theoretical lenses (agency theory, transaction cost economics, and knowledge-based view) to develop a theoretically grounded model with three organization-level factors, three application-level factors, and application-level IT governance. Hypotheses derived from the model, as well as a set of differential hypotheses about factor influences due to on-premise versus SaaS delivery, are tested with survey responses from 207 firms in which application-level governance is operationalized with two dimensions: decision control rights (decision authority) and decision management rights (task responsibility). Three antecedents (origin of the application initiative, scope of application use, business knowledge of the IT unit) were significantly associated with application governance postimplementation, and the on-premise/SaaS subgroup analyses provide preliminary evidence for the mode of application delivery as a moderator of these relationships. Overall, this study contributes to a growing body of research that takes a more modular approach to studying IT governance and provides theoretical explanations for differing application-level governance designs.

标题：本地应用程序和软件即服务决策权的水平分配

作者：Winkler Till J., Brown Carol V.

来源：《管理信息系统杂志》2013 年第 3 期

关键词：代理理论；应用治理；云计算；领域调查；IT 治理；知识视角；多组分析；软件即服务；交易成本经济学

摘要：本研究解决了在应用程序级别商务部门和信息技术部门之间信息技术（IT）决策权的分配问题，包括本地应用程序交付治理和以软件即服务（SaaS）模型交付的应用程序的治理。基于对采用相同的 SaaS 应用程序的多个案例进行定性研究，利用三个理论透镜（代理理论、交易成本经济学和知识视图），开发一个理论扎根模型，包括三个企业级的因素、三个应用程序级因素和应用程序级 IT 治理。提出的假设源自模型，还包括一组关于本地和 SaaS 交付的影响因子假设。根据 207 家公司调查进行假设检验，这些公司应用程序级的治理包括两个维度：决策控制权（决定权）和决策管理权（任务责任）。三个案例（应用程序项目的起源、应用程序使用的范围、信息技术部门的业务知识）与应用程序治理后期实施显著相关；本地或 SaaS 模式的子群分析为应用程序交付模式作为这些关系的调节因素提供初步证据。总的来说，这项研究有助于丰富模块化方法，研究信息技术治理问题，为不同应用程序级别的治理设计提供理论解释。

Topic：Contracting Information Security in the Presence of Double Moral Hazard

Author：Chul Ho Lee，Xianjun Geng，Raghunathan Srinivasan

Source：Information Systems Research，2013，24（2）

Key words：Double Moral Hazard；Externality；Information Security Outsourcing；Managed Security Service Providers

Abstract：In information security outsourcing, it is the norm that the outsourcing firms and the outsourcers（commonly called managed security service providers, MSSPs）need to coordinate their efforts for better security. Nevertheless, efforts are often private and thus both firms and MSSPs can suffer from double moral hazard. Furthermore, the double moral hazard problem in security outsourcing is complicated by the existence of strong externality and the multiclient nature of MSSP services. In this prescriptive research, we first show that the prevailing contract structure in security outsourcing, bilateral refund contract, cannot solve double moral hazard. Adding breach-contingent sunk cost or external payment cannot solve double moral hazard either. Furthermore, positive externality can worsen double moral hazard. We then propose a new contract structure termed multilateral contract and show that it can solve double moral hazard and induce first-best efforts from all contractual parties when an MSSP serves two or more client firms, regardless of the externality. Firm-side externality significantly affects how payments flow under a multilateral contract when a security breach happens. When the number of client firms for an MSSP increases, we show that the contingent payments under multilateral contracts for any security breach scenario can be easily calculated using an additive method, and thus are computationally simple to implement.

标题：面对双重道德风险的信息安全合同

作者：Chul Ho Lee，Xianjun Geng，Raghunathan Srinivasan

来源：《信息系统研究》2013 年第 2 期

关键词：双重道德风险；外部性；信息安全外包；管理安全服务提供商

摘要：在信息安全外包方面，外包公司和外包商（通常称为管理安全服务提供商，MSSPs）通常需要协调他们的努力以提供更好的安全性。然而，努力往往是私下的，因此，公司和 MSSPs 会遭受双重道德风险。此外，安全外包的双重道德风险问题是复杂的，主要是由于存在强外部性和 MSSP 服务的多客户特点。本文研究中，我们首先表明，现行安全外包合同结构、双边退还合同，不能解决双重道德风险，增加违反合同沉没成本或外部付款不能解决双重道德风险。然后，我们提出一个新的合同结构，称为多边契约。研究证明当一个 MSSP 服务两个或两个以上的客户公司时，无论外部性是否存在，都可以解决双重道德风险和促进合同各方的努力。当发生了一个安全漏洞时，企业方的外部性显著影响多边合同的支付。当客户公司的 MSSP 数量增加时，在任何安全漏洞的情况下，使用一种添加的方法，多边合约的支付可以很容易地被计算，从而实现计算的简单化。

Topic: The Effect of CRM Outsourcing on Shareholder Value: A Contingency Perspective

Author: Kalaignanam Kartik, Kushwaha Tarun, M. Steenkamp Jan-Benedict E., Tuli Kapil R.

Source: Management Science, 2013, 59 (3)

Key words: Application Contexts/Sectors; Information Systems; IT Policy and Management; Marketing; Outsourcing

Abstract: One central business activity that companies increasingly outsource is the information systems (IS) function. Previous research has shown that outsourcing of back-office IS generally has a positive effect on shareholder value of the outsourcing firm. Much less is known about the performance implications of outsourcing of another important IS function, namely, front-office customer relationship management (CRM) systems, where the vendor uses its own personnel and software to perform several CRM tasks. Previous, largely anecdotal evidence shows that the performance implications of outsourcing CRM range from very negative to very positive. To address this unsatisfactory state of knowledge, we provide and empirically test a contingency perspective on the performance implications of outsourcing CRM processes.

We do so using the event-study methodology. The results are largely consistent with our contingency model. CRM outsourcing is more beneficial to firms that are high on information technology capabilities and low on marketing capabilities, and less beneficial when it concerns presales CRM. Similarly, although vendor economic distance has a positive influence on the outsourcing firm's shareholder value, vendor cultural distance has a negative influence. These effects are in turn significantly moderated by the type of CRM process outsourced.

标题: CRM 外包对股东价值的影响：一个应急的视角

作者: Kalaignanam Kartik, Kushwaha Tarun, M. Steenkamp Jan-Benedict E., Tuli Kapil R.

来源:《管理科学》2013 年第 3 期

关键词: 应用程序环境/部门；信息系统；信息系统政策和管理；销售；外包

摘要: 很多公司越来越多地将信息系统功能这一核心业务活动外包出去。先前的研究已经表明，后台信息系统外包对于外包公司的股东价值通常是有积极影响的。所知甚少的是另一个重要的信息系统功能外包的影响，即前台客户关系管理（CRM）系统供应商使用自己的工作人员和软件执行几个 CRM 任务。先前有证据表明，外包 CRM 对于绩效的影响包括从非常负面到非常积极。解决这种知识不满意状态，我们从应急角度进行研究并进行实证检验，分析外包 CRM 过程对绩效的影响。我们使用事件研究的方法，结果在很大程度上与我们的应急模型一致。CRM 外包更有利于具有高信息技术能力和低营销能力的公司，而对于涉及预售客户关系管理的企业则具有较小作用。同样，虽然供应商经济距离对于外包公司股东价值有积极影响，但供应商文化距离带来负面影响。这些影响又明显受到 CRM 流程外包类型的调节。

Topic：Control Balancing In Information Systems Development Offshoring Projects

Author：Gregory Robert Wayne，Beck Roman，Keil Mark

Source：MIS Quarterly，2013，37（4）

Key words：Control Balancing；Control Dynamics；Grounded Theory；Information Systems Development；Longitudinal Case Study；Offshoring Projects；Organizational Control；Outsourcing Relationships；Process Model；Project Management

Abstract：While much is known about selecting different types of control that can be exercised in information systems development projects，the control dynamics associated with ISD offshoring projects represent an important gap in our understanding. In this paper，we develop a substantive grounded theory of control balancing that addresses this theoretical gap. Based on a longitudinal case study of an ISD offshoring project in the financial services industry，we introduce a three-dimensional control configuration category that emerged from our data，suggesting that control type is only one dimension on which control configuration decisions need to be made. The other two dimensions that we identified are control degree（tight versus relaxed）and control style（unilateral versus bilateral）. Furthermore，we illustrate that control execution during the life cycle of an ISD offshoring project is highly intertwined with the development of client-vendor shared understanding and that each influences the other. Based on these findings，we develop an integrative process model that explains how offshoring project managers make adjustments to the control configuration periodically to allow the ISD offshoring project and relationship to progress，yielding the iterative use of different three-dimensional control configurations that we conceptualize in the paper. Our process model of control balancing may trigger new ways of looking at control phenomena in temporary interfirm organizations such as client-vendor ISD offshoring projects. Implications for research on organizational control and ISD offshoring are discussed. In addition，guidelines for ISD offshoring practitioners are presented.

标题：控制信息系统开发外包项目的平衡

作者：Gregory Robert Wayne，Beck Roman，Keil Mark

来源：《管理信息系统季刊》2013 年第 4 期

关键词：控制平衡；动力学；扎根理论；信息系统开发；纵向案例研究；外包项目；组织控制；外包关系；过程模型；项目管理

摘要：尽管人们了解如何在信息系统开发项目中选择不同的控制类型，但我们对于信息系统开发外包项目的控制动力学研究方面依然存在空白。在本文中，我们开发一个控制平衡的实质性扎根理论来解决这个理论缺口。基于金融服务业信息系统开发的纵向案例研究，根据所得数据，我们引入三维控制配置类别。本文认为，对于控制配置决策，控制类型只有一个维度。另外我们需要确定的另两个维度是控制程度（紧与松）和控制风格（单边和双边）。此外，我们表明，信息技术开发外包项目的生命周期中的控制执行是与用户—销售商相互交织在一起的，彼此相互影响。基于这些发现，我们开发了一个综合过程模型，解释外包项目经理如何定期调整控制配置，允许信息系统开发外包项目和关系的发展，激发不同的三维控制配置的迭代使用。我们的控制平衡流程模型可能引发新方法，观察临时性、企业间的用户—销售商信息系统外包项目控制问题。本文对组织控制和信息系统开发外包研究进行讨论。此外，本文还提供信息系统开发外包人员指南。

Topic：Verification of Knowledge Assets in Electronic Repositories：Expert-and Community-Governance

Author：Kayhan Varol O., Davis Christopher J., Collins Rosann Webb, Bhattacherjee Anol

Source：Information Systems Management，2013，30（2）

Key words：Community-governance；Expert-governance；Governance Mechanisms；Verification of Contributions

Abstract：Two mechanisms that verify knowledge contributions in electronic repositories are expert-governance and community-governance. Our goal is to examine repository users' perceptions of the conditions under which these mechanisms verify knowledge contributions. Qualitative data show that perceived credibility of experts, perceived ownership of content, and experts' (meticulous) execution of governance functions are salient for expert-governance, and the perceived involvement of community members, and community members' (continuous and collective) execution of governance functions are important for community-governance.

标题：电子存储库中知识资产的验证：专家和社区治理

作者：Kayhan Varol O., Davis Christopher J., Collins Rosann Webb, Bhattacherjee Anol

来源：《信息系统管理》2013年第2期

关键词：社区治理；专家治理；治理机制；贡献验证

摘要：验证电子存储库中知识贡献的两个机制是专家治理和社区治理。我们的目标是检查存储库用户对于这些条件的感知，运用这些机制验证知识的贡献。定性数据显示，专家可信度、内容所有权和专家（精细）治理执行对于专家治理是显著的；社区成员的参与和社区成员的执行对于社区治理是重要的。

Topic：From Knowing It to "Getting It"：Envisioning Practices in Computer Games Development

Author：Nandhakumar Joe, Panourgias Nikiforos S., Scarbrough Harry

Source：Information Systems Research，2013，24（4）

Key words：Collaborative Practice；Computer Games Development；Emergence；Envizioning；Interpretive

Abstract：The development of information systems and software applications increasingly needs to deliver culturally rich and affective experiences for user groups. In this paper, we explore how the collaborative practices across different expert groups can enable this experiential dimension of use to be integrated into the development of a software product. In an empirical study of computer games development—an arena in which the novelty and richness of the user experience is central to competitive success—we identify the challenges of conceptualizing and realizing a desired user experience when it cannot be readily specified in an initial design template, nor represented within the expertise of existing groups. Our study develops a theoretical framework to address these challenges. Through this framework, we are able to show how achieving a desired user experience requires developer groups to not only work across the boundaries that arise from specialized expertise, but also across wider fields centred on cultural production and software development, respectively. We find that their ability to do this is supported by distinctive "envisioning practices" that sustain an emerging shared "vision" for each game. The key research contributions that we then make are ① grounding envisioning practices as a means of theorizing the collaborative practices centred on conceptualizing the user experience；②identifying how these practices are interwoven with the "producing practices" of software development, thus enabling collaboration to span expert groups and disparate fields；and ③theorizing the role of vision as an emerging conceptual boundary object in these practices.

标题：从知道它到"得到它"：想象电脑游戏开发实践

作者：Nandhakumar Joe, Panourgias Nikiforos S., Scarbrough Harry

来源：《信息系统研究》2013年第4期

关键词：协作实践；电脑游戏开发；出现；想象；解释

摘要：信息系统和应用软件的发展越来越需要为用户组提供丰富的文化和情感体验。在本文中，我们探索不同的专家小组合作实践如何启用这个经验维度，从而被集成到一个软件产品的开发中。对电脑游戏开发过程进行实证研究，用户体验的新颖和丰富是竞争成功的核心。我们明确概念化的挑战，实现所需的用户体验，这是最初的设计模板和现有团队知识所缺乏的。我们的研究提供一个理论框架来应对这些挑战。通过这一框架，我们可以说明，实现所需的用户体验要求开发者团体不仅需要跨知识边界一起开展工作，还需要在更广阔的领域集中于文化生产和软件开发。我们发现他们的能力依赖于独特的"想象实践"，为每一个游戏维持一个新兴共享"愿景"。本文的研究贡献主要在于：①在用户体验概念化合作实践中应用想象实践理论；②识别这些实践如何与软件开发"生产实践"交织在一起，从而实现跨专家和不同领域的协作；③概念化想象的作用作为在这些实践中的一个新兴概念边界对象。

Topic： A Nonparametric Approach to Modeling Choice with Limited Data

Author： Farias Vivek F., Jagabathula Srikanth, Shah Devavrat

Source： Management Science，2013，59（2）

Key words： Choice Models； Marketing Mix； Preference List； Revenue Prediction； Utility Preference

Abstract： Choice models today are ubiquitous across a range of applications in operations and marketing. Real-world implementations of many of these models face the formidable stumbling block of simply identifying the "right" model of choice to use. Because models of choice are inherently high-dimensional objects, the typical approach to dealing with this problem is positing, a priori, a parametric model that one believes adequately captures choice behavior. This approach can be substantially suboptimal in scenarios where one cares about using the choice model learned to make fine-grained predictions； one must contend with the risks of mis-specification and overfitting/underfitting.

Thus motivated, we visit the following problem： For a "generic" model of consumer choice （namely, distributions over preference lists） and a limited amount of data on how consumers actually make decisions （such as marginal information about these distributions），· how may one predict revenues from offering a particular assortment of choices？ An outcome of our investigation is a nonparametric approach in which the data automatically select the right choice model for revenue predictions. The approach is practical. Using a data set consisting of automobile sales transaction data from a major U.S. automaker, our method demonstrates a 20% improvement in prediction accuracy over state-of-the-art benchmark models； this improvement can translate into a 10% increase in revenues from optimizing the offer set. We also address a number of theoretical issues, among them a qualitative examination of the choice models implicitly learned by the approach. We believe that this paper takes a step toward "automating" the crucial task of choice model selection.

标题： 有限数据建模选择的非参数方法

作者： Farias Vivek F., Jagabathula Srikanth, Shah Devavrat

来源： 《管理科学》2013 年第 2 期

关键词： 选择模型；营销组合；偏好列表；收入预测；效用偏好

摘要： 在运营和营销应用中，选择模型无处不在。这些模型的实施面临强大的绊脚石，即简单识别"正确"的模型。因为选择的模型本质上是高维对象，处理这个问题的典型方法是假定一个先决的参数模型，被认为充分捕捉选择行为。这种方法在使用选择模型进行深度预测情况下，以及面对误差设定和过度拟合或拟合不足的风险时，可以是次优的。因此，我们研究以下问题：消费者选择的"通用"模式（即优选目录分布）和消费者如何依靠有限的数据做出决策（如分布边际信息），通过提供特定的多种选择怎样预测收入。我们调查成果之一是一种非参数方法，数据可以自动选择正确的收入预测模型。该方法是可行的。使用来自一个美国主要汽车制造商的汽车销售数据集，我们的方法比最先进的基准模型在预测精度方面提高 20%，这个改进可以转化为收入增加 10%。我们也解决了许多理论问题，包括选择模型的定性检查。我们相信本文在"自动化"选择模型选取研究中具有重要作用。

Topic: Seeking Electronic Information from Government Resources: A Comparative Analysis of Two Communities' Web Searching of Municipal Government Websites

Author: Frank Lambert

Source: Government Information Quarterly, 2013, 30（1）

Key words: E-Government Informatics; Web Log Analysis; Web Search; Government Information

Abstract: This study examines queries submitted through two municipal government websites over a 3-year period to discover patterns in information seeking that current web log analysis literature have not discovered or addressed. The findings reveal: in spite of subtle differences strong similarities remain between two different communities' information needs from municipal government websites; demographic variables and close physical proximity do not appear to affect these similarities; there appears to be a belief that municipal government websites can deliver all types of information; and, using methods presented in this paper, municipal governments may better manage their online information resources.

标题：从政府资源中搜索电子信息：两个对于市政府网站网络搜索的比较分析

作者：Frank Lambert

来源：《政府信息季刊》2013 年第 1 期

关键词：电子政务信息；Web 日志分析；网络搜索；政府信息

摘要：本研究对两个市政府网站 3 年内提交的调查进行分析，研究以往 Web 日志分析没有发现或未被解决的信息搜索模式。调查结果显示：尽管存在细微差别，两个市政府网站的信息需求存在很大的相似之处；人口变量和物理距离并没有影响这些相似之处；似乎有这样一种信念：市政府网站可以提供所有类型的信息。采用本文提出的方法，市政府可以更好地管理他们的在线信息资源。

Topic: Customer Relationship Management in the Hairdressing Industry: An Application of Data Mining Techniques

Author: Jo-Ting Wei, Ming-Chun Lee, Hsuan-Kai Chen, Hsin-Hung Wu

Source: Expert Systems with Applications, 2013, 40 (18)

Key words: Customer Relationship Management; Marketing Strategies; Hairdressing; Data Mining; RFM Model

Abstract: With the increase of living standards and the sustainable changing patterns of people's lives, nowadays, hairdressing services have been widely used by people. This paper adopts data mining techniques by combining self-organizing maps (SOM) and K-means methods to apply in RFM (recency, frequency and monetary) model for a hair salon in Taiwan to segment customers and develop marketing strategies. The data mining techniques help identify four types of customers in this case, including loyal customers, potential customers, new customers and lost customers and develop unique marketing strategies for the four types of customers.

标题：美容行业的客户关系管理：数据挖掘技术的应用

作者：Jo-Ting Wei, Ming-Chun Lee, Hsuan-Kai Chen, Hsin-Hung Wu

来源：《专家系统及其应用》2013 年第 18 期

关键词：客户关系管理；营销策略；美容；数据挖掘；RFM 模型

摘要：随着人们生活水平的提高和生活模式的持续改变，如今，美容服务已经被人们广泛接受并享受。本文应用 RFM（近因、频率和货币）模型，采用数据挖掘技术结合自组织映射（SOM）和 K-means 方法，为中国台湾一家美发沙龙进行客户细分和发展营销策略。客户数据挖掘技术帮助识别四种类型的客户，包括忠实客户、潜在客户、新客户和流失的客户，为这四种类型的客户开发不同的营销策略。

Topic：Self-configuring Data Mining for Ubiquitous Computing

Author：Aysegul Cayci Ernestina Menasalvas，Yucel Saygin，Santiago Eibe

Source：Information Sciences，2013，246

Key words：Data Mining；Ubiquitous Computing；Decision Tree

Abstract：Ubiquitous computing software needs to be autonomous so that essential decisions such as how to configure its particular execution are self-determined. Moreover, data mining serves an important role for ubiquitous computing by providing intelligence to several types of ubiquitous computing applications. Thus, automating ubiquitous data mining is also crucial. We focus on the problem of automatically configuring the execution of a ubiquitous data mining algorithm. In our solution, we generate configuration decisions in a resource aware and context aware manner since the algorithm executes in an environment in which the context often changes and computing resources are often severely limited. We propose to analyze the execution behavior of the data mining algorithm by mining its past executions. By doing so, we discover the effects of resource and context states as well as parameter settings on the data mining quality. We argue that a classification model is appropriate for predicting the behavior of an algorithm's execution and we concentrate on decision tree classifier. We also define taxonomy on data mining quality so that tradeoff between prediction accuracy and classification specificity of each behavior model that classifies by a different abstraction of quality, is scored for model selection. Behavior model constituents and class label transformations are formally defined and experimental validation of the proposed approach is also performed.

标题：普适计算的自配置数据挖掘

作者：Aysegul Cayci Ernestina Menasalvas，Yucel Saygin，Santiago Eibe

来源：《信息科学》2013 年 10 月

关键词：数据挖掘；普适计算；决策树

摘要：普适计算软件需要自动做出重要的决定，如该如何配置特定的执行。数据挖掘在普适计算中是一个重要的角色，为多种类型的普适计算应用程序提供情报。因此，普适计算数据挖掘的自动性至关重要。我们关注普适数据挖掘算法的自动配置执行问题。在我们的解决方案中，我们以资源意识和环境意识的方式生成配置决策，这是因为算法是在经常变化的环境和计算资源极其有限的条件下执行的。我们建议通过挖掘其过去的执行分析数据挖掘算法的执行行为。通过这样做，我们发现资源和环境状态以及参数设置影响数据挖掘质量。我们认为，一个分类模型适合预测算法的执行行为；我们专注于决策树分类器。我们还定义数据挖掘质量分类。据此，在模型选择中，评价预测精度和行为模型分类特异性之间的权衡。行为模式成分和类标签转换被正式定义，对提出的方法进行实验验证。

Topic：Big Data Visual Analytics for Exploratory Earth System Simulation Analysis

Author：Chad A. Steed, Daniel M. Ricciuto, Galen Shipman, Brian Smith, Peter E. Thornton, Dali Wang, Xiaoying Shi, Dean N. Williams

Source：Computers & Geosciences, 2013, 61

Key words：Visualization; Parallel Coordinates; Climate; Sensitivity Analysis; Data Intensive Computing; Data Mining; Statistical Visualization; Multivariate; Big Data

Abstract：Rapid increases in high performance computing are feeding the development of larger and more complex data sets in climate research, which sets the stage for so-called "big data" analysis challenges. However, conventional climate analysis techniques are inadequate in dealing with the complexities of today's data. In this paper, we describe and demonstrate a visual analytics system, called the Exploratory Data analysis ENvironment (EDEN), with specific application to the analysis of complex earth system simulation data sets. EDEN represents the type of interactive visual analysis tools that are necessary to transform data into insight, thereby improving critical comprehension of earth system processes. In addition to providing an overview of EDEN, we describe real-world studies using both point ensembles and global Community Land Model Version 4 (CLM4) simulations.

标题：探索地球系统模拟分析的大数据可视化分析

作者：Chad A. Steed, Daniel M. Ricciuto, Galen Shipman, Brian Smith, Peter E. Thornton, Dali Wang, Xiaoying Shi, Dean N. Williams

来源：《电脑与地质》2013 年 12 月

关键词：可视化；平行坐标；气候；敏感性分析；数据密集型计算；数据挖掘；统计可视化；多元；大数据

摘要：高性能计算的快速发展服务于气候研究中更大、更复杂的数据集，为所谓的"大数据"分析奠定了基础。然而，传统的气候分析技术对于处理今天的复杂数据是不够的。在这篇文章中，我们描述和展示了可视化分析系统，称为探索性数据分析环境（EDEN），用特定的应用程序来分析复杂的地球系统模拟数据集。EDEN 代表的交互式可视化分析工具的类型十分必要，可将数据转化为洞察力，从而提高对于地球系统过程的理解。除了概览 EDEN 外，我们介绍与使用点集合体和全球社区土地模型版本 4（CLM4）来模拟相关的研究。

Topic: Electronic Health Record Implementation and Hospitals' total Factor Productivity

Author: Timothy R. Huerta, Mark A. Thompson, Eric W. Ford, William F. Ford

Source: Decision Support Systems, 2013, 55 (2)

Key words: EHR; HIT Implementation; Data Envelopment Analysis; Hospitals; Meaningful Use

Abstract: The adoption and implementation of electronic health record (EHR) systems have been widely promoted as a means for improving health care delivery and controlling costs in U.S. hospitals. To date, the results of efforts to adopt such systems have been mixed and often unsuccessful. This paper uses frontier analysis to measure hospitals' Total Factor Productivity (TFP) during 2006 –2008 and compare it to nine different stages of EHR implementation. Overall, we find that hospitals implementing EHR systems have lower TFP gains relative to those facilities that have as yet to adopt. In particular, hospitals that attempt to fully implement an EHR in one year, the "Big Bang" strategy, have relatively low TFP levels. Therefore, the anticipated savings from increased EHR use may not be realized in the near-term for EHR system adopters. Moreover, an evidence –based approach to developing the "Meaningful Use" incentive and reward program for EHR implementation is warranted.

标题：电子健康记录的实施和医院的全要素生产率

作者：Timothy R. Huerta, Mark A. Thompson, Eric W. Ford, William F. Ford

来源：《决策支持系统》2013 年第 2 期

关键词：电子健康档案；健康信息技术实现；数据包络分析；医院；有意义使用

摘要：电子健康记录（EHR）系统已经被广泛推广，以改善美国医院医疗保健及控制成本。迄今为止，实施这种系统的结果喜忧参半，失败经常发生。本文运用前沿分析衡量医院 2006~2008 年的全要素生产率（TFP），把它与电子健康记录（EHR）系统实施的 9 个不同阶段进行对比。总的来说，我们发现，相对于尚未采用的医院，实施 EHR 系统的医院的 TFP 增长较低。特别是试图在一年内完全实现 HER（"大爆炸"战略）的医院，TFP 相对较低。因此，医院增加使用电子健康记录（EHR）系统以减少成本的预期在近期可能不会实现。此外，本文认为，设计具有实际效果的"有意义的使用"激励和奖励计划对于 EHR 实施是必要的。

Topic: Understanding the Impact of Business Cases on IT Investment Decisions: An Analysis of Municipal E-government Projects

Author: Egon Berghout, Chee-Wee Tan

Source: Information & Management, 2013, 50 (7)

Key words: Business Case; Decision Making; Information Systems; Information Management; IT Assessment; IT Evaluation; Economies of Scale

Abstract: This study synthesizes the extant literature to derive an integrative developmental framework for IT business cases that can be applied to diagnose the feasibility of technological investments. We then construct a theoretical model that postulates the impact of IT business case elements on the initial cost estimates of technological investments. Subsequently, our theoretical model is subjected to empirical validation through content analysis of IT business cases developed for municipal e-government projects. Findings indicate that the richness of the richness of business cases translates to more initial costs being identified in technological investments, thereby conserving resources for the organization through informed investment decisions.

标题：业务情况对信息技术投资决策的影响：市级电子政务项目的分析

作者：Egon Berghout, Chee-Wee Tan

来源：《信息与管理》2013 年第 7 期

关键词：业务情况；决策；信息系统；信息管理；信息技术评价；信息技术评估；规模经济

摘要：本研究综合现存文献，提出一个业务情况综合发展框架，可以应用于诊断信息技术投资的可行性。然后，我们构建一个理论模型，假设业务情况影响信息技术投资初始成本的估算。随后，我们根据理论模型，分析市级电子政务项目，进行实证验证。结果表明，业务情况的丰富性可转化为信息技术投资的初始成本，从而通过明智的投资决策节约组织资源。

Topic: The Impacts of Information Quality and System Quality on Users' Continuance Intention in Information-exchange Virtual Communities: An Empirical Investigation

Author: YiMing Zheng, Kexin Zhao, Antonis Stylianou

Source: Decision Support Systems, 2013, 56

Key words: Virtual Communities; IS Post-adoption; IS Success Model; Information Wuality; System Quality; Individual Benefits

Abstract: An information-exchange virtual community (VC) is an IT-supported virtual space that is composed of a group of people for accessing, sharing and disseminating topic-related experiences and knowledge through communication and social interaction. With the increasing number of VCs and low switching cost, it is challenging to retain existing users and encourage their continued participation. By integrating the IS post-adoption research and IS Success model, we propose a research framework to investigate VC users' continuance intention from a quality perspective. Based on a field survey, we find that information and system quality directly affect perceived individual benefits and user satisfaction, which ultimately determine user continuance intention to consume and to provide information. Furthermore, by modeling information quality and system quality as multifaceted constructs, our results reveal key quality concerns in information-exchange VCs. Implications for VC design and management are also discussed.

标题: 信息质量、系统质量影响信息交互虚拟社区中用户持续使用意愿：实证研究

作者: YiMing Zheng, Kexin Zhao, Antonis Stylianou

来源：《决策支持系统》2013 年 12 月

关键词: 虚拟社区；采纳后；信息系统成功模型；信息质量；系统质量；个人利益

摘要: 信息交互虚拟社区（VC）是一个信息技术支持的虚拟空间，由一群人组成，通过沟通和互动，访问、共享和传播话题相关的经验和知识。随着信息交互虚拟社区不断增多和较低的转换成本，保留现有用户并鼓励他们继续参与具有挑战性。通过整合信息系统采纳后和信息系统成功模式研究，我们提出一个研究框架，从质量的角度分析 VC 用户持续使用意愿。根据实地调查我们发现，信息和系统质量直接影响感知的个人利益和用户满意度，从而对用户使用和提供信息的持续使用意愿产生影响。此外，通过对信息质量、系统质量进行多维建模分析，我们的研究结果提出信息交互虚拟社区的关键质量问题，对信息交互虚拟社区设计和管理进行了讨论。

第三章　企业信息管理学学科 2013 年出版图书精选

第一节

中文图书精选

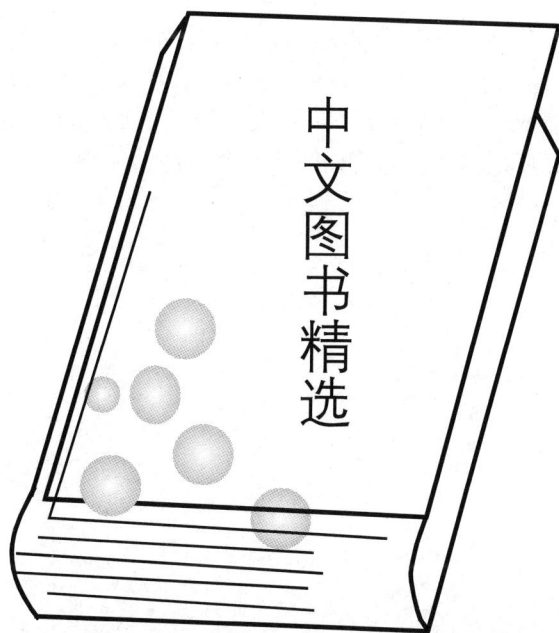

编者从信息管理、信息系统、信息用户、信息资源等几方面选取了具有较好学术价值的 15 本图书，具体内容如下。

书名：政府信息资源整体规划理论与方法

作者：裴雷（著）

出版社：武汉大学出版社

出版时间：2013 年 3 月

内容简介：政府信息资源整体规划方法是 2005 年以后国内开始兴起和关注的一种新方法，其技术蓝本和成功案例是美国 FEA 的开发与实施。《政府信息资源整体规划理论与方法》通过梳理政府信息资源整体规划的理论背景和实践进展，系统研究政府信息资源整体规划流程和工具设计。该书结合中国政府的政策背景和宏观信息理论，运用荟萃分析和集成分析方法构建了政府 EA 集成框架模型（GEAIFM），并进一步讨论了其运营战略、组织结构、政策配套等相关理论问题，对我国政府信息资源整体规划具有一定的借鉴意义。

书名： 网络信息搜索行为研究——以我国高校学生为例
作者： 丁韧（著）
出版社： 武汉大学出版社
出版时间： 2013 年 3 月

内容简介：《网络信息搜索行为研究——以我国高校学生为例》以 141 位来自武汉大学的本科生和研究生为例，探讨了当前我国高校学生的网络信息搜索水平、行为特征和行为影响因素，构建出高校学生的网络信息搜索行为模型。全文共 9 章，第 1 章至第 3 章为理论部分，第 4 章至第 7 章为研究实验及实验结果部分，第 8 章至第 9 章为思考讨论部分。

书名：信息资源管理：概念和案例

作者：福雷斯特·伍迪·霍顿（著），安小米（译）

出版社：南京大学出版社

出版时间：2013 年 8 月

　　内容简介：《信息资源管理：概念和案例》为信息资源管理的经典文献，内容包含了信息资源管理起源的思想、原创观点及研究方法。采用经济学、管理学等学科的理论及方法，对信息资源管理的基本概念和争议性问题进行了深入的比较研究和系统分析，为信息资源管理学科体系的建设提供了基本架构，为信息资源管理科学问题的探索提供了分析的框架、解决思路及解题方法。

书名：社会化媒体实战：善用社交网络让企业经营更成功

作者：戴维·B.托马斯、迈克·巴洛（著），廖晓红、漆晨曦、
申红梅（译）

出版社：人民邮电出版社

出版时间：2013 年 1 月

内容简介：《社会化媒体实战：善用社交网络让企业经营更成功》基于对众多领先企业的高管人员和业界资深人士的深度访谈，运用大量实际案例和具有真知灼见的专家观点，全面深刻地阐述了企业制定和实施社会化媒体战略的必要性、紧迫性、指导原则、战略架构和具体策略以及战术要点，对企业成功应用社会化媒体工具来转变商业模式、优化商务运作、改善商业沟通、提升盈利能力，具有强烈的针对性和实践指导价值。该书涵盖了与社会化媒体商业应用相关的几乎所有重要议题，包括社会化媒体最基本的价值定位、效果测量、投资回报、如何说服管理层、关键技能、人事问题、培训、技术架构、风险管理等，是企业开发和成功实施社会化媒体战略非常有针对性的实践指南。该书适合各类企事业单位和社会组织的管理人员，公关宣传、客户服务及市场部门相关从业人员，新媒体研究及咨询策划人员，高等院校管理和营销等专业的师生阅读参考。

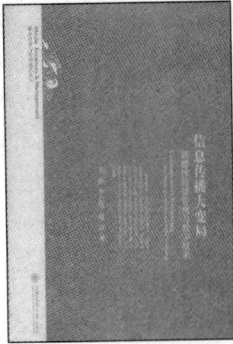

书名: 信息传播大变局:新媒体传播管理与数字技术

作者: 王松、李志坚、赵磊(著)

出版社: 上海交通大学出版社

出版时间: 2013 年 10 月

内容简介:《信息传播大变局:新媒体传播管理与数字技术》以翔实的内容论述了新媒体的发展、信息传播的各种载体形式及其发展、数字媒体的相关技术创新及应用。全书共分四篇 16 章,分综述、应用、管理营销和技术四篇从不同的角度论述了信息传播的大变局。《信息传播大变局:新媒体传播管理与数字技术》可供行业内学者、专家参考,供学生作为教材学习,供普通读者拓展知识面,是一部有关新媒体的读物。

书名：信息时代的管理策略
作者：青虹宏、李虹
出版社：西南财经大学出版社
出版时间：2013 年 10 月

　　内容简介：《信息时代的管理策略》从数字城市与电子政府、电子商务与信息技术以及信息时代的人才培养三个不同的角度，探讨了信息时代的管理策略问题。主要包括信息社会的电子政府、数字城市建设与城市可持续发展、新信息技术环境下网络金融高科技创新业务发展等。

书名： 物流信息技术与信息管理实训

作者： 李俊韬

出版社： 机械工业出版社

出版时间： 2013 年 1 月

内容简介：《物流信息技术与信息管理实训》主要介绍了物流信息技术与信息管理实验平台涉及的相关技术理论、设计思想与操作实训过程。全书共分为 18 章，归结为概述篇、技术原理篇和管理篇。首先简要介绍了物流信息技术概念、物流信息技术与信息管理实验平台概况；其次对该平台涉及的相关技术进行了详细的讲解，主要介绍了各种技术的理论知识、平台操作过程等内容；最后对该实验平台的综合实验进行了指导与说明。

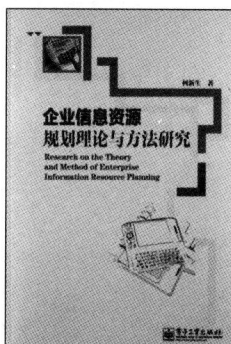

书名： 企业信息资源规划理论与方法研究

作者： 柯新生

出版社： 电子工业出版社

出版时间： 2013 年 6 月

内容简介： 在网络化背景下，企业业务处理越来越具有跨区域性、快捷性、智能性，而信息资源建设水平与信息化水平紧密关联，因此对企业的信息资源规划进行研究具有重要的现实意义。本书针对目前大中型企业业务处理跨区域、网络化、协同化、大数据分析服务的发展趋势，分析了企业在信息资源建设方面的问题和现实需求，提出了基于网络的企业级信息资源规划理论体系与方法，并相应地进行了实证分析，探讨了基于云架构的大数据中心模式的发展。

书名：现代信息资源检索实务
作者：何钧
出版社：经济管理出版社
出版时间：2013 年 2 月

  内容简介：《现代信息资源检索实务》结合网络环境下信息资源的分布特点以及信息时代的学习特点，以全新的视角向读者介绍各类信息检索方法与技巧、学术论文撰写、信息综合运用和国外图书馆利用等方面的内容。系统地说明了现代信息检索的基础知识、基本技能，各类信息检索工具的编排、组织规则和使用方法，电子文献信息检索技术，国内外著名题录或文摘数据库、引文数据库、全文数据库的特点以及使用方法，学术论文的撰写方法等。该书集理论、方法、实践于一体，对提升读者的信息素质，培养终身学习能力、创新能力，激发创新意识，提高信息检索与利用的能力和自身综合素质具有重要的作用。

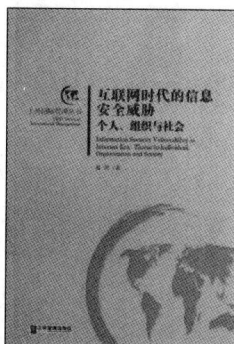

书名： 互联网时代的信息安全威胁：个人、组织与社会
作者： 赵衍
出版社： 企业管理出版社
出版时间： 2013 年 10 月

　　内容简介：《互联网时代的信息安全威胁：个人、组织与社会》系统地分析了互联网的特性及其对信息安全带来的新威胁，从技术、管理和法律制度三个层面详细论述了互联网对个人信息安全、企业信息安全、国家信息安全、军事信息安全、政治信息安全和经济信息安全的影响，并且详细对比、分析了美国在奥巴马任职前后在网络信息安全领域的主要战略举措，同时对世界上其他主要国家在网络信息安全管理领域的主要做法做了分析。

书名： 信息资源分类——方法与实践

作者： 单志广、吴洁倩、栾捷、武森

出版社： 科学出版社

出版时间： 2013 年 6 月

　　内容简介： 随着现代信息通信技术的发展，信息资源呈现爆炸式增长，如何对海量信息资源进行有效的组织和管理已成为当今亟待解决的问题。《信息资源分类——方法与实践》源自国家信息中心承担的科技部科技基础性工作专项项目的部分研究成果。该书基于大量的调查研究，对现有信息资源的分类方法与实践进行了系统性和有针对性的分析研究。全书共分三篇，第一篇介绍了信息资源和分类法的概念、特征，五部典型分类法和图书情报分类方法。第二篇和第三篇分别以政务信息资源和互联网信息资源为对象，阐述各自的特点和现有的分类模式，并结合应用案例对其分类体系进行具体分析。该书适合作为高等院校图书馆学、情报学、信息资源管理、电子政务等专业学生的补充读物，也可以作为各类信息资源管理部门、科研机构等相关工作人员的参考书。

书名：网络信息资源优化配置研究

作者：梁平

出版社：中国书籍出版社

出版时间：2013 年 7 月

内容简介：《网络信息资源优化配置研究》分析了国内外网络信息资源配置研究的现状与意义，论述了网络信息资源的含义与特点、经济特性与经济功能、分布分析及其评价，探讨了网络信息资源配置的哲学与经济学基础、概念与意义、特征与类型、目标与原则、基本要求与手段及其影响因素，研究了网络信息资源配置的主要机制、机制功能、政策法规调控、配置层次、理论模型和基本模式，分析了帕累托最优条件与最优实现以及网络信息资源配置效率的层次与衡量、总体配置与社会经济效率、配置的效益及其效度评价问题，探讨了网络信息资源配置的现状与问题、优化配置的发展策略等。

书名：供应链管理中的信息协调与协同控制研究

作者：张晴、张劲松

出版社：世界图书出版公司，中国出版集团

出版时间：2013 年 4 月

　　内容简介：供应链协调乃至协同是供应链管理的重要内容。在信息时代和知识经济的背景下，信息和知识管理引起广泛关注。《供应链管理中的信息协调与协同控制研究》从信息和知识管理的视角出发，对供应链管理中的信息协调和供应链运作中的协同控制与知识管理进行全面系统的研究。在供应链管理中的信息协调部分，提出了供应链信息协调总体框架，对其两大组成部分进行详细论述；建立了基于多 Agent 的供应链信息协调模型并进行仿真，结果表明利用多 Agent 系统为管理者提供决策支持的可行性；提出了信息协调实现模式，并阐述基于多 Agent 的信息协调的实现；设计了供应链信息协调机制。在供应链运作中的协同控制与知识管理部分，给出了供应链多层次集成管理的整体框架；明晰了供应链知识的范畴，给出了供应链知识管理的分层评价模型；建立了协同过程的管理和控制模型，研究了基于价值链的供应链知识创新模型；建立了集成业务过程情境的知识模型，提出了供应链知识管理的组织支持策略，给出了供应链知识管理实施的绩效评价方法。该书适合从事供应链管理研究的专业研究人员、博士生和硕士生作为参考书使用，也可以用作在企业从事物流管理、供应链管理、信息管理的高层管理人员的参考书。

书名：信息资源与经济增长：基于地区差异的理论与实证
作者：俞立平
出版社：学习出版社
出版时间：2013 年 1 月

内容简介：《信息资源与经济增长：基于地区差异的理论与实证》一书中的观点认为必须加强信息资源欠发达地区的信息基础设施建设，继续缩小地区信息资源差距，注重提高信息资源欠发达地区科技教育水平，大力发展经济，从而缩小地区经济发展差距。在信息资源建设上，政府必须发挥主导作用，要加强信息监管，提高信息资源质量，防止冗余信息、垃圾信息、不良信息泛滥。同时要注意提高信息资源建设的管理水平，减少浪费，提高信息资源建设效率。

书名：信息资源管理
作者：杨敏
出版社：郑州大学出版社
出版时间：2013 年 9 月

　　内容简介：《信息资源管理》是关于信息资源管理的一部理论性著作，介绍了信息资源管理（IRM）作为一门新兴学科的变革与发展，立足于对信息进行资源管理的基本意义，全面深入地阐述了信息资源管理的基本原理、基本理论和基本方法。该书内容涉及社会信息化与信息化建设、信息管理、信息资源、信息采集与组织、信息系统管理、网络信息资源管理、企业信息资源管理、政府信息资源管理方面的研究。

第二节

英文图书精选

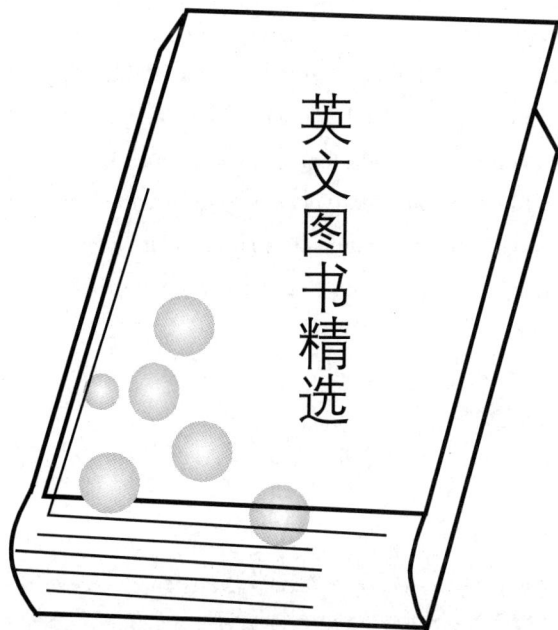

本部分所使用的英文图书及其相关信息有如下三个数据来源：亚马逊英文网站（www.Amazon.com）、SpringerLink（现刊+回溯）数据库和 Elsevier SD（ScienceDirect）数据库。图书的检索策略是：Title+Keywords=information management，出版时间=2013。在检索到的图书中，从不同的学科和主题分类，兼顾作者的知名度和图书的相关性，选择了优秀的学术型图书 20 本。这些图书从大数据分析、数据挖掘与商务智能、信息可视化、信息安全、组织信息战略及个人信息管理、知识管理、信息网络、信息资源管理等多个方面进行了分析和探讨。下面对这些图书的具体情况加以说明。

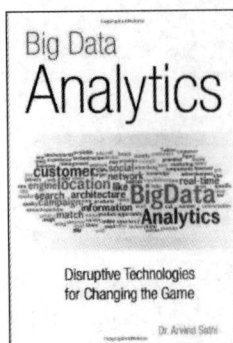

Title: Big Data Analytics: Disruptive Technologies for Changing the Game

Author: Dr. Arvind Sathi

Publisher: Mc Press

Publication Date: Feb. 2013

Book Description: Bringing a practitioner's view to big data analytics, this work examines the drivers behind big data, postulates a set of use cases, identifies sets of solution components, and recommends various implementation approaches. This work also addresses and thoroughly answers key questions on this emerging topic, including What is big data and how is it being used? How can strategic plans for big data analytics be generated? And How does big data change analytics architecture? The author, who has more than 20 years of experience in information management architecture and delivery, has drawn the material from a large breadth of workshops and interviews with business and information technology leaders, providing readers with the latest in evolutionary, revolutionary, and hybrid methodologies of moving forward to the brave new world of big data.

书名: 大数据分析: 颠覆性技术引发改变

作者: Dr. Arvind Sathi

出版社: Mc Press

出版时间: 2013 年 2 月

内容简介: 该书以从业者的观点研究大数据分析, 研究大数据背后的驱动因素, 提出一组案例, 确定多种解决组件, 介绍不同的实现方法。这本书围绕这一新兴问题讲解和深入回答多个关键问题, 包括大数据是什么和它是如何被使用的, 大数据分析的战略计划如何生成, 大数据如何改变分析架构等。该书作者拥有在信息管理架构和交付方面超过 20 年的经验, 整理来自大量企业数据和对许多业务和信息技术领导人的采访记录, 为读者提供关于大数据分析演化、发展与综合方法的最近进展。

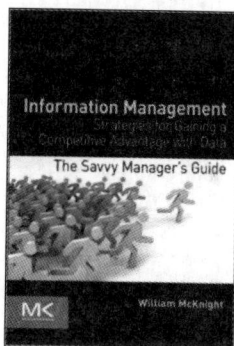

Title: Information Management: Strategies for Gaining a Competitive Advantage with Data

Author: William McKnight

Publisher: Morgan Kaufmann

Publication Date: Dec. 2013

Book Description: Information Management: Gaining a Competitive Advantage with Data is about making smart decisions to make the most of company information. Expert author William McKnight develops the value proposition for information in the enterprise and succinctly outlines the numerous forms of data storage. Information Management will enlighten you, challenge your preconceived notions, and help activate information in the enterprise. Get the big picture on managing data so that your team can make smart decisions by understanding how everything from workload allocation to data stores fits together.

Read the book cover-to-cover, or keep it within reach for a quick and useful resource. Either way, this book will enable you to master all of the possibilities for data or the broadest view across the enterprise.

● Balances business and technology, with non-product-specific technical detail

● Shows how to leverage data to deliver ROI for a business

● Engaging and approachable, with practical advice on the pros and cons of each domain, so that you learn how information fits together into a complete architecture

● Provides a path for the data warehouse professional into the new normal of heterogeneity, including NoSQL solutions

书名：信息管理：用数据获得竞争优势的战略

作者：William McKnight

出版社：Morgan Kaufmann

出版时间：2013 年 12 月

内容简介：该书阐述如何充分利用公司信息进行智慧决策。作者分析了信息在企业中的价值，简洁地概括数据存储的形式。该书会激发你的思维，挑战你先入为主的观念，帮助激活企业信息。总览数据管理，以便使您的团队可以通过理解从工作负载分配到数据存储等多项活动如何配合在一起，从而进行智慧决策。

从头到尾读这本书，或者把它放在触手可及的地方作为快速和有用的资源。无论如何，这本书将使读者掌握数据或跨企业的所有可能性：

（1）平衡业务和技术，包括非产品特定的技术细节；

（2）显示如何利用数据杠杆为企业提供投资回报；

（3）引人入胜，易于理解，提供实用建议，介绍每个域的优点和缺点，以便使读者了解如何使信息整合在一起而形成完整的体系结构；

（4）为数据仓库专家提供执行非均质性新标准的路径，包括 NoSQL 解决方案。

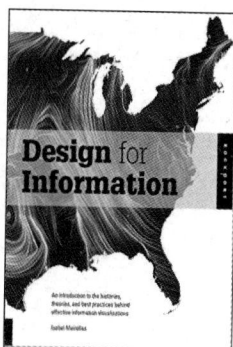

Title：Design for Information：An Introduction to the Histories，Theories，and Best Practices Behind Effective Information Visualizations

Author：Isabel Meirelles

Publisher：Rockport Publishers

Publication Date：Oct. 2013

Book Description：The visualization process doesn't happen in a vacuum; it is grounded in principles and methodologies of design, cognition, perception, and human –computer – interaction that are combined to one's personal knowledge and creative experiences. Design for Information critically examines other design solutions–current and historic–helping you gain a larger understanding of how to solve specific problems. This book is designed to help you foster the development of a repertoire of existing methods and concepts to help you overcome design problems.

Learn the ins and outs of data visualization with this informative book that provides you with a series of current visualization case studies. The visualizations discussed are analyzed for their design principles and methods, giving you valuable critical and analytical tools to further develop your design process. The case study format of this book is perfect for discussing the histories, theories and best practices in the field through real–world, effective visualizations. The selection represents a fraction of effective visualizations that we encounter in this burgeoning field, allowing you the opportunity to extend your study to other solutions in your specific field（s）of practice. This book is also helpful to students in other disciplines who are involved with visualizing information, such as those in the digital humanities and most of the sciences.

书名：信息设计：有效信息可视化背后的历史、理论和最佳实践

作者：Isabel Meirelles

出版社：Rockport Publishers

出版时间：2013 年 10 月

内容简介：可视化过程不是发生在真空中，它基于设计、认知、感知和人机交互的原则和方法，结合个人知识和创造性的经验。该书研究其他设计方案——现今的和历史的——帮助你更好地理解如何解决具体问题，旨在帮助你利用现有方法和概念来克服设计中的各种问题。

　　这本书帮助你学习数据可视化的来龙去脉，提供一系列当前可视化案例研究。讨论可视化设计原则和方法，提供有价值的关键和分析工具，进一步提高你的设计过程。这本书通过真实、有效的可视化案例讨论可视化的历史、理论和最佳实践。该书选择代表这个新兴领域的一部分有效的可视化案例，允许你学习特定领域的其他解决方案。

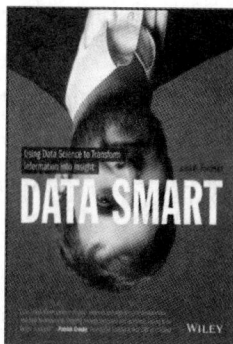

Title: Data Smart: Using Data Science to Transform Information into Insight

Author: John W. Foreman

Publisher: Wiley

Publication Date: Nov. 2013

Book Description: Data Science gets thrown around in the press like it's magic. Major retailers are predicting everything from when their customers are pregnant to when they want a new pair of Chuck Taylors. It's a brave new world where seemingly meaningless data can be transformed into valuable insight to drive smart business decisions.

But how does one exactly do data science? Do you have to hire one of these priests of the dark arts, the "data scientist," to extract this gold from your data? Nope.

Data science is little more than using straight-forward steps to process raw data into actionable insight. And in Data Smart, author and data scientist John Foreman will show you how that's done within the familiar environment of a spreadsheet.

You learn about in this book:

● Artificial intelligence using the general linear model, ensemble methods, and naive Bayes

● Clustering via k-means, spherical k-means, and graph modularity

● Mathematical optimization, including non-linear programming and genetic algorithms

● Working with time series data and forecasting with exponential smoothing

● Using Monte Carlo simulation to quantify and address risk

● Detecting outliers in single or multiple dimensions

● Exploring the data-science-focused R language

书名: 数据智能：使用数据科学将信息转换成洞察力

作者: John W. Foreman

出版社: Wiley

出版时间: 2013 年 11 月

内容简介: 媒体往往把数据科学描述成魔法。主要的零售商正在预测一切，从他们的客户什么时间怀孕到他们什么时候想要一双新鞋。这是一个勇敢的新世界，看似毫无意义的数据可以转化为有价值的洞察力，驱动智能业务决策。但是究竟该如何利用数据科学？你必须雇用一个黑魔法师，也就是"数据科学家"，从你的数据中提取出黄金。

数据科学只不过是使用简单的步骤来处理原始数据，将其转化为可操作的洞察力。该书作者和数据科学家将向您展示如何在熟悉的表格环境中完成数据的管理。

该书会告诉你：①人工智能方法，使用一般线性模型、组合方法和朴素贝叶斯方法；②k 均值聚类算法，球面 k 均值聚类算法，图模块化聚类；③数学优化，包括非线性规划和遗传算法；④处理时间序列数据和指数平滑预测；⑤使用蒙特卡罗模拟来量化和评估风险；⑥检测单个或多个维度极端值；⑦探索 R 语言。

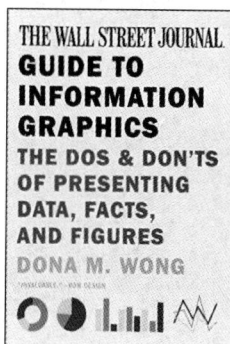

Title: The Wall Street Journal Guide to Information Graphics: The Dos and Don'ts of Presenting Data, Facts, and Figures

Author: Dona M. Wong

Publisher: W. W. Norton & Company

Publication Date: Dec. 2013

Book Description: The definitive guide to the graphic presentation of information.

In today's data-driven world, professionals need to know how to express themselves in the language of graphics effectively and eloquently. Yet information graphics is rarely taught in schools or is the focus of on-the-job training. Now, for the first time, Dona M. Wong, a student of the information graphics pioneer Edward Tufte, makes this material available for all of us. In this book, you will learn:

● To choose the best chart that fits your data;

● The most effective way to communicate with decision makers when you have five minutes of their time;

● How to chart currency fluctuations that affect global business;

● How to use color effectively;

● How to make a graphic "colorful" even if only black and white are available.

The book is organized in a series of mini-workshops backed up with illustrated examples, so not only will you learn what works and what doesn't but also you can see the dos and don'ts for yourself.

书名:《华尔街日报》信息图形指南: 呈现数据、事实和图表的注意事项

作者: Dona M. Wong

出版社: W. W. Norton & Company

出版时间: 2013 年 12 月

内容简介: 该书为信息图形化的权威指南。

在今天数据驱动的世界中, 专业人员需要知道如何以图形方式有效和有力地表达自己。然而学校很少教授信息图形学, 这往往是在职培训的重点。该书作者——信息图形学先驱 Edward Tufte 的学生, 首次为我们所有人介绍这方面的内容。在这本书中, 您将学习到: ①选择适合数据的最好图表; ②当你有五分钟的时间, 如何与决策者开展最有效的沟通方式; ③如何用图表表示影响全球业务的汇率波动; ④如何有效地使用颜色; ⑤如何使一个图形编成 "彩色", 即使只有黑色和白色可以利用。

这本书提供一系列小型组织的工作范例, 不仅使你学习到什么可行, 什么不可行, 还可以检查自己的行为。

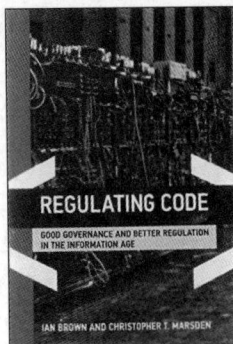

Title: Regulating Code: Good Governance and Better Regulation in the Information Age (Information Revolution and Global Politics)

Author: Ian Brown, Christopher T. Marsden

Publisher: The MIT Press

Publication Date: Mar. 2013

Book Description: Internet use has become ubiquitous in the past two decades, but governments, legislators, and their regulatory agencies have struggled to keep up with the rapidly changing Internet technologies and uses. In this groundbreaking collaboration, regulatory lawyer Christopher Marsden and computer scientist Ian Brown analyze the regulatory shaping of "code"—the technological environment of the Internet—to achieve more economically efficient and socially just regulation. They examine five "hard cases" that illustrate the regulatory crisis: privacy and data protection; copyright and creativity incentives; censorship; social networks and user-generated content; and net neutrality.

The authors describe the increasing "multistakeholderization" of Internet governance, in which user groups argue for representation in the closed business-government dialogue, seeking to bring in both rights-based and technologically expert perspectives. Brown and Marsden draw out lessons for better future regulation from the regulatory and interoperability failures illustrated by the five cases. They conclude that governments, users, and better functioning markets need a smarter "prosumer law" approach. Prosumer law would be designed to enhance the competitive production of public goods, including innovation, public safety, and fundamental democratic rights.

书名: 管理代码：信息时代的良好治理和更好的监管（信息革命和全球政治）

作者: Ian Brown, Christopher T. Marsden

出版社: The MIT Press

出版时间: 2013 年 3 月

内容简介: 互联网的使用在过去二十年变得无处不在，但政府、立法者和监管机构都在努力跟上快速变化的互联网技术和用途。在这个开创性合作中，该书作者律师克里斯托弗·马斯登和计算机科学家伊恩·布朗分析"代码"的监管形成——互联网的技术环境，以实现更多的经济效率和社会监管。他们分析了五个"艰难的案例"，说明监管危机——隐私和数据保护、版权和创造力激励、审查、社会网络和用户生成内容，以及网络中立问题。

在互联网管理中利益相关者不断增加，其中，用户主张在封闭的商业—政府对话中拥有发言权，寻求引入维权和技术专家的意见。布朗和马斯登根据五个案例中监管和互操作性的失败，总结未来如何更好地开展监管。他们得出这样的结论：政府、用户和更好的功能市场需要一个更聪明的"产消者法"的方法。产消者法律将旨在提高公共物品的生产竞争力，包括创新、公共安全和基本的民主权利。

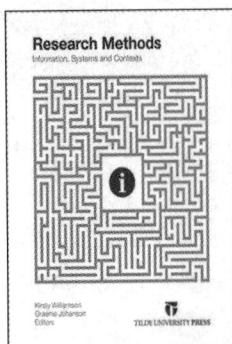

Title: Research Methods: Information, Systems and Contexts
Author: Graeme Johanson, Kirsty Williamson
Publisher: Tilde University Press
Publication Date: May. 2013

Book Description: Ideal for those undertaking research in the fields of librarianship and information management, Research Methods for Information Management and Systems: Techniques and Questions is a wide-ranging text that guides students through the literature so that they can pursue their own investigations efficiently and in greater detail. It is structured according to key topics and divided into four parts.

● Part I introduces the reader to the field of research methods, and includes Ethics.

● Part II deals with the broach categories of research, such as surveys, case studies, action research, and ethnography.

● Part III the focuses on techniques, including sampling, questionnaires and interview design, and focus groups.

● Part IV then deals with the analysis of data, both quantitative and qualitative, and the evaluation of published research. The final chapter then poses seven questions critical for good researchers.

书名：研究方法：信息、系统和环境
作者：Graeme Johanson, Kirsty Williamson
出版社：Tilde University Press
出版时间：2013 年 5 月
内容简介：该书是开展图书馆和信息管理相关研究的完美指导用书，介绍了信息管理和系统的研究方法，各种技术和问题，全面详细地指导学生高效地开展自己的研究。该书根据关键主题和结构分为四个部分：第一部分向读者介绍研究方法和包括道德问题；第二部分提出分类的研究，如调查、案例研究、行动研究、民族志；第三部分侧重于技术，包括抽样、问卷和访谈设计，以及焦点小组；第四部分分析处理数据，包括定量和定性方法，发表的研究成果的评价。

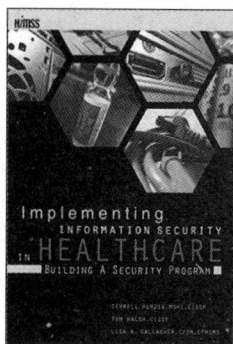

Title: Implementing Information Security in Healthcare:
Building a Security Program
Author: Terrell Herzig, Tom Walsh
Publisher: CRC Press;
Publication Date: Feb. 2013

Book Description: Implementing Information Security in Healthcare: Building a Security Program offers a critical and comprehensive look at healthcare security concerns in an era of powerful computer technology, increased mobility, and complex regulations designed to protect personal information. Featuring perspectives from more than two dozen security experts, the book explores the tools and policies healthcare organizations need to build an effective and compliant security program. Topics include information security frameworks, risk analysis, senior management oversight and involvement, regulations, security policy development, access control, network security, encryption, mobile device management, disaster recovery, and more. Information security is a concept that has never been more important to healthcare as it is today. Special features include appendices outlining potential impacts of security objectives, technical security features by regulatory bodies (FISMA, HIPAA, PCI DSS and ISO 27000), common technical security features, and a sample risk rating chart.

书名: 实现医疗信息安全：构建一个安全项目
作者: Terrell Herzig, Tom Walsh
出版社: CRC Press
出版时间: 2013 年 2 月
内容简介: 伴随着不断强大的计算机技术、增加的流动性和保护个人信息的复杂法规，该书全面审视医疗安全问题。综合 20 多个安全专家观点，这本书探讨了医疗组织需要的工具和政策，以建立一个有效和具有兼容性的安全项目。该书的主题包括信息安全框架、风险分析、高级管理层监督和参与、规章制度、安全策略开发、访问控制、网络安全、加密、移动设备管理、灾难恢复等。对于医疗领域，信息安全问题从来没有像今天这样重要。该书包括附录列出的安全目标的潜在影响、监管机构（FISMA、HIPAA、PCI DSS 和 ISO 27000）的技术安全特性、常见的技术安全特性和一个样本风险等级图。

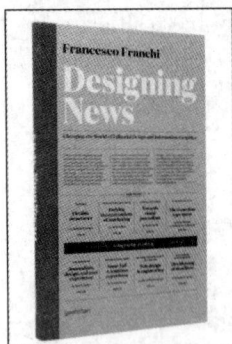

Title: Designing News: Changing the World of Editorial Design and Information Graphics

Author: Francesco Franchi

Publisher: Gestalten

Publication Date: Dec. 2013

Book Description: Francesco Franchi's perceptive book about the design of media and information graphics. In it, Franchi also envisions the future of news reporting by publishing companies and on the internet. Francesco Franchi is one of the most exceptional talents working in information graphics today. Although relatively young and new to the field, Franchi has already received worldwide acclaim for his distinctive graphic and editorial design of IL – Intelligence in Lifestyle, an Italian magazine now widely considered to be a modern classic. With Designing News, Franchi conveys his vision for the future of news and the media industry. Based on personal insight and experience, he offers valuable analysis and perspectives on the fundamental changes that are taking place in the way media is being used. Franchi explores consumer behaviors and expectations that represent the biggest challenges facing traditional publishing houses and broadcasting companies as well as journalists and designers. For Franchi, reporting is not merely filing a story once, but rather telling a continuous narrative in a way that is most relevant for a broad range of traditional and digital media –from breaking news to analysis, from interviews to commentaries, and from photo essays and illustrations to information graphics and interactive visualizations of data. In this book, Franchi explains the ramifications of this development and how newspapers can become credible, comprehensive news brands. In Designing News, Franchi also outlines a new, integrated approach for editorial designers. If they show enough dedication, creativity, and talent for interdisciplinary teamwork, Franchi sees editorial designers as playing a key role in advancing the evolution of media.

书名：设计消息：改变编辑设计和信息图形的世界

作者：Francesco Franchi

出版社：Gestalten

出版时间：2013 年 12 月

内容简介：该书探讨了关于媒体和信息图形的设计，作者还对未来的出版公司和互联网新闻报道进行展望。作者弗兰奇是当今信息图形领域最优秀的人才之一。虽然相对年轻，是这一领域的新人，但弗兰奇已经得到了全世界的赞誉，因为其在《智能生活》杂志中的独特的图形和编辑设计。这个意大利杂志，现在被广泛认为是一个现代经典。在这本书中，弗兰奇传达了他对未来的新闻和媒体行业的展望。基于个人的见解和经验，他提供了有价值的分析和观点，他认为，使用媒体的方式在发生根本性的变化。弗兰奇探索消费者行为和消费者期望，这是传统出版社、广播公司、记者和设计师面临的最大挑战。弗兰奇认为，新闻报道不是一次讲述一个故事，而是采取一个连续叙事的方式，广泛应用于传统和数字媒体——从新闻到分析，从采访到评论，从论文和插图照片到信息图形和数据交互可视化。在这本书中，弗兰奇解释这一发展的影响以及报纸如何成为可信的、全面的新闻品牌。在本书中，弗兰奇还概述了编辑设计师的新的综合方法。弗兰奇认为，如果编辑设计师表现出足够的奉献精神、创造力和跨学科团队合作才能，他们会在促进媒体发展方面发挥关键作用。

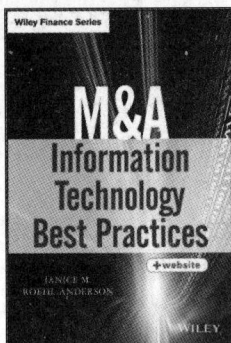

Title：M&A：Information Technology Best Practices

Author：Janice M. Roehl-Anderson

Publisher：Wiley

Publication Date：Sep. 2013

Book Description：Add value to your organization via the mergers & acquisitions IT function. As part of Deloitte Consulting，one of the largest mergers and acquisitions（M&A）consulting practice in the world， author Janice Roehl-Anderson reveals in **M&A Information Technology Best Practices** how companies can effectively and efficiently address the IT aspects of mergers， acquisitions， and divestitures. Filled with best practices for implementing and maintaining systems， this book helps financial and technology executives in every field to add value to their mergers， acquisitions， and/or divestitures via the IT function. Features a companion website containing checklists and templates. Includes chapters written by Deloitte Consulting senior personnel. Outlines best practices with pragmatic insights and proactive strategies. Many M&As fail to meet their expectations. Be prepared to succeed with the thorough and proven guidance found in **M&A Information Technology Best Practices**. This one-stop resource allows participants in these deals to better understand the implications of what they need to do and how.

书名：并购：信息技术最佳实践

作者：Janice M. Roehl-Anderson

出版社：Wiley

出版时间：2013 年 9 月

内容简介：运用信息技术功能，通过合并和收购，为您的组织增加价值。

作为最大的合并和收购（并购）咨询公司德勤咨询的一员，作者珍妮丝在书中揭示了企业如何有效、高效地处理合并、收购和资产剥离中的信息技术问题。通过介绍实现和维护系统的最佳实践，这本书帮助各个领域的金融和技术高管通过信息技术功能使合并、收购、资产剥离活动为企业增加价值。有一配套网站包含清单和模板，包括由德勤咨询高级人员所撰写的章节，以洞察力和前瞻性战略描述最佳实践，许多并购不能满足他们的期望。该书提供行之有效的指导，这种一站式资源允许这些交易的参与者更好地理解他们需要什么以及如何行动。

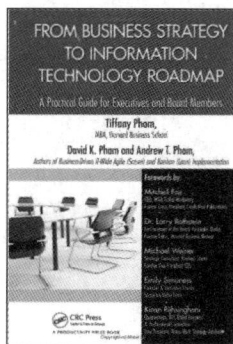

Title：From Business Strategy to Information Technology Roadmap：A Practical Guide for Executives and Board Members

Author：Tiffany Pham，David K. Pham，Andrew Pham

Publisher：Productivity Press

Publication Date：May. 2013

Book Description：Whether you are a CEO，CFO，board member，or an IT executive，From Business Strategy to Information Technology Roadmap：A Practical Guide for Executives and Board Members lays out a practical，how-to approach to identifying business strategies and creating value-driven technology roadmaps in your organization. Unlike many other books on the subject，you will not find theories or grandiose ideas here. This book uses numerous examples，illustrations，and case studies to show you how to solve the real-world problems that business executives and technology leaders face on a day-to-day basis.

Filled with actionable advice you can use immediately，the authors introduce Agile and the Lean mindset in a manner that the people in your business and technology departments can easily understand. Ideal for executives in both the commercial and nonprofit sectors，it includes two case studies：one about a commercial family business that thrived to become a multi-million-dollar company and the other about a nonprofit association based in New York City that fights against child illiteracy.

书名：从业务战略到信息技术路线图：高管和董事会成员的实用指南

作者：Tiffany Pham，David K. Pham，Andrew Pham

出版社：Productivity Press

出版时间：2013 年 5 月

内容简介：无论你是首席执行官、首席财务官、董事会成员或信息技术高管，该书会为您列出一个实用的操作方法，以识别业务策略和在组织中创建价值驱动的技术路线图。与其他相关书籍不同，你不会在这里找到理论或宏大的想法。这本书使用大量例子、插图和案例研究展示如何解决企业高管和技术领袖所面临的日常现实问题。

该书给出了可操作性建议，采用业务和技术部门的人可以用很容易理解的方式来介绍敏捷和精益思维方式。这本书适合商业和非营利领域的高管使用，它包括两个案例研究：一个是商业家族企业，该企业发展成为一个数百万美元的公司；另一个是非营利组织，总部设在纽约，致力于解决儿童文盲问题。

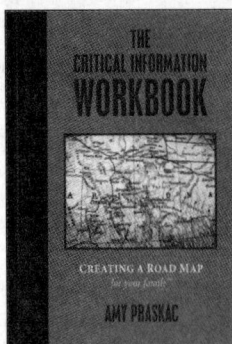

Title：The Critical Information Workbook：Creating a Road Map for Your Family

Author：Amy Praskac

Publisher：Woodmere Press

Publication Date：Jun. 2013

Book Description：Can you find your important records when you need them? Could a family member manage your household in an emergency? Do your loved ones know your wishes for end-of-life? Have you prepared your executor to administer your estate?

The Critical Information Workbook makes it easy for you to organize records in one convenient place. Topics include：Personal Information，Personal Contacts，Medical Information，Last Rituals，Legal Information，Financial Information，Personal Property，Household Facts，Document Locator and Professional Contacts.

Each topic begins with a compelling quotation and a simple explanation of the records and information to gather along with definitions of any special terms. A list of resources for each topic saves you time and effort. Step-by-step check lists ensure you will complete your workbook. Bonus ideas add fun to your workbook.

书名：关键信息工作簿：为您的家庭创建一个路线图

作者：Amy Praskac

出版社：Woodmere Press

出版时间：2013年6月

内容简介：当你需要你的重要记录时，你能找到它们吗？在紧急情况下你的家庭成员可以管理家庭吗？你所爱的人知道你的临终愿望吗？你准备好遗嘱执行人来管理你的财产吗？

该书使您在一个方便的位置管理记录。主题包括：个人信息、个人联系、医疗信息、最后的仪式、法律信息、财务信息、个人财产、家庭事实、文档定位和专业联系。

每个主题开始于一个令人信服的引证，对于记录和信息的简单解释，以及特殊术语的定义。每个主题的资源列表将为您节省时间和精力；分步骤的检查列表确保你将完成你的工作簿；奖金设置为你的工作簿管理增加乐趣。

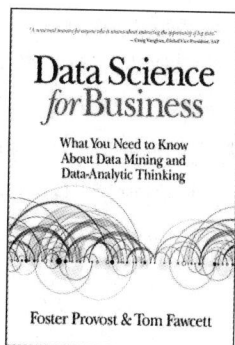

Title：Data Science for Business：What You Need to Know about Data Mining and Data-analytic Thinking

Author：Foster Provost，Tom Fawcett

Publisher：O'Reilly Media

Publication Date：Aug. 2013

Book Description：Written by renowned data science experts Foster Provost and Tom Fawcett，Data Science for Business introduces the fundamental principles of data science，and walks you through the "data-analytic thinking" necessary for extracting useful knowledge and business value from the data you collect. This guide also helps you understand the many data-mining techniques in use today.

Based on an MBA course Provost has taught at New York University over the past ten years，Data Science for Business provides examples of real-world business problems to illustrate these principles. You'll not only learn how to improve communication between business stakeholders and data scientists，but also how participate intelligently in your company's data science projects. You'l also discover how to think data-analytically，and fully appreciate how data science methods can support business decision-making.

● Understand how data science fits in your organization –and how you can use it for competitive advantage

● Treat data as a business asset that requires careful investment if you're to gain real value

● Approach business problems data-analytically，using the data-mining process to gather good data in the most appropriate way

● Learn general concepts for actually extracting knowledge from data

Apply data science principles when interviewing data science job candidates

书名：数据科学业务：关于数据挖掘和数据分析思想

作者：Foster Provost，Tom Fawcett

出版社：O'Reilly Media

出版时间：2013 年 8 月

内容简介：本书由著名的数据科学专家 Foster Provost 和 Tom Fawcett 所著，介绍了数据科学的基本原则，并引领你进行"数据分析思考"，从收集的数据中提取有用的知识和商业价值。该指南也将帮助您理解今天使用的许多数据挖掘技术。

　　作者 Provost 在纽约大学从事 MBA 教学十年有余。您不仅能学到如何改善商业利益相关者和数据科学家之间的沟通，还将学会如何智能地参与贵公司的数据科学项目。你也会发现如何进行数据分析思考和充分理解数据科学方法如何支持业务决策：①了解数据科学是否适合你的组织并且如何使用它获取竞争优势；②如果你想获得真正的价值，需要将数据作为业务资产，进行仔细的投资；③基于数据分析解决业务问题，使用数据挖掘过程以最合适的方式收集好数据；④学习从数据中提取知识的一般概念；⑤应用数据科学原则面试数据科学工作求职者。

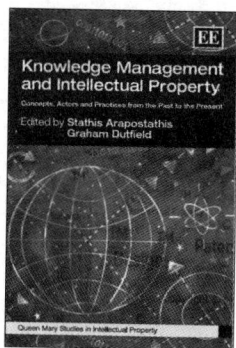

Title：Knowledge Management and Intellectual Property：
Concepts，Actors and Practices from the Past to the
Present

Author：Stathis Arapostathis，Graham Dutfield

Publisher：Edward Elgar Pub

Publication Date：Oct. 2013

Book Description：This diverse and insightful volume investigates changing patterns of knowledge management practices and intellectual property regimes across a range of different techno-scientific disciplines and cultures.

The book links the practices and regimes of the past with those of contemporary and emerging forms，covering the mid-19th century to the present. The contributors are noted scholars from various disciplines including history of science and technology，intellectual property law，and innovation studies. The chapters offer original perspectives on how proprietary regimes in knowledge production processes have developed as a socio-political phenomenon of modernity，as well as providing an analysis of the way individuals，institutions and techno-sciences interact within this culture.

With in-depth analysis，this book will appeal to academics and students of STS（Science，Technology and Society），history of science and technology，business history，innovation studies，law，science and technology policy as well as business studies. Historians of science and technology and business will also find much to interest them in this book.

书名：知识管理和知识产权：概念、主体和实践，从过去到现在

作者：Stathis Arapostathis，Graham Dutfield

出版社：Edward Elgar Pub

出版时间：2013 年 10 月

内容简介：该书从多样化的视角深入分析知识管理实践和知识产权制度的新模式，介绍一系列不同的技术科学思想和文化。将过去的实践和制度与现代新兴形式联系在一起，覆盖 19 世纪中叶至今。贡献者包括不同学科的著名学者，涉及科学技术历史、知识产权法以及创新研究。该书提供原始的观点，解释在知识生产过程中，专利制度作为现代性的一种社会政治现象如何发展，以及分析个人、机构和技术科学与文化交互的方式。

基于深入分析，这本书将会吸引科学和技术历史、商业史、创新研究、法律、科技政策以及商业研究的学者和学生。科技和商业史学家也会从书中找到引起他们兴趣的内容。

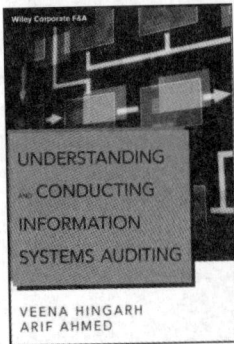

Title: Understanding and Conducting Information Systems Auditing

Author: Veena Hingarh, Arif Ahmed

Publisher: Wiley

Publication Date: Mar. 2013

Book Description: A comprehensive guide to understanding and auditing modern information systems.

The increased dependence on information system resources for performing key activities within organizations has made system audits essential for ensuring the confidentiality, integrity, and availability of information system resources. One of the biggest challenges faced by auditors is the lack of a standardized approach and relevant checklist. Understanding and Conducting Information Systems Auditing brings together resources with audit tools and techniques to solve this problem.

Featuring examples that are globally applicable and covering all major standards, the book takes a non-technical approach to the subject and presents information systems as a management tool with practical applications. It explains in detail how to conduct information systems audits and provides all the tools and checklists needed to do so. In addition, it also introduces the concept of information security grading, to help readers to implement practical changes and solutions in their organizations. Includes everything needed to perform information systems audits. Organized into two sections the first designed to help readers develop the understanding necessary for conducting information systems audits and the second providing checklists for audits. Features examples designed to appeal to a global audience

Taking a non-technical approach that makes it accessible to readers of all backgrounds, Understanding and Conducting Information Systems Auditing is an essential resource for anyone auditing information systems.

书名：理解和开展信息系统审计

作者：Veena Hingarh，Arif Ahmed

出版社：Wiley

出版时间：2013 年 3 月

内容简介：该书是一个全面理解和审计现代信息系统的指南。

组织依赖信息系统资源执行组织内关键活动的程度不断增加，使得系统审计必不可少，以保证信息系统资源的机密性、完整性和可用性。审计人员面临的最大挑战之一是缺乏一种标准化的方法和相关的检查表。该书汇集多种资源与审计工具和技术来解决这个问题。

该书提供全球适用的例子，覆盖所有主要的标准，从非技术角度，结合实际应用，展示信息系统作为一个管理工具的作用。它详细解释如何开展信息系统审计，并提供所需的所有工具和清单。此外，它还引入了信息安全评分的概念，帮助读者在他们的组织中实现实际的变化和解决方案。全书包括两大部分，第一部分帮助读者理解进行信息系统审计的必要，第二部分为审计提供清单。

该书采取非技术的角度，使任何背景的读者都可以理解，该书对于任何开展信息系统审计的工作者都是一个重要的资源。

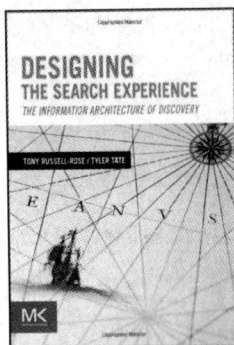

Title：Designing the Search Experience：The Information
Architecture of Discovery

Author：Tony Russell-Rose，Tyler Tate

Publisher：Morgan Kaufmann

Publication Date：Jan. 2013

Book Description：Search is not just a box and ten blue links. Search is a journey：An exploration where what we encounter along the way changes what we seek. But in order to guide people along this journey，designers must understand both the art and science of search.In Designing the Search Experience，authors Tony Russell-Rose and Tyler Tate weave together the theories of information seeking with the practice of user interface design.

● Understand how people search，and how the concepts of information seeking，information foraging，and sensemaking underpin the search process.

● Apply the principles of user-centered design to the search box，search results，faceted navigation，mobile interfaces，social search，and much more.

● Design the cross-channel search experiences of tomorrow that span desktop，tablet，mobile，and other devices.

书名：设计的搜索体验：发现信息架构

作者：Tony Russell-Rose，Tyler Tate

出版社：Morgan Kaufmann

出版时间：2013 年 1 月

内容简介：搜索不仅是一个盒子和 10 个蓝色链接。搜索是一次旅行：一个探索，我们一路上遇到的东西改变我们所寻求的。但是，为了引导人们开展这一旅程，设计师必须了解搜索的艺术和科学。在该书中，作者 Tony Russell-Rose 和 Tyler Tate 将信息搜索理论与用户界面设计实践编织在一起：①理解人们如何搜索以及信息搜索、信息觅食、意义建构的概念如何支撑搜索过程；②将以用户为中心的设计原则应用到搜索框、搜索结果、分面导航、移动接口、社交搜索等；③设计跨渠道的未来搜索体验，跨台式机、平板电脑、手机和其他设备。

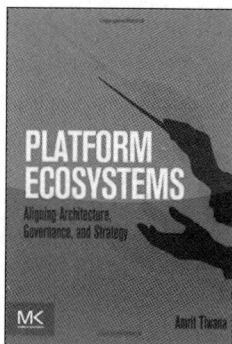

Title: Platform Ecosystems: Aligning Architecture, Governance, and Strategy

Author: Amrit Tiwana

Publisher: Morgan Kaufmann

Publication Date: Dec. 2013

Book Description: Platform Ecosystems is a hands–on guide that offers a complete roadmap for designing and orchestrating vibrant software platform ecosystems. Unlike software products that are managed, the evolution of ecosystems and their myriad participants must be orchestrated through a thoughtful alignment of architecture and governance. Whether you are an IT professional or a general manager, you will benefit from this book because platform strategy here lies at the intersection of software architecture and business strategy. It offers actionable tools to develop your own platform strategy, backed by original research, tangible metrics, rich data, and cases. You will learn how architectural choices create organically–evolvable, vibrant ecosystems. You will also learn to apply state–of–the–art research in software engineering, strategy, and evolutionary biology to leverage ecosystem dynamics unique to platforms. Read this book to learn how to:

● Evolve software products and services into vibrant platform ecosystems

● Orchestrate platform architecture and governance to sustain competitive advantage

● Govern platform evolution using a powerful 3–dimensional framework

● Understand how architecture and strategy are inseparably intertwined in platform ecosystems

● Architect future–proof platforms and apps and amplify these choices through governance

● Evolve platforms, apps, and entire ecosystems into vibrant successes and spot platform opportunities in almost any–not just IT–industry

书名：平台生态系统：调整架构、治理和战略

作者：Amrit Tiwana

出版社：Morgan Kaufmann

出版时间：2013 年 12 月

内容简介：该书是一本实践指南，为读者设计和构建充满活力的软件平台生态系统提供一个完整的路线图。与管理软件产品不同，生态系统及其无数参与者的演变必须对于架构和治理问题深思熟虑。无论你是一个 IT 专业人士或企业总经理，你都能从书中受益，

因为平台战略位于软件架构和业务策略的交叉点上。这本书提供开发自己的平台战略所需要的可操作的工具，包括相关研究、具体指标、丰富的数据和案例。您将了解到架构选择如何创建结构性不断发展的、充满活力的生态系统。你也将学会在软件工程、战略、进化生物学中应用最先进的研究，以充分利用平台生态系统。这本书将告诉你：①将软件产品和服务融入充满活力的平台生态系统；②协调平台架构和治理来维持竞争优势；③使用强大的三维框架管理平台演变；④了解平台生态系统的架构和策略是如何紧密交织在一起的；⑤构建未来有效的技术平台和应用，通过治理放大这些选择；⑥发展平台、应用程序和整个生态系统，在任何产业识别平台机会。

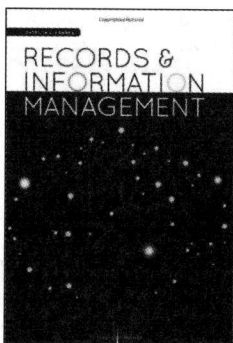

Title： Records and Information Management

Author： Patricia C. Franks

Publisher： ALA Neal-Schuman

Publication Date： May. 2013

Book Description： In this book, Franks presents complete coverage of the records and information lifecycle model. Encompassing paper, electronic (databases, office suites, email), and new media records (blogs, wikis), as well as records residing in "the cloud" (software as a service), the text addresses a full range of topics, including:

- The origins and development of records and information
- The discipline of information governance
- Creation/capture, classification, and file plan development
- Retention strategies
- Access, storage, and retrieval
- Electronic records and electronic records management systems
- Emerging technologies such as web records, social media, and mobile devices
- Vital records, disaster preparedness and recovery, and business continuity
- Monitoring, auditing, and risk management
- Inactive records management, archives, and long-term preservation
- Education and training
- Developing a strategic records management plan

书名：记录和信息管理

作者：Patricia C. Franks

出版社：ALA Neal-Schuman

出版时间：2013 年 5 月

内容简介：该书中，作者提出完全覆盖记录和信息的生命周期模型，包括论文、电子（数据库、办公文件、电子邮件）和新媒体记录（博客、维客），以及"云"（服务软件）中的记录。具体内容主要包括：①记录和信息的起源和发展；②信息治理的原则；③创建/捕获、分类和文件计划开发；④保留策略；⑤访问、存储和检索；⑥电子记录和电子档案管理系统；⑦新兴技术，如网络记录、社交媒体和移动设备；⑧至关重要的记录，备灾和恢复，业务连续性；⑨监控、审计和风险管理；⑩活动档案管理、档案和长期保存；⑪教育和培训；⑫开发战略性记录管理计划。

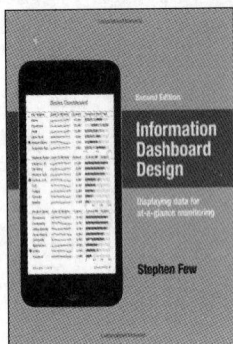

Title: Information Dashboard Design: Displaying Data for At-a-Glance Monitoring

Author: Stephen Few

Publisher: Analytics Press

Publication Date: Aug. 2013

Book Description: A leader in the field of data visualization, Stephen Few exposes the common problems in dashboard design and describes its best practices in great detail and with a multitude of examples in this updated second edition. According to the author, dashboards have become a popular means to present critical information at a glance, yet few do so effectively. He purports that when designed well, dashboards engage the power of visual perception to communicate a dense collection of information efficiently and with exceptional clarity and that visual design skills that address the unique challenges of dashboards are not intuitive but rather learned. The book not only teaches how to design dashboards but also gives a deep understanding of the concepts—rooted in brain science—that explain the why behind the how. This revised edition offers six new chapters with sections that focus on fundamental considerations while assessing requirements, in-depth instruction in the design of bullet graphs and sparklines, and critical steps to follow during the design process. Examples of graphics and dashboards have been updated throughout, including additional samples of well-designed dashboards.

书名: 信息仪表板设计: 直观监测数据显示

作者: Stephen Few

出版社: Analytics Press

出版时间: 2013 年 8 月

内容简介: 作为数据可视化领域专家, 作者在第二版更新中指出在仪表板设计方面的一些常见问题, 并详细地描述这方面的最佳实践和大量的例子。作者认为, 仪表板已经成为一个受欢迎的手段, 一目了然地展示关键信息。然而, 很少有人能够有效地实现这一方式。作者认为, 如果设计得当, 仪表板具有视觉感知的力量, 能够有效、清晰地沟通密集信息集。解决仪表板独特挑战的视觉设计技能不是直觉的, 而是可以通过学习获取的。这本书讲述了如何设计仪表板, 还帮助读者深刻理解相关理论, 以大脑科学为基础, 解释这样做背后的原因。这个修订版提供了六个新章节, 专注于基本的考虑, 并评估需求; 深入讲解子弹图和微线图的设计以及设计过程中的关键步骤。该书更新了图形和仪表板设计相关案例, 包括精心设计的仪表盘样例。

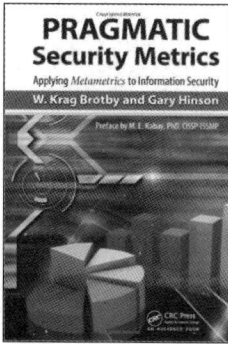

Title: PRAGMATIC Security Metrics: Applying Metametrics to Information Security

Author: W. Krag Brotby, Gary Hinson

Publisher: Auerbach Publications

Publication Date: Jan. 2013

Book Description: Other books on information security metrics discuss number theory and statistics in academic terms. Light on mathematics and heavy on utility, PRAGMATIC Security Metrics: Applying Metametrics to Information Security breaks the mold. This is the ultimate how-to-do-it guide for security metrics.

Packed with time-saving tips, the book offers easy-to-follow guidance for those struggling with security metrics. Step by step, it clearly explains how to specify, develop, use, and maintain an information security measurement system (a comprehensive suite of metrics) to help:

● Security professionals systematically improve information security, demonstrate the value they are adding, and gain management support for the things that need to be done

● Management address previously unsolvable problems rationally, making critical decisions such as resource allocation and prioritization of security relative to other business activities

● Stakeholders, both within and outside the organization, be assured that information security is being competently managed

The PRAGMATIC approach lets you home-in on your problem areas and identify the few metrics that will generate real business value. The book:

● Helps you figure out exactly what needs to be measured, how to measure it, and most importantly, why it needs to be measured

● Describes, scores and ranks more than 150 potential security metrics to demonstrate the value of the PRAGMATIC method

● Highlights security metrics that are widely used and recommended, yet turn out to be rather poor in practice

● Describes innovative and flexible measurement approaches such as maturity metrics with continuous scales

● Explains how to minimize both measurement and security risks using complementary metrics for greater assurance in critical areas such as governance and compliance

书名： 务实安全指标：信息安全中元指标应用

作者： W. Krag Brotby，Gary Hinson

出版社： Auerbach Publications

出版时间： 2013 年 1 月

内容简介： 关于信息安全指标的书籍多以学术语言讨论数论和统计，该书则打破常规，以"轻数学、重效用"的方式，讲述如何实施安全指标。

为节省阅读时间，该书提供浅显易懂的指导，一步一步地解释如何确定、开发、使用和维护一个信息安全评估系统（一套综合指标）。该书能帮助安全专家提高系统信息安全，展示价值，并获得管理支持；帮助管理层解决以前无法解决的问题，做出其他业务活动相关的资源分配和安全优先级设计等关键决策；帮助组织内外的利益相关者保证有效管理信息安全。

这本书能够帮助你弄清楚究竟需要评估什么，如何评估，最重要的是，为什么它需要评估；对 150 多个潜在的安全指标进行描述、评分和排名，证明实用方法的价值；强调被广泛使用和推荐的安全指标在实践中的效果不好；描述创新和灵活的评估方法，如具有连续性的成熟度指标；解释如何使用互补性指标减少评估风险和安全风险，更好地解决公司治理和合规等问题。

第四章 企业信息管理学学科 2013 年大事记

信息作为一种最重要的资源，带领人类社会进入了信息时代。在现代信息技术应用的背后，引发了很多更深层次的经济、政治、社会、文化、军事、科技问题。企业信息管理是企业管理者为了实现企业目标，对企业信息和企业信息活动进行管理的过程。它是企业以先进的信息技术为手段，对信息进行采集、整理、加工、传播、存储和利用的过程，对企业的信息活动过程进行战略规划，对信息活动中的要素进行计划、组织、领导、控制的决策过程，力求资源有效配置、共享管理、协调运行，以最少的耗费创造最大的效益。企业信息管理是信息管理的一种形式，把信息作为待开发的资源，把信息和信息的活动作为企业的财富和核心。现对本学科领域 2013 年度重大事件及召开的重要国际国内会议逐一做出概括性介绍。

1. 2013 年创新与信息管理国际会议

会议名称（中文）：2013 年创新与信息管理国际会议

会议名称（英文）：2013 International Conference on Innovation and Information Management（ICIIM）

开始日期：2013-01-19

所在国家：新加坡

主办单位：国际计算机科学与信息技术协会（International Association of Computer Science & Information Technology，IACSIT）

会议背景介绍：ICIIM 是主要的创新和信息管理年会，旨在展示当前进行的研究，2013 年 1 月 19~20 日在新加坡举行。会议的宗旨是科学家、学者、工程师和学生从世界各地的大学和行业目前正在进行的研究活动中，研究大学和行业之间的关系。这次会议为与会代表提供了面对面交流新思想和应用经验，从而建立业务或研究和寻找未来全球伙伴合作关系的机会。

2. 2013 年 IEEE 信息科学与技术第三届国际会议

会议名称（中文）：2013 年 IEEE 信息科学与技术第三届国际会议

会议名称（英文）：2013 IEEE Third International Conference on Information Science and Technology

开始日期：2013-03-23

所在国家：中国

所在城市： 江苏省扬州市

主办单位： 南京分部

承办单位： 东南大学

会议背景介绍： ICIST 2013 为科学家、工程师和教育工作者参与的信息科学和技术的研究与应用的高层国际论坛。

3. 第十五届中国科协年会第 10 分会场"信息化与农业现代化研讨会"

会议名称： 第十五届中国科协年会第 10 分会场"信息化与农业现代化研讨会"

开始日期： 2013-05-26

所在国家： 中国

所在城市： 贵州省贵阳市

主办单位： 中国科协

承办单位： 中国通信学会

会议背景介绍： 第十五届中国科协年会于 2013 年 5 月 25~27 日在贵州省贵阳市举行，本届年会主题是"创新驱动与转型发展"。经中国科协审核批准，中国通信学会承办年会第 10 分会场"信息化与农业现代化研讨会"。在工业化、城镇化深入发展中同步推进农业现代化是党中央、国务院做出的重要战略部署。在此过程中，需要工业反哺农业、城市支持农村，需要以现代科学技术引领传统农业向现代农业转型。

4. 第 462 次香山科学会议："数据科学与大数据的科学原理及发展前景"学术讨论会

会议名称： 第 462 次香山科学会议："数据科学与大数据的科学原理及发展前景"学术讨论会

开始日期： 2013-05-29

所在国家： 中国

所在城市： 北京市

具体地点： 北京香山饭店

主办单位： 香山科学会议

会议背景介绍： 为开展数据科学与大数据的科学理论研究，建立以数据科学研究为中心的大数据环境下的应用，开展多种知识管理与数据分析应用平台，解决如何有效地组织和管理多种分散、复杂的信息源；在保护安全性、隐私性和提供可靠性的前提下，应用数据挖掘和知识，对多数据源进行多侧面的分析；动态地从数据中提取知识，为智能型的网络在金融应用中服务，特别是为金融监管部门提供智能型的金融风险预警、预测、监控和决策支持示范系统，会议邀请多学科跨领域的专家学者与会，围绕数据科学与大数据研究的若干科学问题、大数据中的关键技术和数据产业与国家经济发展等中心议题进行深入讨论。

5. 第五届中国云计算大会

会议名称： 第五届中国云计算大会

开始日期： 2013-06-05

所在国家： 中国

所在城市： 北京市

具体地点： 国家会议中心

主办单位： 中国电子学会

承办单位： 中国云计算技术与产业联盟、中国电子学会云计算专家委员会

会议背景介绍： 为了更好地把握云计算发展趋势，交流云计算发展成果，促进云计算的应用，在国家发展和改革委员会、工业和信息化部、北京市政府、中国科学技术协会的指导下，中国电子学会于 2013 年 6 月 5~7 日在北京举办"第五届中国云计算大会"。此次会议继承了前四届大会的成功经验，以全新的国际视野，洞悉全球云计算发展趋势；并从应用出发，探讨云计算与大数据、云计算与移动互联网、云安全及云计算行业应用等焦点话题。本次大会还特别设立云计算服务展示区域，交流国际云计算最新研究成果，展示国内云计算试点城市发展成就，分享云计算发展经验，促进全球云计算创新合作。

6. 第 14 届网络时代信息管理国际会议

会议名称（中文）： 第 14 届网络时代信息管理国际会议

会议名称（英文）： The 14th International Conference on Web–Age Information Management

开始日期： 2013-06-14

所在国家： 中国

所在城市： 河北省秦皇岛市

具体地点： 北戴河

主办单位： 中国计算机学会、燕山大学

会议背景介绍： 此次会议主要为从业人员、开发人员和用户分享和交流思想、结果、经验、技术和工具与网络数据管理的所有方面吸引了来自世界各地的参与者，继续建立 WAIM 重大会议的网络信息系统。

7. 2013 信息技术与应用学术会议

会议名称（中文）： 2013 信息技术与应用学术会议

会议名称（英文）： 2013 Conference on Applications of Information Technology

开始日期： 2013-06-30

所在国家： 中国

所在城市： 北京市

主办单位： 中国电子学会通信学分会

协办单位： 《通信市场》杂志

承办单位： 北京信息产业协会

会议背景介绍： 本次大会的主题是"可信架构、全球安全"，会议就现代信息技术与应用的最新研究进展和发展趋势开展深入、广泛的学术交流，并特邀著名专家、学者做专题报告。

8. 第十六届全国科学计算与信息化会议

会议名称：第十六届全国科学计算与信息化会议

开始日期：2013-07-01

所在国家：中国

所在城市：辽宁省大连市

主办单位：中国科学院高能物理研究所

会议背景介绍：此次会议主题是"科研大数据的价值与挑战"，会议邀请多名知名学者做特邀报告，汇集天文、生物、医药、物理、网格计算、云计算、大数据、海量存储、网络信息安全、协同工作平台等多个研究方向的顶级专家与学者，共同分享科学计算与信息化的最新动态及研究成果。

9. 第19届海峡两岸信息管理发展与策略学术研讨会

会议名称：第19届海峡两岸信息管理发展与策略学术研讨会

开始日期：2013-08-21

所在国家：中国

所在城市：四川省成都市

具体地点：电子科技大学

主办单位：电子科技大学

协办单位：信息系统协会中国分会（CNAIS）、资讯管理学会（CSIM）

会议背景介绍：此次会议于2013年8月21~23日在电子科技大学召开。会议延续前18届的良好传统，秉承携手共同研究与发展的原则，联络海峡两岸四地信息管理的专家学者聚首一堂，共同对信息管理学科的最新发展进行探讨及交流。

10. 2013云计算与信息技术应用学术会议

会议名称（中文）：2013云计算与信息技术应用学术会议

会议名称（英文）：2013 Conference on Applications of Cloud Computing and Information Technology

开始日期：2013-09-06

所在国家：中国

所在城市：北京市

主办单位：中国电子学会通信学分会

协办单位：《通信市场》杂志

承办单位：北京信息产业协会

会议背景介绍：本次大会的主题是"技术融合、推动应用"，会议就当前云计算和信息技术应用的最新研究进展和发展趋势开展了深入、广泛的学术交流，并特邀著名专家、学者做专题报告。

11. 第二十七届全国计算机信息管理学术交流会

会议名称：第二十七届全国计算机信息管理学术交流会

开始日期：2013-09-12

所在国家：中国

所在城市：吉林省延边朝鲜族自治州

主办单位：中国科学技术情报学会信息技术专业委员会

议题：大数据背景下的知识服务新趋势研究

会议背景介绍：中国科学技术情报学会于 2013 年第三季度在吉林省延吉市举办"第二十七届全国计算机信息管理学术交流会"，本次会议由中国科学技术情报学会信息技术专业委员会主办。

12. 中国计算机应用大会暨 2013 年中国云计算与大数据应用学术会议

会议名称：中国计算机应用大会暨 2013 年中国云计算与大数据应用学术会议

开始日期：2013-10-10

所在国家：中国

所在城市：江苏省南京市

主办单位：中国计算机学会计算机应用专业委员会

会议背景介绍：随着云计算与大数据等信息技术的不断发展，它们在各个领域、各个行业的应用也在不断深入，对促进工业化、信息化、城镇化、农业现代化同步发展具有重要的意义。本次会议的目的是促进我国云计算与大数据应用领域的研究，为相关研究人员提供一个交流的平台。

13. 第三届信息管理与信息系统学科院长/系主任论坛

会议名称：第三届信息管理与信息系统学科院长/系主任论坛

开始日期：2013-10-17

所在国家：中国

所在城市：贵州省贵阳市

主办单位：信息系统协会中国分会

承办单位：贵州师范大学

会议背景介绍：信息系统协会中国分会（CNAIS）于 2013 年 10 月 17~19 日在贵州举办第五届全国大会（CNAIS2011），会议由贵州师范大学承办，主题为"大数据背景下的信息系统研究与实践"。大会紧紧把握新兴技术背景下的新机遇，迎接其所带来的种种新挑战，汇集和展示相关领域的最新研究成果，进一步促进我国信息系统研究工作的交流和发展。大会邀请多位国内外知名学者及业界人士到会做主题报告，并以分会场报告形式为与会代表提供交流的良机。

14. 信息系统协会中国分会第五届全国大会分会场：大数据环境下的信息资源组织与管理研究

会议名称：信息系统协会中国分会第五届全国大会分会场：大数据环境下的信息资源组织与管理研究

开始日期：2013-10-17

所在国家：中国

所在城市：贵州省贵阳市

主办单位：信息系统协会中国分会

承办单位：贵州师范大学

会议背景介绍：从信息资源开发和利用的角度，大数据的应运而生推动了信息、技术、用户和组织的协同和融合，同时也衍生出一系列新矛盾和新问题。为了进一步推动我国信息系统研究中信息资源管理的发展，促进围绕着大数据环境下信息资源的生产、组织、加工、传播、利用和管理方面的相关理论研究与实践探索，从而召开此次会议。

15. 2013 年全国农业企业信息化暨农业园区物联网建设论坛

会议名称：2013 年全国农业企业信息化暨农业园区物联网建设论坛

所属学科：计算机应用技术

开始日期：2013-10-24

所在国家：中国

所在城市：浙江省杭州市

主办单位：农业部人力资源开发中心、中国农学会

协办单位：浙江大学与浙江林业大学

论坛背景：近年来，物联网被正式列为国家五大新兴战略性产业之一，得到了有关部门的大力支持，多地出台了发展农业物联网的指导意见，农业企业与农业园区物联网技术应用方兴未艾，呈现出较强的发展势头：在农业领域应用涵盖了农业生产经营管理、农业生态环境监测、冷链物流运输、农产品质量安全监管和农业电子商务等领域，并探索性地完成了众多示范应用，在智能农业的应用方面积累了一定的经验。但农业物联网技术应用总体还处于初步应用阶段，大部分企业盼望物联网技术的应用能给企业发展带来机遇。本论坛通过交流、培训、参观学习，推动了参会企业、农业园区物联网的建设，促进了部分信息企业、物联网公司的发展。

16. 中国计算机学会青年计算机科技论坛"大数据——社会网络分析与应用"报告会

会议名称：中国计算机学会青年计算机科技论坛"大数据——社会网络分析与应用"报告会

开始日期：2013-10-30

所在国家：中国

所在城市：湖南省长沙市

具体地点：中南大学信息科学与工程学院民主楼小礼堂

主办单位：中国计算机学会青年计算机科技论坛

会议背景介绍：互联网、物联网、移动计算、云计算等信息技术的广泛普及应用，使得人类社会运行的过程得以数字化并被记录下来，为分析研究人类社会各种规律提供了可能。对此过程形成的前所未有的大规模的海量数据（简称大数据）的研究具有重要价值。本报告对以下问题进行了探讨：大数据的特点及带来的技术挑战，大数据计算架构、存储

和处理的需求与实践；在大数据驱动下基于人类出行建模解决城市交通拥堵问题；后基因组时代海量生物数据分析获取对人类有用的遗传信息、进化信息，破译基因组所蕴含的功能信息，解密生命，造福人类社会。

17. 云计算及信息安全技术国际研讨会

会议名称：云计算及信息安全技术国际研讨会

开始日期：2013-10-31

所在国家：中国

所在城市：北京市

主办单位：北京电子学会计算机委员会

承办单位：北京信息科技大学计算机学院、网络文化与数字传播北京市重点实验室、《UPS 应用》杂志社

会议背景介绍：为了推动国内云计算技术的研究开发与应用，促进 IT 技术创新和信息安全发展，由北京电子学会支持和指导，北京电子学会计算机委员会主办，北京信息科技大学计算机学院、网络文化与数字传播北京市重点实验室、《UPS 应用》杂志承办，机房360、ICTResearch 协办的"2013 云计算及信息安全技术国际研讨会"于 2013 年 10 月在北京隆重召开。大会围绕"云计算、大数据、云服务、信息安全"等 IT 行业最新研究领域，结合数据中心基础设施技术创新、数据中心高效节能，设置特邀报告、论文大会报告、软件系统原型和产品展示等多种学术交流形式，为来自国内外高等院校、科研院所、企事业单位的教授、专家、学者、工程师、厂商、集成商、企业提供一个多方面、高层次的交流平台，对于国内云计算技术应用、信息安全及绿色数据中心的发展起到积极的促进作用。

18. 2013 数据管理与信息安全国际学术会议（CISDM2013）暨大数据与云技术高峰论坛

会议名称：2013 数据管理与信息安全国际学术会议（CISDM2013）暨大数据与云技术高峰论坛

开始日期：2013-11-16

所在国家：中国

所在城市：江苏省苏州市

主办单位：中国管理科学学会学术委员会、江苏省网络与信息安全领导小组办公室、江苏省信息安全产业联盟

协办单位：江苏省云安全工程技术研究中心、中国人民大学《信息安全与通信保密》杂志社、东南大学

承办单位：江苏省科技咨询协会技术咨询专业委员会、北京博华财经管理技术培训中心、南京敏捷企业管理研究所

会议背景介绍："2013 数据管理与信息安全国际学术会议（CISDM2013）暨大数据与云技术高峰论坛"于 2013 年 11 月 16~17 日在苏州召开。大会旨在为国内外从事信息安全、数据管理技术研究和产品研发、生产、合作、推广、应用的企事业单位提供一个合

作、交流、创新、发展的平台，推动"政、产、学、研、用"联动，加大信息安全和数据管理技术产品在各行业应用的广度和深度。

19. 中国计算机学会青年计算机科技论坛"智慧城市 智慧生活"论坛

会议名称：中国计算机学会青年计算机科技论坛"智慧城市 智慧生活"论坛

开始日期：2013-11-22

所在国家：中国

所在城市：辽宁省沈阳市

具体地点：沈阳国际软件园 F9 多功能厅

主办单位：中国计算机学会青年计算机科技论坛沈阳学术委员会、沈阳国际软件园

会议背景介绍：智慧城市是以信息技术为支撑，通过健全、透明、充分的信息获取，通畅、广泛、安全的信息共享和有效、规范、科学的信息利用，提高城市运行和管理效率，改善城市公共服务水平，增强处理突发事件的能力，让城市成为和谐社会的中枢。具体而言，家居、能源、金融、医疗、交通、物流、商贸等诸多领域均可利用智慧产业技术，让城市生活变得智能、便捷、高效。本次活动邀请智能家居行业的代表企业辽宁万泰科技发展股份有限公司，智慧城市管理领域的代表企业沈阳昂立信息技术有限公司以及智慧地球、智慧城市的首提倡者 IBM 公司的代表，讲述各自企业关于智慧城市的理念以及应用实施案例，看一看智慧城市如何让我们的生活更智慧、更精彩。

20. 2013 云数据中心技术与应用发展大会

会议名称：2013 云数据中心技术与应用发展大会

开始日期：2013-11-27

所在国家：中国

所在城市：北京市

具体地点：北京展览馆

主办单位：工业和信息化部、国家信息化专家咨询委员会、中国电子商会、中国通信工业协会、上海市工商联物联网产业商会

会议背景介绍：为了更好地总结我国数据中心产业在发展过程中的成功经验，把握与指引未来发展脉搏，促进已经迈入云端的数据中心产业持续健康快速稳健发展，鸿与智工业媒体集团与信息通信产业网于 2013 年 11 月 27 日在北京展览馆举办 2013 数据中心技术与应用发展大会。会议邀请来自学术界、产业界的专家学者，一同分享云数据技术发展趋势，探讨前沿技术与热点技术。

21. 2013 世界云计算大会

会议名称：2013 世界云计算大会

开始日期：2013-11-27

所在国家：中国

所在城市：北京市

具体地点：北京展览馆

主办单位：工业和信息化部、国家信息化专家咨询委员会、中国电子商会、中国通信工业协会、上海市工商联物联网产业商会

会议背景介绍：为了进一步促进云计算产业的健康快速发展，给业内人士与广大用户群体提供一个交流与探讨云计算技术与应用的平台，由鸿与智工业媒体公司与信息通信产业网共同举办的 2013 世界云计算大会于 2013 年 11 月 27~28 日在北京展览馆召开，本届云计算大会以"大数据、宽带建设、行业示范应用，助推云实践"为主题，从云计算建设与云计算应用出发，全面探讨云计算建设在关键技术、安全、标准化、法律法规、融资等方面及云计算应用在教育科研、互联网、电信、医疗、金融、中小企业等方面的热点话题。邀请来自相关集成电路设计、软件开发、系统集成、信息安全、数据中心建设与运营、电信运营公司、政府部门与协会、医疗机构、教育科研、互联网、银行金融、保险投资公司、制造业、能源等在内的近 2500 名代表出席。本次大会还特别设立云计算服务展示区域，展示最新云端运算产品、服务、应用程序及研究成果等，分享云计算发展经验，促进全球云计算创新合作。

22. 2013 年中国信息经济学会年会

会议名称：2013 年中国信息经济学会年会

开始日期：2013-11-28

所在国家：中国

所在城市：云南省丽江地区

主办单位：中国信息经济学会

承办单位：中国信息经济学会基础理论专业委员会、中山大学信息经济与政策研究中心

会议背景介绍：网络环境下的经济发展为学术界、企业界和政府部门带来了诸多挑战。2013 年中国信息经济学会年会暨博士生论坛为学术界、企业界和政府部门提供了学术交流的平台和展示成果的机会。

23. 中国计算机学会青年计算机科技论坛"大数据时代：思维工作生活"研讨

会议名称：中国计算机学会青年计算机科技论坛"大数据时代：思维工作生活"研讨会

开始日期：2013-11-29

所在国家：中国

所在城市：陕西省西安市

具体地点：未央湖大酒店

主办单位：中国计算机学会青年计算机科技论坛

会议背景介绍：随着近年来中国信息化体系建设的日臻成熟、社会化网络的兴起，以及云计算、移动互联网和物联网等新一代信息技术的广泛应用，中国各个行业的数据增长速度之快、规模之大前所未有。大数据时代的到来已经开始对人们的思维、工作、学习和生活方式产生重大而深远的影响。为此，中国计算机学会青年计算机科技论坛特举办"大

数据时代：思维·工作·生活"论坛。

24. 中国信息经济学会电子商务专业委员会 2013 年年会

会议名称： 中国信息经济学会电子商务专业委员会 2013 年年会

开始日期： 2013-12-01

所在国家： 中国

所在城市： 广东省广州市

主办单位： 中国信息经济学会电子商务专业委员会

承办单位： 广东财经大学广东省电子商务市场应用技术重点实验室

会议背景介绍： 此次年会的主题是：积极发挥电子商务专委会的作用，为中国经济社会转型发展做出更大的贡献。年会集思广益、广开言路，对怎样进一步开展电子商务理论研究、实践研究和教育研究以及为企业、政府服务等提出建议、形成方案等，同时，对怎样发展我们的专委会和加强会员的联系与合作展开讨论和形成方案等。

25. 第一届中国计算机学会大数据学术会议

会议名称： 第一届中国计算机学会大数据学术会议

开始日期： 2013-12-05

所在国家： 中国

所在城市： 北京市

主办单位： 中国计算机学会

承办单位： 中国计算机学会大数据专家委员会、中科院计算所、中国人民大学

会议背景介绍： 第一届 CCF 大数据学术会议于 2013 年 12 月在北京召开。近年来，大数据已经成为国内外普遍关注的热点研究问题。为了促进大数据技术的研究与发展，推动大数据的学术研究和交流，在北京举办第一届中国计算机学会大数据学术会议。本次学术会议与 2013 年"Hadoop 与大数据技术大会"联合召开，学术会议与技术大会互通资源。

26. 中国计算机学会青年计算机科技论坛"新一代网络体系结构：信息中心网（ICN）"学术报告

会议名称： 中国计算机学会青年计算机科技论坛"新一代网络体系结构：信息中心网（ICN）"学术报告会

开始日期： 2013-12-07

所在国家： 中国

所在城市： 北京市

具体地点： 北京大学计算机所大楼 106 报告厅

主办单位： 中国计算机学会青年计算机科技论坛

会议背景介绍： 信息中心网络（Information-Centric Networking，ICN）以名字为中心，提出了一种革命性的全新互联网架构。ICN 可实现内容与位置分离，网络内置缓存等功能，从而更好地满足大规模网络内容分发、移动内容存取、网络流量均衡等需求。但这种

全新的网络体系结构在理论、技术和应用方面尚有许多问题亟待解决。这次报告会围绕信息中心网络面临的挑战和发展前景，以特邀报告形式，使参与者聚焦新的研究方向和科研问题，交流热点研究课题并分享当前成果，为国内 ICN 研究者提供一个自由交流和学习的平台，促进国内 ICN 研究和应用。

27. 2013 大数据时代政务信息化新技术与应用研讨会会议

会议名称： 2013 大数据时代政务信息化新技术与应用研讨会会议

开始日期： 2013-12-07

所在国家： 中国

所在城市： 海南省海口市

主办单位： 中国地理信息产业协会政务信息工作委员会、中国地理信息产业协会城市信息工作委员会

会议背景介绍： 为促进电子政务领域的学术交流和研究，更好地服务于社会管理、防灾减灾、军地融合等不同领域，结合大数据技术的发展，推进信息化新技术、新工具在电子政务领域的应用，由中国地理信息产业协会政务信息工作委员会、中国地理信息产业协会城市信息工作委员会联合主办的"2013 大数据时代政务信息化新技术与应用研讨会"于 2013 年 12 月 10~12 日在海南省举办。本次研讨会将围绕社会管理、公共服务、应急决策、地理国情监测等主题讨论大数据的最新理论、方法、技术与应用。

28. 中国计算机学会青年计算机科技论坛专题论坛：数据开放共享的机会与挑战

会议名称： 中国计算机学会青年计算机科技论坛专题论坛：数据开放共享的机会与挑战

开始日期： 2013-12-14

所在国家： 中国

所在城市： 北京市

具体地点： 北京翠宫饭店二层多功能厅

主办单位： 中国计算机学会青年计算机科技论坛

会议背景介绍： 尽管"大数据"目前备受关注，但高价值数据依然分散在不同的机构与组织中，只能在特定情况下被有限的人群访问。各种类型数据在不同应用场景下的混合与交叉复用，以及更多具有不同背景的人才对数据的分析与利用，都能够更大地发挥数据的价值。我们有必要通过"数据开放"促进数据在不同组织间的流动，扩大数据的应用范围与使用人群。"数据开放"不仅涉及技术问题，也涉及商业模式与法律制度问题。

29. 2013 国际云计算与大数据会议

会议名称（中文）： 2013 国际云计算与大数据会议

会议名称（英文）： 2013 International Conference on Cloud Computing and Big Data

开始日期： 2013-12-16

所在国家： 中国

所在城市： 福建省福州市

主办单位：福州大学

会议背景介绍："云"是一个常见的比喻对互联网访问的基础设施（如数据存储和计算硬件）。云计算使数据真正移动，用户可以简单地访问选择云与任何互联网访问设备。在云计算中，IT 相关功能作为服务提供，不需要详细了解底层技术的访问。因此，许多成熟的云计算技术作为组件，但仍有许多未解决的和开放的问题。

30. 2013 第一届信息技术与电子商务国际会议

会议名称（中文）：2013 第一届信息技术与电子商务国际会议

会议名称（英文）：2013 International Conference on Information Technology and Electronic Commerce（ICITEC2013）

开始日期：2013-12-28

所在国家：中国

所在城市：黑龙江省哈尔滨市

主办单位：哈尔滨商业大学计算机与信息工程学院

协办单位：哈尔滨理工大学、哈尔滨师范大学、东北林业大学、黑龙江科技大学、黑龙江大学、哈尔滨金融学院协办

会议背景介绍：2013 信息技术与电子商务国际会议（ICITEC 2013）是旨在广泛地展示在信息科学领域最新理论及应用研究成果的重要学术论坛。作为一个年度系列的会议，其主要议题包括信息技术、电子商务及其他相关议题。会议在进行常规的学术分组讨论之外，还举行了特邀报告、专题报告及短期培训等丰富多彩的活动。

通过对以上企业信息管理学科 2013 年度重要国际、国内会议的研究主题进行分析，可以总结出其发展具有以下特点：

大数据、云计算目前不仅是国内学者研究的重点，也是国外关注的热点，其研究具有国际性。数据，已经渗透到当今每一个行业和业务职能领域，成为重要的生产因素。人们用大数据来描述和定义信息爆炸时代产生的海量数据，并命名与之相关的技术发展与创新。数据正在迅速膨胀并变大，它决定着企业的未来发展，人们对于海量数据的挖掘和运用，预示着新一波生产率增长和消费者盈余浪潮的到来。云计算是基于互联网的相关服务的增加、使用和交付模式，通常涉及通过互联网来提供动态易扩展且经常是虚拟化的资源。从技术上看，大数据必须依托云计算的分布式处理、分布式数据库、云存储和虚拟化技术。2013 年，大数据和云计算越来越多地被提及，成为学术界和产业界关注的热点。与此相关的数据隐私与信息安全也正逐步引起人们的重视。此外，信息管理还被应用于多个新的领域，包括智慧城市、农业、政务管理处理等多个方面，与多学科交叉。

第五章 企业信息管理学学科2013年文献索引

第一节 英文文献索引

[1] Seidel S, Recker J, Vom Brocke J. Sensemaking and Sustainable Practicing: Functional Affordances of Information Systems in Green Transformations [J]. Mis Quarterly, 2013, 37 (4): 1275.

[2] Marett K, Otondo R, Taylor G. Assessing the Effects of Benefits and Institutional Influences on the Continued Use of Environmentally Munificent Bypass Systems in Long-haul Trucking [J]. Mis Quarterly, 2013, 37 (4): 1301-A9.

[3] Malhotra A, Melville N, Watson R. Spurring Impactful Research on Information Systems for Environmental Sustainability [J]. Mis Quarterly. 2013, 37 (4): 1265-1274.

[4] Ortiz De Guinea A, Webster J. An Investigation of Information Systems Use Patterns: Technological Events as Triggers, The Effect of Time, and Consequences for Performance [J]. Mis Quarterly, 2013, 37 (4): 1165-A6.

[5] Lowry P, Moody G, Wilson D, et al. Evaluating Journal Quality and the Association for Information Systems Senior Scholars' Journal Basket Via Bibliometric Measures: Do Expert Journal Assessments Add Value? . Mis Quarterly. 2013, 37(4): 993-A21.

[6] Gregory R, Beck R, Keil M. Control Balancing In Information Systems Development Offshoring Projects [J]. Mis Quarterly. 2013, 37 (4): 1211-A4.

[7] Sarker S, Xiao X, Beaulieu T. Qualitative Studies in Information Systems: A Critical Review and Some Guiding Principles [J]. Mis Quarterly. 2013.

[8] Bala H, Venkatesh V. Changes In Employees' Job Characteristics during an Enterprise System Implementation: A Latent Growth Modeling Perspective [J]. Mis Quarterly, 2013, 37 (4): 1113-A7.

[9] Vieira Da Cunha J. A Dramaturgical Model of The Production of Performance Data [J]. Mis Quarterly. 2013, 37 (3): 723-748.

［10］Zachariadis M，Scott S，Barrett M. Methodological Implications of Critical Realism for Mixed-methods Research［J］. Mis Quarterly，2013，37（3）：855-879.

［11］Henfridsson O，Bygstad B. The Generative Mechanisms of Digital Infrastructure Evolution［J］. Mis Quarterly，2013，37（3）：907-A5.

［12］Faulkner P，Runde J. Technological Objects，Social Positions，and the Transformational Model of Social Activity［J］. Mis Quarterly，2013，37（3）：803-818.

［13］Allen D，Brown A，Karanasios S，Norman A. How Should Technology-mediated Organizational Change be Explained? A Comparison of The Contributions of Critical Realism and Activity Theory［J］. Mis Quarterly，2013，37（3）：835-854.

［14］Becker J，Rai A，Ringle C，Völckner F. Discovering Unobserved Heterogeneity in Structural Equation Models to Avert Validity Threats［J］. Mis Quarterly，2013，37（3）：665-A21.

［15］Drnevich P，Croson D. Information Technology and Business-level Strategy：Toward an Integrated Theoretical Perspective［J］. Mis Quarterly，2013，37（2）：483-509.

［16］Reinecke K，Bernstein A. Knowing What a User Likes：A Design Science Approach to Interfaces that Automatically Adapt to Culture［J］. Mis Quarterly，2013，37（2）：427-A11.

［17］Lucas Jr. H，Agarwal R，Clemons E，El Sawy O，Weber B. Impactful Research on Transformational Information Technology：An Opportunity To Inform New Audiences［J］. Mis Quarterly，2013，37（2）：371-382.

［18］Gregor S，Hevner A. Positioning and Presenting Design Science Research for Maximum Impact［J］. Mis Quarterly，2013，37（2）：337-A6.

［19］Venkatesh V，Brown S，Bala H. Bridging The Qualitative-Quantitative Divide：Guidelines For Conducting Mixed Methods Research in Information Systems［J］. Mis Quarterly，2013，37（1）：21-54.

［20］Marett K，Otondo R，Taylor G. Assessing the Effects of Benefits and Institutional Influences on the Continued Use of Environmentally Munificent Bypass Systems in Long-Haul Trucking［J］. Mis Quarterly，2013，37（4）：1301-A9.

［21］Ning S. Internationalization Strategies of Chinese It Service Suppliers［J］. Mis Quarterly，2013，37（1）：175-200.

［22］Malhotra A，Melville N，Watson R. Spurring Impactful Research on Information Systems for Environmental Sustainability［J］. Mis Quarterly，2013，37（4）：1265-1274.

［23］Ortiz De Guinea A，Webster J. An Investigation of Information Systems Use Patterns：Technological Events as Triggers，the Effect of Time，and Consequences for Performance［J］. Mis Quarterly，2013，37（4）：1165-A6.

［24］Lowry P，Moody G，Wilson D，et al. Evaluating Journal Quality and The Association for Information Systems Senior Scholars' Journal Basket via Bibliometric Measures：Do Expert

Journal Assessments Add Value? [J]. Mis Quarterly, 2013, 37 (4): 993-A21.

[25] Gregory R, Beck R, Keil M. Control Balancing in Information Systems Development Offshoring Projects [J]. Mis Quarterly, 2013, 37 (4): 1211-A4.

[26] Sarker S, Xiao X, Beaulieu T. Qualitative Studies in Information Systems: A Critical Review and Some Guiding Principles [J]. Mis Quarterly, 2013, Iii, Xviii.

[27] Bala H, Venkatesh V. Changes in Employees'Job Characteristics during an Enterprise System Implementation: A Latent Growth Modeling Perspective [J]. Mis Quarterly, 2013, 37 (4): 1113-A7.

[28] Vieira Da Cunha J. A Dramaturgical Model of the Production of Performance Data [J]. Mis Quarterly, 2013, 37 (3): 723-748.

[29] Henfridsson O, Bygstad B. The Generative Mechanisms of Digital Infrastructure Evolution [J]. Mis Quarterly, 2013, 37 (3): 907-A5.

[30] Aulkner P, Runde J. Technological Objects, Social Positions, and the Transformational Model of Social Activity [J]. Mis Quarterly, 2013, 37 (3): 803-818.

[31] Allen D, Brown A, Karanasios S, Norman A. How Should Technology-Mediated Organizational Change be Explained? A Comparison of The Contributions of Critical Realism and Activity Theory [J]. Mis Quarterly, 2013, 37 (3): 835-854.

[32] Becker J, Rai A, Ringle C, Völckner F. Discovering Unobserved Heterogeneity in Structural Equation Models to Avert Validity Threats [J]. Mis Quarterly, 2013, 37 (3): 665-A21.

[33] Reinecke K, Bernstein A. Knowing What a User Likes: A Design Science Approach to Interfaces that Automatically Adapt to Culture [J]. Mis Quarterly, 2013, 37 (2): 427-A11.

[34] Lucas Jr. H, Agarwal R, Clemons E, El Sawy O, Weber B. Impactful Research on Transformational Information Technology: An Opportunity to Inform New Audiences [J]. Mis Quarterly, 2013, 37 (2): 371-382.

[35] Gregor S, Hevner A. Positioning and Presenting Design Science Research for Maximum Impact [J]. Mis Quarterly, 2013, 37 (2): 337-A6.

[36] Venkatesh V, Brown S, Bala H. Bridging the Qualitative-Quantitative Divide: Guidelines for Conducting Mixed Methods Research in Information Systems [J]. Mis Quarterly, 2013, 37 (1): 21-54.

[37] Sutanto J, Palme E, Chuan-Hoo T, Chee Wei P. Addressing the Personalization-Privacy Paradox: An Empirical Assessment from a Field Experiment on Smartphone Users [J]. Mis Quarterly, 2013, 37 (4): 1141-A5.

[38] Posey C, Roberts T, Lowry P, Bennett R, Courtney J. Insiders'Protection of Organizational Information Assets: Development of a Systematics-Based Taxonomy and Theory of Diversity for Protection-motivated Behaviors [J]. Mis Quarterly, 2013; 37 (4): 1189-A9.

［39］Williams C, Karahanna E. Causal Explanation in the Coordinating Process: A Critical Realist Case Study of Federated It Governance Structures［J］. Mis Quarterly, 2013, 37 (3): 933–A8.

［40］Polites G, Karahanna E. The Embeddedness of Information Systems Habits in Organizational and Individual Level Routines: Development and Disruption［J］. Mis Quarterly, 2013, 37 (1): 221–246.

［41］Hong W, L. Thong J. Internet Privacy Concerns: An Integrated Conceptualization and Four Empirical Studies［J］. Mis Quarterly, 2013, 37 (1): 275–298.

［42］Karlsson F. Longitudinal Use of Method Rationale In Method Configuration: An Exploratory Study［J］. European Journal of Information Systems, 2013, 22 (6): 690–710.

［43］Saraf N, Langdon C, Sawy O. Is Integration and Knowledge Sharing in Multi–Unit Firms: The Winner's Curse［J］. European Journal of Information Systems, 2013, 22 (6): 592–603.

［44］Gefen D, Carmel E. Why The First Provider Takes It All: The Consequences of A Low Trust Culture on Pricing and Ratings in Online Sourcing Markets［J］. European Journal of Information Systems, 2013, 22 (6): 604–618.

［45］Recker J. Empirical Investigation of the Usefulness of Gateway Constructs in Process Models［J］. European Journal of Information Systems, 2013, 22 (6): 673–689.

［46］Keil M, Rai A, Liu S. How User Risk and Requirements Risk Moderate the Effects of Formal and Informal Control on the Process Performance of IT Projects［J］. European Journal of Information Systems, 2013, 22 (6): 650–672.

［47］Altschuller S, Benbunan–Fich R. The Pursuit Of Trust in Ad Hoc Virtual Teams: How Much Electronic Portrayal Is Too Much?［J］. European Journal of Information Systems, 2013, 22 (6): 619–636.

［48］Kutsch E, Denyer D, Hall M, Lee–Kelley E. Does Risk Matter? Disengagement From Risk Management Practices In Information Systems Projects［J］. European Journal of Information Systems, 2013, 22 (6): 637–649.

［49］Grant G, Tan F. Governing IT In Inter–Organizational Relationships: Issues and Future Research［J］. European Journal of Information Systems, 2013, 22 (5): 493–497.

［50］Xiao J, Xie K, Hu Q. Inter–firm IT Governance in Power–imbalanced Buyer–supplier Dyads: Exploring How It Works and Why It Lasts［J］. European Journal of Information Systems, 2013, 22 (5): 512–528.

［51］Jin Kim H, Shin B, Lee H. The Mediating Role of Psychological Contract Breach in IS Outsourcing: Inter–firm Governance Perspective［J］. European Journal of Information Systems, 2013, 22 (5): 529–547.

［52］King N. Exploring the Impact of Operating Model Choice on the Governance of Inter–

organizational Workflow: The U.S. E-prescribing Network [J]. European Journal of Information Systems, 2013, 22 (5): 548-568.

[53] Morgan L, Feller J, Finnegan P. Exploring Value Networks: Theorising the Creation and Capture of Value with Open Source Software [J]. European Journal of Information Systems, 2013, 22 (5): 569-588.

[54] Wilkin C, Campbell J, Moore S. Creating Value Through Governing IT Deployment in a Public/Private-Sector Inter-Organisational Context: A Human Agency Perspective [J]. European Journal of Information Systems, 2013, 22 (5): 498-511.

[55] Lycett M. "Datafication": Making Sense of (Big) Data in a Complex World [J]. European Journal of Information Systems, 2013, 22 (4): 381-386.

[56] Van Offenbeek M, Boonstra A, Seo D. Towards Integrating Acceptance and Resistance Research: Evidence From a Telecare Case Study [J]. European Journal of Information Systems, 2013, 22 (4): 434-454.

[57] Mathiassen L, Sandberg A. How a Professionally Qualified Doctoral Student Bridged the Practice-Research Gap: A Confessional Account of Collaborative Practice Research [J]. European Journal of Information Systems, 2013, 22 (4): 475-492.

[58] Davis J. Leveraging the IT Competence of Non-IS Workers: Social Exchange and The Good Corporate Citizen [J]. European Journal of Information Systems, 2013, 22 (4): 403-415.

[59] Ravishankar M, Pan S, Myers M. Information Technology Offshoring In India: A Postcolonial Perspective [J]. European Journal of Information Systems, 2013, 22 (4): 387-402.

[60] Schlichter B, Rose J. Trust Dynamics in a Large System Implementation: Six Theoretical Propositions [J]. European Journal of Information Systems, 2013; 22 (4): 455-474.

[61] Wu J, GaytÁN E. The Role of Online Seller Reviews and Product Price On Buyers' Willingness-To-Pay: A Risk Perspective [J]. European Journal of Information Systems, 2013, 22 (4): 416-433.

[62] Trier M, Molka-Danielsen J. Sympathy or Strategy: Social Capital Drivers for Collaborative Contributions to the IS Community [J]. European Journal of Information Systems, 2013, 22 (3): 317-335.

[63] Guilloux V, Locke J, Lowe A. Digital Business Reporting Standards: Mapping the Battle in France [J]. European Journal of Information Systems, 2013, 22 (3): 257-277.

[64] Dinev T, Xu H, Smith J, Hart P. Information Privacy And Correlates: An Empirical Attempt to Bridge and Distinguish Privacy-related Concepts [J]. European Journal of Information Systems, 2013, 22 (3): 295-316.

［65］ Nickerson R, Varshney U, Muntermann J. A Method for Taxonomy Development and Its Application in Information Systems ［J］. European Journal of Information Systems, 2013, 22 (3): 336-359.

［66］ Gerow J, Ayyagari R, Thatcher J, Roth P. Can We Have Fun @ Work? The Role of Intrinsic Motivation for Utilitarian Systems ［J］. European Journal of Information Systems, 2013, 22 (3): 360-380.

［67］ Agerfalk P. Embracing Diversity Through Mixed Methods Research ［J］. European Journal of Information Systems, 2013, 22 (3): 251-256.

［68］ Elbanna A. Top Management Support in Multiple-project Environments: An In-practice View ［J］. European Journal of Information Systems, 2013, 22 (3): 278-294.

［69］ Schryen G. Revisiting Is Business Value Research: What We Already Know, What We Still Need to Know, and How We Can Get There ［J］. European Journal of Information Systems, 2013, 22 (2): 139-169.

［70］ Khan S, Khouja M, Kumar R. Effects of Time-inconsistent Preferences on Information Technology Infrastructure Investments with Growth Options ［J］. European Journal of Information Systems, 2013, 22 (2): 206-220.

［71］ Zheng D, Chen J, Huang L, Zhang C. E-Government Adoption in Public Administration Organizations: Integrating Institutional Theory Perspective and Resource-based View ［J］. European Journal of Information Systems, 2013, 22 (2): 221-234.

［72］ Filbeck G, Swinarski M, Zhao X. Shareholder Reaction to Firm Investments in the Capability Maturity Model: An Event Study ［J］. European Journal of Information Systems, 2013, 22 (2): 170-190.

［73］ Peffers K, Santos B. Research Opportunities in Information Technology Funding and System Justification ［J］. European Journal of Information Systems, 2013, 22 (2): 131-138.

［74］ Bernroider E. Effective ERP Adoption Processes: The Role of Project Activators and Resource Investments ［J］. European Journal of Information Systems, 2013, 22 (2): 235-250.

［75］ Cao L, Mohan K, Ramesh B, Sarkar S. Adapting Funding Processes for Agile IT Projects: An Empirical Investigation ［J］. European Journal of Information, March 2013, 22 (2): 191-205.

［76］ Te'eni D. Journals and Conferences in Discourse ［J］. European Journal of Information Systems, 2013, 22 (6): 589-591.

［77］ Abraham C, Boudreau M, Junglas I, Watson R. Enriching Our Theoretical Repertoire: The Role of Evolutionary Psychology In Technology Acceptance ［J］. European Journal of Information Systems, 2013, 22 (1): 56-75.

［78］ Hekkala R, Urquhart C. Everyday Power Struggles: Living in an IOIS Project ［J］. European Journal of Information Systems, 2013, 22 (1): 76-94.

[79] Mattarelli E, Bertolotti F, Macrì D. The Use of Ethnography and Grounded Theory in the Development of a Management Information System [J]. European Journal of Information Systems, 2013, 22 (1): 26-44.

[80] Birks D, Fernandez W, Levina N, Nasirin S. Grounded Theory Method in Information Systems Research: Its Nature, Diversity and Opportunities [J]. European Journal of Information Systems, 2013, 22 (1): 1-8.

[81] Wolfswinkel J, Furtmueller E, Wilderom C. Using Grounded Theory as a Method for Rigorously Reviewing Literature [J]. European Journal of Information Systems, 2013, 22 (1): 45-55.

[82] Matavire R, Brown I. Profiling Grounded Theory Approaches in Information Systems Research [J]. European Journal of Information Systems, 2013, 22 (1): 119-129.

[83] Gasson S, Waters J. Using a Grounded Theory Approach to Study Online Collaboration Behaviors [J]. European Journal of Information Systems, 2013, 22 (1): 95-118.

[84] Vaast E, Walsham G. Grounded Theorizing for Electronically Mediated Social Contexts [J]. European Journal of Information Systems, 2013, 22 (1): 9-25.

[85] Sedera D, Dey S. User Expertise in Contemporary Information Systems: Conceptualization, Measurement and Application [J]. Information & Management, 2013, 50 (8): 621-637.

[86] Tong Y, Wang X, Tan C, Teo H. An Empirical Study of Information Contribution to Online Feedback Systems: A Motivation Perspective [J]. Information & Management, 2013, 50 (7): 562-570.

[87] Spears J, Barki H, Barton R. Theorizing the Concept and Role of Assurance in Information Systems Security [J]. Information & Management, 2013, 50 (7): 598-605.

[88] Gholami R, Sulaiman A, Ramayah T, Molla A. Senior Managers' Perception on Green Information Systems (IS) Adoption and Environmental Performance: Results from a Field Survey [J]. Information & Management, 2013, 50 (7): 431-438.

[89] Hsu J, Hung Y. Exploring the Interaction Effects of Social Capital [J]. Information & Management, 2013, 50 (7): 415-430.

[90] Chen J, Rungruengsamrit D, Rajkumar T, Yen D. Success of Electronic Commerce Web Sites: A Comparative Study in Two Countries [J]. Information & Management, 2013, 50 (6): 344-355.

[91] Michopoulou E, Buhalis D. Information Provision for Challenging Markets: The Case of the Accessibility Requiring Market in the Context of Tourism [J]. Information & Management, 2013, 50 (5): 229-239.

[92] ParÉ G, Cameron A, Poba-Nzaou P, Templier M. A Systematic Assessment of Rigor In Information Systems Ranking-type Delphi Studies [J]. Information & Management,

277

2013, 50 (5): 207-217.

[93] Othman S, Beydoun G. Model-driven Disaster Management [J]. Information & Management, 2013, 50 (5): 218-228.

[94] Davis J, Tuttle B. A Heuristic-Systematic Model of End-user Information Processing When Encountering Is Exceptions [J]. Information & Management, 2013, 50 (2): 125-133.

[95] Gu J, Jung H. The Effects of IS Resources, Capabilities, and Qualities on Organizational Performance: An Integrated Approach [J]. Information & Management, 2013, 50 (2): 87-97.

[96] Wang Z, Huang J, Tan B. Managing Organizational Identity in the E-commerce Industry: An Ambidexterity Perspective [J]. Information & Management, 2013, 50 (8): 673-683.

[97] Phang C, Zhang C, Sutanto J. The Influence of User Interaction and Participation in social media on the consumption intention of niche products [J]. Information & Management, 2013, 50 (8): 661-672.

[98] Krishnan S, Teo T, Lim V. Examining the relationships among e-government maturity, corruption, economic prosperity and environmental degradation: A cross-country analysis [J]. Information & Management, 2013, 50 (8): 638-649.

[99] Ng C. Intention to purchase on social commerce websites across cultures: A cross-regional study [J]. Information & Management, 2013, 50 (8): 609-620.

[100] Kerr D, Murthy U. The importance of the CobiT framework IT processes for effective internal control over financial reporting in organizations: An international survey [J]. Information & Management, 2013, 50 (7): 590-597.

[101] Sutanto J, Jiang Q. Knowledge seekers'and contributors'reactions to recommendation mechanisms in knowledge management systems [J]. Information & Management, 2013, 50 (5): 258-263.

[102] McKenna B, Tuunanen T, Gardner L. Consumers'adoption of information services [J]. Information & Management, 2013, 50 (5): 248-257.

[103] Goel L, Johnson N, Junglas I, Ives B. How cues of what can be done in a virtual world influence learning: An affordance perspective [J]. Information & Management, 2013, 50 (5): 197-206.

[104] Akter S, D'Ambra J, Ray P. Development and validation of an instrument to measure user perceived service quality of mHealth [J]. Information & Management, 2013, 50 (4): 181-195.

[105] Kim H, Suh K, Lee U. Effects of collaborative online shopping on shopping experience through social and relational perspectives [J]. Information & Management, 2013, 50 (4): 169-180.

［106］ Jin C. The perspective of a revised TRAM on social capital building: The case of Facebook usage ［J］. Information & Management, 2013; 50 (4): 162–168.

［107］ El–Haddadeh R, Weerakkody V, Al–Shafi S. The complexities of electronic services implementation and institutionalisation in the public sector ［J］. Information & Management, 2013, 50 (4): 135–143.

［108］ Farias V, Jagabathula S, Shah D. A Nonparametric Approach to Modeling Choice with Limited Data ［J］. Management Science, 2013, 59 (2): 305–322.

［109］ Kalaignanam K, Kushwaha T, M. Steenkamp J, Tuli K. The Effect of CRM Outsourcing on Shareholder Value: A Contingency Perspective ［J］. Management Science, 2013, 59 (3): 748–769.

［110］ Ren Y, Croson R. Overconfidence in Newsvendor Orders: An Experimental Study ［J］. Management Science, 2013, 59 (11): 2502–2517.

［111］ Duenyas I, Bin H, Beil D. Simple Auctions for Supply Contracts ［J］. Management Science, 2013, 59 (10): 2332–2342.

［112］ DeCroix G. Inventory Management for an Assembly System Subject to Supply Disruptions ［J］. Management Science, 2013, 59 (9): 2079–2092.

［113］ Bin H, Beil D, Duenyas I. Price–Quoting Strategies of an Upstream Supplier ［J］. Management Science, 2013, 59 (9): 2093–2110.

［114］ Mamani H, Chick S, Simchi–Levi D. A Game–Theoretic Model of International Influenza Vaccination Coordination ［J］. Management Science, 2013, 59 (7): 1650–1670.

［115］ Sang–Hyun K, Tomlin B. Guilt by Association: Strategic Failure Prevention and Recovery Capacity Investments ［J］. Management Science, 2013, 59 (7): 1631–1649.

［116］ Arya A, Mittendorf B. Managing Strategic Inventories via Manufacturer –to – Consumer Rebates ［J］. Management Science, 2013, 59 (4): 813–818.

［117］ Cuihong L. Sourcing for Supplier Effort and Competition: Design of the Supply Base and Pricing Mechanism ［J］. Management Science, 2013, 59 (6): 1389–1406.

［118］ Kong G, Rajagopalan S, Zhang H. Revenue Sharing and Information Leakage in a Supply Chain ［J］. Management Science, 2013, 59 (3): 556–572.

［119］ Sang–Hyun K, Netessine S. Collaborative Cost Reduction and Component Procurement Under Information Asymmetry ［J］. Management Science, 2013, 59 (1): 189–206.

［120］ Plambeck E. Operations Management Challenges for Some "Cleantech" Firms ［J］. Manufacturing & Service Operations Management, 2013, 15 (4): 527–536.

［121］ Jira C, Toffel M. Engaging Supply Chains in Climate Change ［J］. Manufacturing & Service Operations Management, 2013, 15 (4): 559–577.

［122］ Caro F, Corbett C, Tan T, Zuidwijk R. Double Counting in Supply Chain Carbon Footprinting ［J］. Manufacturing & Service Operations Management, 2013, 15 (4): 545–558.

［123］Xiaole W, Kouvelis P, Hirofumi M. Horizontal Capacity Coordination for Risk Management and Flexibility: Pay Ex Ante or Commit a Fraction of Ex Post Demand? ［J］. Manufacturing & Service Operations Management, 2013,15 (3): 458-472.

［124］Soo-Haeng C, Tang C. Advance Selling in a Supply Chain Under Uncertain Supply and Demand ［J］. Manufacturing & Service Operations Management, 2013, 15 (2): 305-319.

［125］Lim M, Bassamboo A, Chopra S, Daskin M. Facility Location Decisions with Random Disruptions and Imperfect Estimation ［J］. Manufacturing & Service Operations Management, 2013, 15 (2): 239-249.

［126］Sapra A, Jackson P. On the Equilibrium Behavior of a Supply Chain Market for Capacity ［J］. Manufacturing & Service Operations Management, 2013; 15 (1): 132-147.

［127］Hyndman K, Kraiselburd S, Watson N. Aligning Capacity Decisions in Supply Chains When Demand Forecasts Are Private Information: Theory and Experiment ［J］. Manufacturing & Service Operations Management, 2013, 15 (1): 102-117.

［128］Winkler T, Brown C. Horizontal Allocation of Decision Rights for On-Premise Applications and Software-as-a-Service ［J］. Journal of Management Information Systems, 2013, 30 (3): 13-48.

［129］Tiwana A, Konsynski B, Venkatraman N. Special Issue: Information Technology and Organizational Governance: The IT Governance Cube ［J］. Journal of Management Information Systems, 2013, 30 (3): 7-12.

［130］Huber T, Fischer T, Dibbern J, Hirschheim R. A Process Model of Complementarity and Substitution of Contractual and Relational Governance in IS Outsourcing ［J］. Journal of Management Information Systems, 2013, 30 (3): 81-114.

［131］Cao L, Mohan K, Ramesh B, Sarkar S. Evolution of Governance: Achieving Ambidexterity in IT Outsourcing ［J］. Journal of Management Information Systems, 2013, 30 (3): 115-140.

［132］Di Tullio D, Staples D. The Governance and Control of Open Source Software Projects ［J］. Journal of Management Information Systems, 2013, 30 (3): 49-80.

［133］Tallon P, Ramirez R, Short J. The Information Artifact in IT Governance: Toward a Theory of Information Governance ［J］. Journal of Management Information Systems, 2013, 30 (3): 141-178.

［134］Velu C, Madnick S, Van Alstyne M. Centralizing Data Management with Considerations of Uncertainty and Information-based Flexibility ［J］. Journal of Management Information Systems, 2013, 30 (3): 179-212.

［135］Choudhary V, Vithayathil J. The Impact of Cloud Computing: Should the IT Department Be Organized as a Cost Center or a Profit Center? ［J］. Journal of Management Information Systems, 2013, 30 (2): 67-100.

[136] Clemons E, Goh K, Kauffman R, Weber T. Special Issue: Information Economics and Competitive Strategy [J]. Journal of Management Information Systems, 2013, 30 (2): 5-8.

[137] Bang Y, Lee D, Han K, Hwang M, Ahn J. Channel Capabilities, Product Characteristics, and the Impacts of Mobile Channel Introduction [J]. Journal of Management Information Systems, 2013, 30 (2): 101-126.

[138] Luo X, Zhang J. How Do Consumer Buzz and Traffic in Social Media Marketing Predict the Value of the Firm? [J]. Journal of Management Information Systems, 2013, 30 (2): 213-238.

[139] Karahanna E, Preston D. The Effect of Social Capital of the Relationship Between the CIO and Top Management Team on Firm Performance [J]. Journal of Management Information Systems, 2013, 30 (1): 15-56.

[140] Narayanaswamy R, Grover V, Henry R. The Impact of Influence Tactics in Information System Development Projects: A Control-Loss Perspective [J]. Journal of Management Information Systems, 2013, 30 (1): 191-226.

[141] Petter S, DeLone W, McLean E. Information Systems Success: The Quest for the Independent Variables [J]. Journal of Management Information Systems, 2013, 29 (4): 7-62.

[142] Vance A, Lowry P, Eggett D. Using Accountability to Reduce Access Policy Violations in Information Systems [J]. Journal of Management Information Systems, 2013, 29 (4): 263-290.

[143] Benlian A. Effect Mechanisms of Perceptual Congruence Between Information Systems Professionals and Users on Satisfaction with Service [J]. Journal of Management Information Systems, 2013, 29 (4): 63-96.

[144] Xue L, Zhang C, Ling H, Zhao X. Risk Mitigation in Supply Chain Digitization: System Modularity and Information Technology Governance [J]. Journal of Management Information Systems, 2013, 30 (1): 325-352.

[145] Clegg B, Wan Y. Managing enterprises and ERP systems: A contingency model For The Enterprization of Operations [J]. International Journal of Operations & Production Management, 2013, 33 (11/12): 1458-1489.

[146] Faber N, De Koster M, Smidts A. Organizing Warehouse Management [J]. International Journal of Operations & Production Management, 2013, 33 (9): 1230-1256.

[147] Radnor Z, O'Mahoney J. The Role of Management Consultancy in Implementing Operations Management in the Public Sector [J]. International Journal of Operations & Production Management, 2013, 33 (11/12): 1555-1578.

[148] Macbryde J, Paton S, Clegg B. Understanding High-value Manufacturing In Scottish Smes [J]. International Journal of Operations & Production Management, 2013, 33 (11/12): 1579-1598.

[149] Prajogo D, Sohal A. Supply Chain Professionalsa Study of Competencies, Use of Technologies, and Future Challenges [J]. International Journal of Operations & Production Management, 2013, 33 (11/12): 1532-1554.

[150] Kauppi K, Moxham C, Bamford D. Should We Try Out for the Major Leagues? A Call for Research in Sport Operations Management [J]. International Journal of Operations & Production Management, 2013, 33 (10): 1368-1399.

[151] Oglethorpe D, Heron G. Testing the Theory of Constraints in UK Local Food Supply Chains [J]. International Journal of Operations & Production Management, 2013, 33 (10): 1346-1367.

[152] Kauppi K. Extending the Use of Institutional Theory in Operations and Supply Chain Management Researchreview and Research Suggestions [J]. International Journal of Operations & Production Management, 2013, 33 (10): 1318-1345.

[153] Shi M, Yu W. Supply Chain Management and Financial Performance: Literature Review and Future Directions [J]. International Journal of Operations & Production Management [J]. 2013, 33 (10): 1283-1317.

[154] Ramsay J, Wagner B, Kelly S. Purchase Offering Qualitythe Effects of Buyer Behaviour on Organizational Supplying Behaviour [J]. International Journal of Operations & Production Management, 2013, 33 (10): 1260-1282.

[155] De Leeuw S, Grotenhuis R, Van Goor A. Assessing Complexity of Supply Chains: Evidence from Wholesalers [J]. International Journal of Operations & Production Management, 2013, 33 (8): 960-980.

[156] Barros A, Barbosa-PóVoa A, Blanco E. Selection of Tailored Practices for Supply Chain Management [J]. International Journal of Operations & Production Management, 2013, 33 (8): 1040-1074.

[157] Maccarthy B, Jayarathne P. Supply Network Structures in the International Clothing Industry: Differences across Retailer Types [J]. International Journal of operations & Production Management, 2013, 33 (7): 858-886.

[158] Drupsteen J, Van Der Vaart T, Van Donk D. Integrative Practices in Hospitals and Their Impact on Patient Flow [J]. International Journal of Operations & Production Management, 2013, 33 (7): 912-933.

[159] Aitken J, Harrison A. Supply Governance Structures for Reverse Logistics Systems [J]. International Journal of Operations & Production Management, 2013, 33 (6): 745-764.

[160] Hsu C, Tan K, Zailani S, Jayaraman V. Supply Chain Drivers That Foster the Development of Green Initiatives in an Emerging Economy [J]. International Journal of Operations & Production Management, 2013, 33 (6): 656-688.

[161] Appelqvist P, Chavez-Demoulin V, Hameri A, Heikkilä J, Wauters V. Turn

around across Diverse Global Supply Chains Using Shared Metrics and Change Methodologythe Case of Amer Sports Corporation [J]. International Journal of Operations & Production Management, 2013, 33 (5): 622-647.

[162] Hoejmose S, Brammer S, Millington A. An Empirical Examination of the Relationship between Business Strategy and Socially Responsible Supply Chain Management [J]. International Journal of Operations & Production Management, 2013, 33 (5): 589-621.

[163] Jia F, Lamming R. Cultural Adaptation in Chinese-western Supply Chain Partnerships dyadic Learning in an International Context [J]. International Journal of Operations & Production Management, 2013, 33 (5): 528-561.

[164] Hearnshaw E, Wilson M. A Complex Network Approach to Supply Chain Network Theory [J]. International Journal of Operations & Production Management, 2013, 33 (4): 442-469.

[165] Chinho L, ChuHua K, KangWei C. Identifying Critical Enablers and Pathways to High Performance Supply Chain Quality Management [J]. International Journal of Operations & Production Management, 2013, 33 (3): 347-370.

[166] Hefu L, Weiling K, Kwok Kee W, Zhongsheng H. Effects of Supply Chain Integration and Market Orientation on Firm Performance: Evidence from China [J]. International Journal of Operations & Production Management, 2013, 33 (3): 322-346.

[167] Danese P, Romano P. The Moderating Role of Supply Network Structure on the Customer Integration-efficiency Relationship [J]. International Journal of Operations & Production Management, 2013, 33 (4): 372-393.

[168] Shukla M, Jharkharia S. Agri-Fresh Produce Supply Chain Management: A State-of-the-Art Literature Review [J]. International Journal of Operations & Production Management, 2013, 33 (2): 114-158.

[169] Yang C, Lin R, Krumwiede D, Stickel E, Sheu C. Efficacy of Purchasing Activities and Strategic Involvement: An International Comparison [J]. International Journal of Operations & Production Management, 2013, 33 (1): 49-68.

[170] Wiengarten F, Humphreys P, Mckittrick A, Fynes B. Investigating the Impact of E-business Applications on Supply Chain Collaboration in the German Automotive Industry [J]. International Journal of Operations & Production Management, 2013, 33 (1): 25-48.

[171] Akkermans H, Voss C. The Service Bullwhip Effect [J]. International Journal of Operations & Production Management, 2013, 33 (6): 765-788.

[172] Mani D, Barua A, Whinston A. Outsourcing Contracts and Equity Prices [J]. Information Systems Research, 2013, 24 (4): 1028-1049.

[173] Nandhakumar J, Panourgias N, Scarbrough H. From Knowing It to "Getting It": Envisioning Practices in Computer Games Development [J]. Information Systems Research [J].

2013, 24 (4): 933-955.

[174] Mingfeng L, Lucas Jr. H, Shmueli G. Too Big to Fail: Large Samples and the p-Value Problem [J]. Information Systems Research, 2013, 24 (4): 906-917.

[175] Sundararajan A, Provost F, Oestreicher-Singer G, Aral S. Information in Digital, Economic, and Social Networks [J]. Information Systems Research, 2013; 24 (4): 883-905.

[176] Kettinger W, Chen Z, Kuo-Chung C. A View from the Top: Integrated Information Delivery and Effective Information Use from the Senior Executive's Perspective [J]. Information Systems Research, 2013, 24 (3): 842-860.

[177] Xixi L, J. J. Po-An H, Rai A. Motivational Differences across Post-acceptance Information System Usage Behaviors: An Investigation in the Business Intelligence Systems Context [J]. Information Systems Research [J]. 2013, 24 (3): 659-682.

[178] Petrakis I, Ziegler G, Bichler M. Ascending Combinatorial Auctions with Allocation Constraints: On Game Theoretical and Computational Properties of Generic Pricing Rules [J]. Information Systems Research, 2013, 24 (3): 768-786.

[179] Burton-Jones A, Grange C. From Use to Effective Use: A Representation Theory Perspective [J]. Information Systems Research, 2013, 24 (3): 632-658.

[180] Cameron A, Webster J. Multicommunicating: Juggling Multiple Conversations in the Workplace [J]. Information Systems Research, 2013, 24 (2): 352-371.

[181] Chul Ho L, Xianjun G, Raghunathan S. Contracting Information Security in the Presence of Double Moral Hazard [J]. Information Systems Research, 2013, 24 (2): 295-311.

[182] Chatterjee D, Ravichandran T. Governance of Interorganizational Information Systems: A Resource Dependence Perspective [J]. Information Systems Research, 2013, 24 (2): 261-278.

[183] Sipior J, Ward B, Volonino L, MacGabhann L. A Framework for the E-Discovery of Social Media Content in the United States [J]. Information Systems Management, 2013, 30 (4): 352-358.

[184] Mundy J, Owen C. The Use of an ERP System to Facilitate Regulatory Compliance [J]. Information Systems Management, 2013, 30 (3): 182-197.

[185] Miller R, Hardgrave B, Jones T. ISS-QUAL: A Measure of Service Quality for the Information Systems Function [J]. Information Systems Management, 2013, 30 (3): 250-262.

[186] Delak B, Bajec M. Framework for the Delivery of Information System Due Diligence [J]. Information Systems Management, 2013, 30 (2): 137-149.

[187] Bernroider E, Koch S, Stix V. A Comprehensive Framework Approach using Content, Context, Process Views to Combine Methods from Operations Research for IT Assessments [J]. Information Systems Management, 2013, 30 (1): 75-88.

［188］Gohmann S，Guan J，Barker R，Faulds D. Requirements Fulfillment：A Missing Link between Requirements Determination and User Acceptance ［J］. Information Systems Management，2013，30（1）：63–74.

第二节　中文文献索引

［1］刘海军，崔素萍，闫丽等. 包装实验室信息管理系统的设计与开发 ［J］. 包装工程，2013，34（23）：132–134.

［2］白万豪. 美国阿波罗计划信息沟通管理对我国科技重大专项的启示 ［J］. 科技管理研究，2013，33（3）：10–13.

［3］拜明星. 未来工厂：基于 MBD 技术的三维工艺设计与现场可视化生产 ［J］. 航空制造技术，2013（8）：38–43.

［4］操丽，邓清禄. 基于 ArcGIS 的川气东送管道地质灾害空间信息管理与风险评价系统设计与实现 ［J］. 安全与环境工程，2013，20（2）：108–112.

［5］曹宇. 澳洲文件信息管理专家协会述评——兼论对我国档案学会建设的启示 ［J］. 档案与建设，2013（6）.

［6］车尧. 基于情报学的“信息分析”研究. 图书情报工作 ［J］. 2013，57（4）：99–105.

［7］陈华，王海燕，荆新. 中国企业碳信息披露：内容界定、计量方法和现状研究. 会计研究 ［J］. 2013（12）：18–24，96.

［8］陈娇蓉. 论国有医疗机构信息管理人员的受贿主体资格 ［J］. 法学，2013（10）：156–160.

［9］陈萍. 浅谈供水档案的信息管理 ［J］. 档案与建设，2013（5）.

［10］陈彦，于徐红. 粮食供应链实时响应导向下的信息共享和信息管理模式研究 ［J］. 物流技术，2013（9）.

［11］陈智芳，王景雷. 基于 WebGIS 的多指标灌溉信息管理系统 ［J］. 中国农业科学，2013，46（9）：1781–1789.

［12］程玉，韩建军. 基于 3G 网络的大型复杂工程进度信息管理研究浅议 ［J］. 建筑经济，2013（4）.

［13］仇乐. 煤矿综合信息管理平台系统关键技术研究 ［J］. 煤矿机械，2013（8）.

［14］崔金栋，徐宝祥，王新媛. 基于微本体构建的微博信息管理机理研究 ［J］. 情报资料工作，2013（5）：50–54.

［15］范帮文，张婉，谢阳群. 社会保障卡个人信息管理问题研究 ［J］. 现代情报，2013（9）.

［16］范家才，刘静，龚彦华. 基于网络技术的高校进口科教用品管理信息系统 ［J］.

实验技术与管理，2013，30（10）：117-120.

[17] 冯晓青. 论企业技术创新中的知识产权管理策略——以专利信息管理为考察视角 [J]. 东疆学刊，2013（3）：91-96.

[18] 符绍宏. 信息管理人才专业特长初探 [J]. 图书与情报，2013（4）：96-101.

[19] 付晓豹. 计算机物流信息管理系统的设计研究 [J]. 物流技术，2013，32（11）：449-451.

[20] 付晓豹，薛焕堂. 计算机物流信息管理系统的设计研究 [J]. 物流技术，2013（11）.

[21] 高娟. 基于信息流的政府信息管理政策执行力影响因素分析 [J]. 广东行政学院学报，2013，25（4）：42-44.

[22] 古敏聪. 基于 GIS 的"三旧"改造信息管理系统的设计与实现 [J]. 测绘通报，2013（6）.

[23] 谷延霞，王恒，谷艳云. 基于 MapX 灌区信息管理系统的开发研究 [J]. 江苏农业科学，2013，41（7）：385-387.

[24] 郭西平. 电网三维数字化及一体化信息管理平台的研发 [J]. 中国电力，2013（10）.

[25] 韩远飞. 加快推进国家基础信息管理改革 [J]. 瞭望，2013（23）：38-39.

[26] 郝春梅，吴波，张瑞雪. 财经类本科院校信息管理专业专业建设构想 [J]. 教育探索，2013（4）：59-60.

[27] 郝占刚，毛荐其，王桐. 基于数据挖掘的产品研发显性知识地图构建研究 [J]. 科技进步与对策，2013，30（17）：132-136.

[28] 侯洪凤，史原，李逊. 应急管理信息系统评价指标体系构建和评价方法研究 [J]. 科技管理研究，2013（6）：63-66.

[29] 黄冬梅，田瑜基，王建. 海洋信息管理系统的设计与实现 [J]. 计算机应用与软件，2013，30（10）：71-73.

[30] 黄健，黄金桃，张晓亮等. 水质信息管理系统及可视化平台关键技术研发与示范 [J]. 给水排水，2013，39（6）：18-22.

[31] 黄阳. 基于 PLM 的产品信息管理系统的设计与开发 [J]. 机械设计与制造，2013（4）：1-3.

[32] 惠志斌. 我国云计算信息安全的理论与对策研究 [J]. 科技管理研究，2013（16）：171-174，180.

[33] 齐恒. 基于物联网的物流企业智能仓储管理系统设计 [J]. 实验技术与管理，2013，30（12）：133-135.

[34] 季辉，冯金飞，张卫建. 基于 WebGIS 的农产品产地安全信息管理系统设计与实现 [J]. 生态与农村环境学报，2013（1）：128-131.

[35] 姜源. 基于 RFID 的加工中心刀具信息管理系统的研究 [J]. 制造技术与机床，2013（1）：161-164.

[36] 刘一. 空管安全数据库分析系统设计与开发 [J]. 安全与环境工程，2013，20（5）：159-162.

[37] 孔劲松，余刃. 废物处理与管理信息化建设探讨与实践 [J]. 核动力工程，2013，34（4）：180-184.

[38] 孔令夷. 突破 ERP 实施瓶颈的生产信息一体化集成管理研究 [J]. 图书馆学研究，2013（4）.

[39] 李彪. 微博中热点话题的内容特质及传播机制研究——基于新浪微博 6025 条高转发微博的数据挖掘分析 [J]. 中国人民大学学报，2013（5）：10-17.

[40] 李博，罗良辰. 企业审计中财务困境预警模型自学习功能的实现研究——基于五种不同数据挖掘模型测试的结果 [J]. 审计研究，2013（1）：54-61.

[41] 李朝洋，袁海琼. 基于二维码技术的档案信息管理系统研究与设计 [J]. 兰台世界，2013（9）.

[42] 李春好，代磊. 基于敏捷制造理论的缺陷产品召回管理信息系统构建 [J]. 情报理论是实践，2013，36（8）：90，95-98.

[43] 李洪燕，陈步英，丁莉. 数据仓库和数据挖掘在煤炭信息管理中的应用 [J]. 煤炭技术，2013，32（11）：185-186.

[44] 李建荣，何保荣. 云计算在电子档案信息管理中的应用 [J]. 档案管理，2013（7）.

[45] 李晶. 信息管理视域下的差错信息研究 [J]. 图书馆情报工作，2013（12）.

[46] 李丽. 电子商务物流应用型人才创新素质培养的研究与实践——以信息管理与信息系统专业为例 [J]. 物流技术，2013，32（12）：453-456.

[47] 李丽. 基于 CIS2011 的信息管理与信息系统专业实践教学体系研究 [J]. 教育与职业，2013（6）：165-166.

[48] 李丽，李永平. 电子商务物流应用型人才创新素质培养的研究与实践——以信息管理与信息系统专业为例 [J]. 物流计税，2013（23）.

[49] 李娜，孙建会. 通用安全监测信息管理与分析系统的开发与应用 [J]. 水利水电技术，2013，44（2）：113-116.

[50] 李南. 激光扫描技术在信息资源数字化进程中的作用 [J]. 激光杂志，2013，34（2）：48.

[51] 李乾伟. 车间工艺工时管理系统的分析与设计. 东华大学学报 [J]. 自然科学版，2013，39（4）：500-503.

[52] 李秦，孙厚彬，唐忠. 高校后勤信息管理系统建设研究 [J]. 兰台世界（中旬），2013（11）：66-67.

[53] 李仕峰，杨乃定，刘效广. 基于熵和证据理论的 NPD 项目复杂性模糊评价 [J]. 管理工程学报，2013（1）：121-126，134.

[54] 李树强，毛丽君，关里等. 我国职业健康监护工作进展浅析 [J]. 中国工业医学杂

志，2013（2）：102-104.

[55] 李四林，许星伟，艾希. 系统论视野下农村闲置宅基地信息管理模式 [J]. 湖北农业科学，2013（4）：944-948.

[56] 李廷敏，周亮，苏剑虹，孙伟，吕飞鹏，王勇. 基于工作流和电子签名技术的继电保护信息管理系统 [J]. 电工电能新技术，2013（1）.

[57] 李燕杰. 谈企业建立"五位一体"信息管理模式 [J]. 兰台世界，2013（12）.

[58] 刘代飞，李军. 烧结配矿监控与信息管理系统的设计与研发 [J]. 矿冶工程，2013，33（3）：83-86.

[59] 刘海霞，刘建地，杨建军等. 甘肃省传染病信息管理及报告质量调查分析 [J]. 中国卫生统计，2013，30（5）：734-735.

[60] 刘海燕，王光谦. 基于物联网与云计算的灌区信息管理系统研究 [J]. 应用基础与工程科学学报，2013，21（2）：195-202.

[61] 刘洁. UML 建模技术在物流运输企业信息系统中的应用 [J]. 物流技术，2013，32（2）：97-99.

[62] 刘利. 论档案信息管理平台在著作权集体管理组织中的应用 [J]. 浙江档案，2013（8）：26-29.

[63] 刘少华. 基于网络舆论新趋势的政府网络信息管理措施探析 [J]. 湖南社会科学，2013（1）：65-68.

[64] 刘少华，宋亚辉. 基于网络舆论新趋势的政府网络信息管理措施探析 [J]. 湖南社会科学，2013（1）.

[65] 刘淑珍. 基于 LAMP 的申报信息管理系统的设计与实现 [J]. 核电子学与探测技术，2013，33（10）：1184-1187.

[66] 刘伟，葛世伦，王念新等. 基于数据复杂性的信息系统复杂度测量 [J]. 系统工程理论与实践，2013，33（12）：3198-3208.

[67] 刘一. 空管安全数据库分析系统设计与开发 [J]. 安全与环境工程，2013（9）.

[68] 卢斌. 高校大精仪器信息管理系统的开发与应用 [J]. 实验室研究与探索，2013，32（12）：247-250.

[69] 卢桂荣. 基于岗位能力的数据库实训课程教学改革实践——以计算机信息管理专业（网络商务）为例 [J]. 职业技术教育，2013（29）：25-29.

[70] 卢志平. 行业和就业双驱动下的信息管理类技能型专业人才培养研究 [J]. 职业技术教育，2013（2）：69-71.

[71] 罗爱民，易彬，沈才洪. 基于供应链的第三方物流信息管理系统规划设计 [J]. 物流技术，2013，32（3）：427-429.

[72] 罗彪，刘新雨，王成园. 基于"激励相容"的企业集团绩效信息管理机制分析 [J]. 运筹与管理，2013（1）：216-220.

[73] 罗国富，段瑞. J2EE 云存储环境下电动汽车信息管理系统的研究 [J]. 制造业自

动化，2013，35（21）：127-130.

[74] 罗宏，王黎华. 信息分层管理研究 [J]. 图书馆建设，2013（3）.

[75] 罗先伟. 基于 Wi-Fi 的金属矿山信息管理系统设计 [J]. 矿业研究与开发，2013（5）：104-107.

[76] 罗先伟，刘一江. 基于 Wi-Fi 的金属矿山信息管理系统设计 [J]. 矿业研究与开发，2013（10）.

[77] 马彬彬，柳平增. 商品蛋鸡生产信息管理系统的构建 [J]. 中国农机化学报，2013，34（5）：228-231.

[78] 南国芳，周帅印. 基于模糊时间序列的传感器网络感知数据预测模型 [J]. 运筹与管理，2013，22（2）：143-149.

[79] 倪国栋，王建平，王文顺. 工程管理组织知识管理体系的构建研究——以代建单位为例 [J]. 工程管理学报，2013，27（5）：23-28.

[80] 聂枫. 知识管理类期刊论文的统计分析 [J]. 图书馆理论与实践，2013（10）：32-35.

[81] 聂佳佳. 零售商信息分享对闭环供应链回收模式的影响 [J]. 管理科学学报，2013，16（5）：69-82.

[82] 牛鑫艳，王正华. 基于 WebGIS 的山西省地下水信息管理与应用服务系统 [J]. 水文，2013，33（3）：38-42.

[83] 钮福祥，孙健，马斌等. 基于 C/S 结构的甘薯产业发展信息管理系统的设计与应用 [J]. 江苏农业学报，2013，29（6）：1472-1477.

[84] 齐芳，杨士伟. 基于区间值直观模糊信息的信息管理系统综合评价的研究 [J]. 科技通报，2013，29（2）：85-87.

[85] 钱力. 信息可视化领域研究热点及演化特征的可视化分析 [J]. 情报杂志，2013，32（6）：114-120.

[86] 钦洁，曾志康. 广西"三农"科技信息管理服务系统的研建与应用 [J]. 湖北农业科学，2013，52（24）：6200-6203.

[87] 钦洁，曾志康，杨景峰，陆宇明. 广西"三农"科技信息管理服务系统的研建与应用 [J]. 湖北农业科学，2013（24）.

[88] 邱均平，余厚强，王菲菲. 我国信息管理学发展现状与趋势 [J]. 情报杂志，2013，32（3）：72-77.

[89] 任涛，吴悦，郝文杰. 基于 InfoEarth iTelluro 的地质灾害群测群防三维 GIS 系统设计与实现 [J]. 长江科学院院报，2013，30（7）：111-116.

[90] 沙勇忠，李文娟. 国外公共危机信息管理研究述评 [J]. 国外社会科学，2013（2）.

[91] 申振锋. 云时代档案信息管理系统面临的风险及安全保护 [J]. 兰台世界，2013（12）.

[92] 时松和，施学忠，杨永利等. 基于数据挖掘的艾滋病综合防治居民健康档案管理信息系统设计与实现 [J]. 现代预防医学，2013，40（16）：2953-2957.

[93] 史馨. 卫生监督检测报告信息管理系统建设探讨——以浦东新区为例 [J]. 环境与职业医学，2013，30（3）：207-209.

[94] 司晓波，焦世慧，陈鹏飞. 基于贪心算法和近距离搜索法的实验室仪器预约研究 [J]. 科技通报，2013，29（9）：72-76.

[95] 宋宝贵. 基于过程特性的网络信息重复检索策略研究 [J]. 计算机应用与软件，2013，30（5）：223-225.

[96] 孙兴兵，王飞，燕慧婷. 基于分布式的湖南省林权证管理信息系统的设计与实现 [J]. 西北林学院学报，2013，28（6）：230-236.

[97] 孙雪峰，高媛媛，白伟. 基于 J2EE 的体育用品物流信息管理系统的设计与研究 [J]. 物流技术，2013，32（4）：255-258.

[98] 孙羽桦. 浅析电视节目版权细心管理实践 [J]. 中国广播电视学刊，2013（3）.

[99] 索向峰. 计算机检索与煤矿数据信息管理分析 [J]. 2013（12）.

[100] 覃远霞. 基于 Web 和 SQL 技术的物流信息管理平台 [J]. 物流技术，2013，32（6）：241-243.

[101] 汤海滢. 职业卫生技术服务机构实验室信息管理系统建设探讨 [J]. 中国工业医学杂志，2013，26（3）：235-236.

[102] 唐先富，陈淑娟. 个人信息管理工具的发展研究 [J]. 现在情报，2013（8）.

[103] 陶俊. 信息管理一级学科的变革路径研究 [J]. 图书情报工作，2013（9）.

[104] 铁红梅. 铁山公司进军哥伦比亚文件保存和信息管理市场 [J]. 中国档案，2013（10）：13.

[105] 王殿升. 信息管理数据中心特征漂移下的深度挖掘算法研究 [J]. 科技通报，2013，29（12）：58-66.

[106] 王慧. 基于地理信息系统（GIS）的轨道交通综合信息管理系统功能研究 [J]. 城市轨道交通研究，2013，16（5）：104-107.

[107] 王静，马荣全. 基于 RFID 的制造执行系统物流信息平台优化模型研究 [J]. 现代情报，2013（8）.

[108] 王立霞. 政府信息资源跨部门整合与共享 [J]. 人民论坛，2013（33）.

[109] 王敏. 企业信息管理一体化的思考 [J]. 档案与建设，2013（3）.

[110] 王强，王汉花，钟磊. 水库移民三维规划设计平台建设及应用 [J]. 人民长江，2013（2）：104-108.

[111] 王文韬，谢阳群，李晶. 面向整合的 PIM 软件工具使用意愿实证研究 [J]. 情报资料工作，2013（6）：41-46.

[112] 王向南，金喜在. 知识管理视角的非营利组织信息管理 [J]. 情报科学，2013（7）.

[113] 王小伟. 油田加热炉信息管理系统的设计与实现 [J]. 油气田地面工程，2013，32（9）：76-76.

[114] 王晓霞，彭山玲. 建立护士电子心理档案的实践与思考 [J]. 中华护理杂志，2013，48（12）：1110-1112.

[115] 王亚妮. 基于 OLAP 技术的社区卫生服务体系信息管理平台的设计与实现[J]. 科技通报，2013，29（7）：189-193.

[116] 王亚妮，李茜. 基于 OLAP 技术的社区卫生服务体系信息管理平台的设计与实现 [J]. 图书情报工作，2013（7）.

[117] 王瑛，张文斌，张健. 全人全程健康档案信息管理实践 [J]. 浙江档案，2013（11）：58-58.

[118] 旺建伟，赵文静，常惟智等. 基于 Access 数据库开发中药学信息管理系统的研究 [J]. 时珍国医国药，2013（2）：477-478.

[119] 邬顺全，许金芳，贺佳. 重要热带病信息管理及预警系统建立及应用 [J]. 现代预防医学，2013，40（8）：1414-1417.

[120] 吴开兴，陈旭，翟自勇. 居民健康档案管理系统的设计与实现 [J]. 计算机应用与软件，2013，30（4）：214-216.

[121] 吴新霞，程西江. 爆破有害效应监测公共信息分级管理系统 [J]. 爆破，2013，30（2）：12-15.

[122] 武兰芬. 基于云计算的知识产权信息管理的发展 [J]. 知识产权，2013（9）.

[123] 武文娟，刘混举. 矿用减速器可靠性信息管理系统开发 [J]. 机械设计与制造，2013（12）：253-255.

[124] 向立文，欧阳华. 政府应急管理中的信息孤岛问题及对策研究 [J]. 现代情报，2013（10）.

[125] 向立文. 应急信息管理中政府的媒体战略研究 [J]. 情报杂志，2013，32（12）：160-164.

[126] 向立文，陈敏. 应急信息管理中政府的媒体战略研究 [J]. 情报杂志，2013（12）.

[127] 肖霞，石铁铮，祝海等. 机床使用说明书基于 ACCESS 数据库的编制系统开发 [J]. 现代制造工程，2013（12）：130-133.

[128] 肖紫珍，闫强，武鹏林. 基于 ArcEngine 的河道地理信息管理系统的设计与实现 [J]. 长江科学院院报，2013，30（10）：114-117.

[129] 谢笑，李晶，戴旸. 个人信息管理工具使用意愿研究——以智能手机为例 [J]. 情报资料工作，2013（2）：62-67.

[130] 谢笑，谢阳群，李晶. 群体信息管理中的信息共享博弈分析 [J]. 华东经济管理，2013（8）.

[131] 栾盛磊. 新媒体环境下的高校网络舆情研究——以微博为例 [J]. 中国成人教育，

2013（24）：126-128.

[132] 徐搏，刘人境. 基于 Agent 仿真的信息技术评估和选择 [J]. 科学学与科学技术管理，2013，34（4）：35-43.

[133] 徐俊丽. 信息管理与信息系统专业教学改革模式探讨 [J]. 中国成人教育，2013（18）：155-157.

[134] 徐陆妹，谭永达. 构建食品检验机构实验室信息管理系统运行新模式 [J]. 中国卫生检验杂志，2013（10）：2384-2385.

[135] 许进，王娟，李健，商杰，李靓. 国家数据中心运行管理辅助系统的设计与实现 [J]. 核电子学与探测技术，2013（8）.

[136] 闫书丽，刘思峰，朱建军等. 基于熵测度的三参数区间数信息下的 TOPSIS 决策方法 [J]. 中国管理科学，2013，21（6）：145-151.

[137] 严鸿雁. 高校大学生个人信息管理制度建立健全研究 [J]. 兰台世界，2013（8）.

[138] 杨凤华，董爱军，张鹏. 实验室信息管理系统在职业卫生检测报告质量管理中的应用 [J]. 环境与职业医学，2013，30（1）：67-69.

[139] 杨立新. 供应链管理模式下产业主体协同创新机制研究——以物美集团果蔬"农超对接"产业主体信息管理协同创新为例 [J]. 科技进步与对策，2013，30（22）：70-75.

[140] 杨美荣. 构建高校实验室仪器设备采购信息管理平台的实践与思考 [J]. 实验技术与管理，2013，30（12）：128-129.

[141] 杨苗发. 条码技术在图书馆信息管理中的应用 [J]. 图书情报工作，2013（S1）.

[142] 姚梅芳，杨修，杨涵. 电子商务环境下信息管理模式研究 [J]. 图书馆情报工作，2013（5）.

[143] 叶笛，林东清. 信息系统开发团队知识整合的影响因素分析——基于相似吸引理论与社会融合的研究视角 [J]. 科学学研究，2013，31（6）：673，711-720.

[144] 叶江，张铃. 基于 MapGIS K9 数据中心的矿产资源潜力评价信息管理系统开发与实现——以西藏地区为例 [J]. 国土资源科技管理，2013，30（6）：81-86.

[145] 于海峰，张霄. 从涉税信息管理视角论我国个人所得税的征管配套措施 [J]. 税务研究，2013（7）.

[146] 余军阳. 基于业务规则引擎的人事培训信息管理系统设计与实现 [J]. 计算机科学，2013，40（11A）：428-431.

[147] 俞立平. 大数据与大数据经济学 [J]. 中国软科学，2013（7）：177-183.

[148] 喻汇. 服装供应链集成信息管理系统的逻辑描述与 IT 架构 [J]. 商业研究，2013（10）：178-183.

[149] 张春梅. 信息集成化视角下的高校档案管理策略探析 [J]. 2013（35）.

[150] 张谛. 基于工作流基础上煤炭资源管理信息模型的设计研究 [J]. 煤炭技术，2013（4）.

[151] 张殿平，翟慎永，薛付忠. 基于 GIS 的淄博市饮用水卫生安全信息管理与应用 [J]. 现代预防医学，2013，40（22）：4134-4138.

[152] 张虎，成曙，刘飞等. 基于工作流固体导弹维修信息管理系统的设计与开发 [J]. 计算机应用与软件，2013，30（12）：248-251.

[153] 张瑞刚，韩传高，杨百勋，张建国. 基于网络技术的设备监理信息管理系统研究与开发 [J]. 热力发电，2013（11）.

[154] 张瑞红. 基于多层架构的个人信息空间管理系统的研究 [J]. 科技通报，2013，29（4）：103-105.

[155] 张艳. 政务信息管理的驱动力分析 [J]. 现代情报，2013（10）.

[156] 张晔，狄庆贵，裴燕. 承钢质量信息管理系统的改进及优化 [J]. 冶金自动化，2013，37（6）：71-73.

[157] 张轶龙，崔强. 中国工业化与信息化融合评价研究 [J]. 科研管理，2013，34（4）：43-49.

[158] 张勇. 基于 Web 平台技术的 ERP 物流信息管理模块设计研究 [J]. 物流技术（装备版），2013（3）.

[159] 张玉敏. 基于 Web 平台技术的 ER 物流信息管理模块设计 [J]. 物流技术，2013，32（8）：269-271.

[160] 张圆，郑江华，刘萍等. 新疆林业有害生物灾害信息管理系统研制 [J]. 林业资源管理，2013（6）：168-173.

[161] 赵宏福. 浅析计算机联锁信息管理系统 [J]. 山东社会科学，2013（5）.

[162] 赵文金. 基于网络的学生信息管理系统安全性研究 [J]. 兰台世界（中旬），2013（5）：79-80.

[163] 郑钦华，白涛，蒋桂英等. 棉田墒情远程监测信息管理系统的构建 [J]. 新疆农业科学，2013（1）：140-146.

[164] 周琳，汪惠芬，刘婷婷. 基于物联网的地铁车站级 AFC 信息管理系统研究 [J]. 城市轨道交通研究，2013，16（2）：46-51.

[165] 周伟，韩家勤. 基于 SEM 的电子政务信息资源共享影响因素分析 [J]. 情报科学，2013（9）.

后　记

　　一部著作的完成需要许多人的默默贡献，闪耀着的是集体的智慧，其中铭刻着许多艰辛的付出，凝结着许多辛勤的劳动和汗水。

　　本书在编写过程中，借鉴和参考了大量的文献和作品，从中得到了不少启悟，也汲取了其中的智慧菁华，谨向各位专家、学者表示崇高的敬意——因为有了大家的努力，才有了本书的诞生。凡被本书选用的材料，我们都将按相关规定向原作者支付稿费，但因为有的作者通信地址不详或者变更，尚未取得联系。敬请您见到本书后及时函告您的详细信息，我们会尽快办理相关事宜。

　　由于编写时间仓促以及编者水平有限，书中不足之处在所难免，诚请广大读者指正，特驰惠意。